大夏书系·课程建设

课程的超越

学校课程系统设计

王　凯◎著

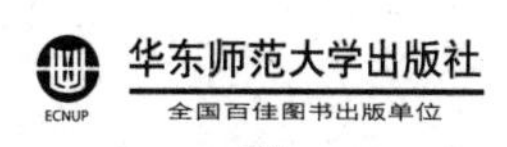

·上海·

图书在版编目（CIP）数据

课程的超越：学校课程系统设计／王凯著．—上海：华东师范大学出版社，2022

ISBN 978-7-5760-2757-0

Ⅰ.①课…　Ⅱ.①王…　Ⅲ.①课程设计　Ⅳ.① G423

中国版本图书馆 CIP 数据核字（2022）第 052060 号

大夏书系·课程建设

课程的超越：学校课程系统设计

著　　者　王　凯
责任编辑　任红瑚
责任校对　杨　坤
封面设计　淡晓库

出版发行　华东师范大学出版社
社　　址　上海市中山北路 3663 号　　邮编　200062
网　　址　www.ecnupress.com.cn
电　　话　021-60821666　　行政传真　021-62572105
客服电话　021-62865537
邮购电话　021-62869887　　地址　上海市中山北路 3663 号华东师范大学校内先锋路口
网　　店　http：//hdsdcbs.tmall.com/

印 刷 者　北京密兴印刷有限公司
开　　本　787 × 1092　16 开
插　　页　1
印　　张　18
字　　数　390 千字
版　　次　2022 年 5 月第一版
印　　次　2022 年 5 月第一次
印　　数　5 100
书　　号　ISBN 978-7-5760-2757-0
定　　价　69.80 元

出 版 人　王　焰

目　录
contents

实践与案例篇

序言

“培养什么样的人？为谁培养人？怎样培养人？”是学校教育面临的根本性命题。如何回应此命题需要去追问，学校教育是什么？学校教育能提供什么？前者指向学校的本质定位，后者则关涉学校的“供给产品”。教育是一种服务，是一种特殊的、长周期的、成长性服务，学校是提供这种服务的重要场所，而课程则是学校提供服务的核心载体，或者说，学校所提供的只能是“课程”这种精神性产品，因此课程的质量左右着学校教育的发展水平。

一、不容乐观的学校课程建设现状

课程作为学校教育的核心载体，其重要性已经成为普遍共识，但共识性并不意味着课程建设已经成为学校发展的真正动力。从第八次全国基础教育课程改革于2001年启动至今已经20余年，但整体而言学校课程建设现状仍不容乐观。

从课程设计模式上看，很多学校遵循的是“尝试—裁决—执行”模式，即学校基于自己的思考和理解尝试闷头建设，一旦课程设计成型后，或邀请专家，或由上级教育管理部门组织相关专家以指导或检查的方式进行“课程裁决”，根据专家所提的意见，学校后续或重调或改进。这种模式的缺点是学校课程的封闭建设与课程裁决权的让渡，封闭建设因为囿于一隅、自说自话，让很多学校的课程工作走了不少弯路，课程裁决权的让渡，常常会因各方观点的不一致而使得课程设计与改进陷入两难之境。其实，学校课程设计之初至为关键的就是要组建课程共同体，包括课程专家、教研专家、校长、干部、教师、家长乃至学校所在社区代表在内。统筹各方力量，统合各方观点，统整各方利益，群策群力，完成课程方案设计并持续参与学校课程的实施与改进。

从课程形态上看，大多数学校的课程建设呈现为“脆弱程度不等的微生态圈”，缺乏持续给养和内部协调是其常态。称之为微生态圈，是因为学校课程已经包含了国家、地方、校本课程等基本成分，从组成要素上看是完整的；称之脆弱，则是因为大多数学校并未对三级课程要素进行统整，没有形成一个相互衔接、能量流动顺畅、自给自足的生态圈。这种状况直接的后果有三个：一是课程要素的分离，导致课程拼盘的出现；二是课程关系混乱，缺乏资源交互，课程系统容易崩溃；三是课程整体育人价值难以体现。

从课程功能体现上看，很多学校的课程系统表现出“粗框架与弱关联”以及“上不来与下不去”。所谓“粗框架”，是指课程结构简单、要素单一，从功能上无法与学生多样化发展需求相适应；所谓“弱关联”，有三层含义：一是指与学校的办学理念、培养目标关联不大；二是指课程各要素之间弱关联，没有必然联系，逻辑性不强；三是指与课堂关联不大，未能进行扎根课堂的布局与安排。粗框架与弱关联使得一批学校课程呈现出“上不来，下不去”之窘状，既无法进一步提升质量，向着品牌课程建设迈进，又不能沉到教学一线，在课堂中实现鲜活价值。

二、改革驱动的课程发展

课程的发展与创新一定涉及课程逻辑的重新思考，随着基础教育课程改革的持续深化，作为教育对象的儿童正在成为改革的核心逻辑，关注儿童的实际需求，折射的是学校的基本追求与发展样态。学校作为教育服务场所，比以往任何一个时代，都更需要重视意义，面对已经不一样了的新一代，教育应该做出改变，由“生存驱动”转向“意义驱动”，作为育人核心载体的课程也因此遭遇史无前例的挑战。

1.新时期课程领导力的新内涵

在课程改革的新时期，谁来领导学校课程建设？这一问题的提出也是对当前课程领导力内涵的叩问。伴随着课程时空的扩展、形态的多样和意义的多元，要想在未来持续领导学校课程不断优化，需要分析在新时期课程领导力的新内涵。笔者认为课程领导力的新内涵至少包括如下三个方面：一是“课程意识的觉醒”。主要包括：认清学校课程从根本性质上讲是一种价值判断，而不是非此即彼的是非判断；明确学校课程设计是学校内生而成，但内生过程并非封闭而独立；认识到学校课程从属性上是面向未来的，未来的可能挑战应该成为当前课程的组成部分。二是“课程效度的提升”。主要包括：能够从学校文化到学校教育再到学校课程的一体化与一致化设计，实现文化成为教育的灵魂，而课程成为教育的根；能够实现以生为本的学校课程重新布局，基于学生的发展需求进行课程的不断优化，并实现课程要适应孩子与孩子要适应课程之间的平衡；通过学校课程群的建设将课程之间由原来的彼此割裂或简单关联优化为有效衔接、前后呼应。三是“课程作为学校价值增量的落实”。主要包括：以课程建设为突破口制定学校新时期的教育发展战略；将学校课程作为学校教育供给价值链上的增量；将课程建设成为有序、有效的自组织体系；使课程具备扎根（与课堂实际关联）、长脚（穿越学科边界）的新基本特征。

2. 课程设计带动的学校育人要素重整

学校课程系统设计的要义在于以课程为核心进行学校全面培养体系的建设，通过学校教育时空的重新布局，引导学校思考存在的价值和育人的模式，重新组织教育要素，调整教学秩序，引导教师重新思考学科的本质、跨学科的必要和多路径的选择，引导学生穿越学科壁垒，联通直接知识与间接知识，关联知识与生活，彰显学习的实践性与创新性，过高品质的学校生活。

可见课程设计的关键在于重整学校育人要素，创设教育情境，赋予学生角色，让学生在任务中发展，在问题中思考，在情境中完整行进。这需要还原课程的本真面貌，保持课程的弹性与选择性，基于课程的思维去思考学科，统整学校课程体系，以实现课程要素的顺畅流动。用实践穿越学科壁垒，穿越课内外壁垒，赋予实践意义与价值，在实践中实现知识的迁移；同时要加强课程实施中的变式创设，通过促进学生迁移能力的提升进而培育学生核心素养。

总体而言，课程设计的主要贡献在于推动学校教育要素的重整，促进教学常规的优化，实现课程的内涵提升，进而助力学校教育质量的整体提升。

3. 学校课程面临的发展挑战

20年来的课程改革，把学校课程体系中容易改的要素和成分基本上已经改革完毕，当前剩下的都是硬骨头，也正是这些硬骨头形成了学校课程必须面对的严峻挑战。以学生核心素养为目标的课程育人导向如何结合学校实际进行调整？如何实现具有共性要求的课程的个性适应化？以“实践、创新”作为课程的新品质，那么在课程实施中如何才能保障以及如何予以规范？学校如何倡导并逐步实现课程贴近现实、回归儿童、回归生活的目标？如何能够实现学校内“课程—教学—评价”的一体化建设？在互联网＋教育的背景下，如何在保障法定化课程内容的前提下，实现必要信息与资源的介入和组织？当课程遇到信息化、知识的加速老化、教育自我更新能力加强、基于个性化学习的认可与尊重、合理课程容量与教学时空的重构等重大问题后，又该如何去持续调整和优化？这些现实问题无疑都需要认真分析和积极思考解决路径。

三、学校课程系统设计的设计步骤与行动意义

在综合考虑学校课程面临的诸多挑战前提下，针对学校课程设计实践中出现的单

一性、割裂性和封闭性问题，笔者尝试提出以推进学校课程系统设计来破解当前困境的新命题。所谓学校课程系统设计，本意在于将外在的课程文件与虚化的课程理念转化成“看得见、摸得着、拿得出、用得好”的适切的课程文本与鲜活的课程实践。

高品质的学校课程系统应具备整体性、扎根性和长脚性这三种新特征。整体性包括三个层次，分别为：课程要素齐全，课程层次完整，课程关系清晰。扎根性同样包括三个层次：关注学校教育实际，关注学生个性特征，课程课堂课业联动。长脚性是一种比喻，课程长脚代表了从封闭走向开放的可能性。长脚性包括四个层次：学科内整合，穿越学科边界，穿越学校边界，建立课程反哺。以上三种新特征将在本书第二章中予以详细介绍和分析。

要设计高品质的学校课程系统，需要明确科学合理的设计步骤和行动意义，为此，笔者结合多年的研究和实践尝试提出“六阶段、十行动”设计路线图，内嵌了各设计步骤和行动意义（见第 165 页）。

第一阶段：分为向内行动与向外行动两类，由行动一和行动二组成。行动一是课程建设意义赋予，是一种向着学校内部的行动，其意义在于明确课程在本校内的存在样态、价值、功能和意义，从而在校内达成建设课程的共识，形成参与课程系统设计的合力。行动二是大背景分析，是一种指向学校外部背景的分析行为，其意义在于将学校的课程建设镶嵌在社会发展与教育改革系统之中，以保证其合法性、合理性和引领性。

第二阶段：同样分为向内行动与向外行动两类，由行动三和行动四组成。行动三是课程系统设计内涵理解，是一种向着学校内部的行动，其意义在于明确学校课程应该成为一个完整系统并承担学校核心育人功能，理解课程设计的必要性以及应体现学校哪些特征、特色。行动四指向的是 SWOT 分析，是一种内外联动的行动，其意义在于通过内部的优势和劣势以及外部的挑战和机遇的分析，为课程系统设计提供合理方向与策略。

第三阶段：由行动五和行动六组成。从第三阶段开始完全进入内部课程的梳理、分析与设计。行动五指向课程哲学梳理与确立，其意义在于将国家要求、区域规定以及学校的教育理念与追求等内化成学校课程哲学，作为学校课程系统设计的标杆和加工主线，实现学校课程系统的不断升级。行动六是学校已有课程的 KISS 分析，其意义在于依据学校的课程哲学，以及学校既有课程体系的框架、结构、实施状况等，对要保留、改进、终止以及需要新开发的课程要素做出合理判断。

第四阶段：主要包括行动七。行动七是学校课程系统设计的关键部分，指向学校课程顶层设计，是一个动态变化、不断发展的过程。基于翔实可靠的分析，进行学校课程全局性、战略性、系统性设计，使学校课程诸要素能够实现协同，形成科学合理的学校课程方案，确定学校课程未来发展的方向、路径、策略与方式。

第五阶段：主要包括行动八。行动八指向学校教研组、年级组层面的课程设计，包括两部分：第一部分是学科课程群设计，第二部分是综合课程群设计。前者表现为以学科逻辑为主线索，纳入附加或补充性内容、活动，形成内容更为丰富、结构更为多元的课程子系统。学科课程群建设体现的是教研组对学科本质的认识，以及基于实际的优化；后者表现为以来自于生活、社会、经济等领域的话题或主题为统领，形成的课程子系统，结构松散但各板块灵活有弹性。综合课程群的基本构成是系列活动和体验，体现的是对社会、生活等领域主题的剖析与认识，是对学校松散型活动课程的改进。

第六阶段：由行动九和行动十组成。行动九指向课程单元设计，包括学科单元设计和综合单元设计两种。学科单元设计与学科课程群一脉相承，一般遵循学科逻辑，作为学科框架内的模块式学习内容来组织，采用“结构分析—目标界定—活动设计—实施评价”的路线进行设计，其价值在于实现核心概念的建构与迁移，达成学科核心素养目标。综合单元设计与综合课程群一脉相承，一般遵循学生的经验逻辑，作为儿童自身经验活动的模块来组织，采用“主题选取—探究设计—表现评价”的路线进行设计，其价值在于通过综合主题、真实场景、复杂问题，促进学生开展协同性、主动性学习，涵养个性，实现主动成长。行动十指向的是新课案设计，是课程单元之下，以学习的个体构建为起点，以学时为单位，既具有相对独立性又与单元内其他学时相互衔接的教与学设计方案。新课案的设计根据目标和内容以及学时的长短，呈现出较强的灵活性，一般而言，新课案主要包括如下要素：（1）学时主题；（2）学时类型；（3）学习目标；（4）评价任务；（5）学习过程；（6）检测与反思；（7）学习延伸与衔接。新课案秉持学生立场，以如何让每一个学生都能学会为最终目标，通过思考和回应“哪些课程内容用怎样的教与学方式与策略更能促进学生达到甚至是超过预期的认知及心理状态？”，弥补教与学的分离，形成教学合力。

四、学校课程设计的未来发展

从发展趋势来看，未来将进一步凸现四大特性：易变性（Volatility）、不确定性（Uncertainty）、复杂性（Complexity）和模糊性（Ambiguity），有人将其称为“乌卡时代”（VUCA era）。要使今天的孩子能在未来的乌卡时代生存和发展，学校课程必须有能力连接已知与未知，联系当前与未来，需要面向未来通过课程系统设计的持续优化，促进学校课程建设的深化转型：（1）推动学校课程建设从“形”到“神”的深度转化。从“外形”到“内神”，在确立学校课程概念体系、价值秩序、意义共识以及与文化的深度交融上体现学校课程的深化发展，以及确立学校课程发展新模式。（2）课程体系基于学生未来需求的持续优化。面向未来的课程整合将持续探索三种新的方式：融合课程的开发、课程微型模块化、外部优质资源的引入与课程转化。(3)引导学校从单纯地论证课程活动有无价值，转向分析和研究在有限的教育时空内什么是最有价值的课程选择。(4)技术作为新要素注入后课程的二次转型。首先是知识的转型，从终点定位转向超链接定位，其次是课程观的转变、内容呈现观的调整以及内容逻辑的变革。(5)建立以课程为动力的教师新发展观，推动教师从具备单一学科教学能力向拥有整体课程能力过渡。(6)引导教师在国家课程校本化中对课程标准作为“行规”有正确认识、理解和把握，包括从课程标准拆分成最小教学意义单元，到课程标准向单元设计的转化，以及标准中目标体系的覆盖度、设计以及检测等。

五、关于本书

本书分为三部分，共十二章。第一部分为“现状与理论篇”，由第一、二章组成。第一章针对学校课程建设的存在问题进行了详实剖析。第二章专注于学校课程系统设计的内涵界定、理论基础研究和框架分析。第二部分为“工具与流程篇”，由第三、四、五、六、七、八章组成。工具与流程篇的目的是在问题分析和理论研究的基础上，探索在什么样的框架下，选用什么样的工具和手段，按照什么样的流程，建成什么样的课程系统。第三部分为“实践与案例篇”，由第九、十、十一、十二章组成。此部分选择了几个典型案例，从实然的角度，向读者展示了学校课程设计与实施的范例。

说到底，真正的课程设计不是静态的完美，而是动态的完善，从发展角度看，学校课程将始终处于一种迭代更新之中。动态的完善中会不断地体现课程的生成性，这种生成性不仅来自学校对外部课程的校本化改造，还包括师生对课程文本的不断解读。迭代更新与多元解读使原本固定的课程走向一种异质性、多元化和开放性的对话领域，在不断对话中使课程迸发出最大的发展可能性。源于此，本书希望将学校课程系统设计视为一项理性事业，从系统论出发把握学校课程的整体意义，力求能够给读者提供关于课程设计的广域的视角、参考的框架、行动的策略与未来的思考，为学校课程的理论研究与实践探索尽绵薄之力。

现状与理论篇

第一章　学校课程建设的十大问题

课程系统建设从本质上讲，是“价值判断”，而不是“是非判断”。

随着课程改革的逐步推进，课程逐渐成为学校教育的核心，成为育人的核心载体，相应地，课程建设的水平也就决定着学校的教育质量。从国家课程“一统天下”到国家、地方、学校三级并存是国家第八次基础教育课程改革的主要标志之一，课程结构的变革也因之成为了课改推进的重要脉络。得益于课程自主权的下放，各地学校课程建设也大致循着结构变革这条主线，因地制宜，多措并举，取得了一定成效，但也有一些地域、学校，课程建设的“虚”“浮”现象较为突出，没有成为教育发展的核心动力，而是成为迎检的摆设。造成这些状况的原因众多，不一而足，有的是理念混乱问题，在概念界定上自缚手脚；有的是规划问题，缺乏系统思维，路径不明；有的则是举措问题，措施不得当，南辕而北辙。

第一节　课程建设中的模糊与单一性问题

一、课程内涵模糊

新课改之前，在基础教育领域，主要秉持的是“大教学小课程”理念。教学为大，所谓课程不外乎是教学的基本素材而已。新课改后，这种理念被颠覆为“大课程小教学”，课程为大，所谓教学就变为课程的主要实施路径罢了。理念的颠覆所带来的“改革新奇感”以及骤然下放的课程自主权，使得很多学校意图放开手脚、大干一场，但由于对课程这一新生事物不甚了解，仅是带着改革的冲动与自我的解读去重构学校课程，于是乎，就导致了改革中的课程泛化问题。

课程泛化问题的本质是课程概念泛化，是指课程概念内涵越来越抽象，外延越来越宽泛的倾向，[1]其具体表象大致可以直接描述为“人人皆谈课程”与“事事皆为课程”。由于新课改并没有鲜明地提出主导的理论基础，也未对课程一词作出明确界定，加之理论界对课程概念也是众说纷纭，因此各流派之间的课程定义各不相同。许多课程专家在培训中，也常常以“课程理念”来代替“课程概念”，以致很多教育管理者、校长、教师都倾向于用“我认为”来随心所欲地解读课程的内涵，如此一来，不同区域、不同学校，甚至是不同教研组内，课程的概念都有天壤之别。

从词义学上讲，一个词汇是否有存在价值，取决于它是否有着不同于任何其他词汇的内涵与外延。有人认为课程是“教师和学生在学校内所获得的一切意义的总和”，课程的外延被无限扩大，使得学校中事事皆为课程，课程已经基本等同于学校教育了，那么，课程还有存在的必要吗？从现实来看，这种课程泛化导致了课程研究的异化与课程实践的混乱。

从社会学层面讲，课程从来都不会是教师和学生随意的心理构建物，总会承载着社会的期望和国家的责任。学校不同于社会性培训机构，国家为其框定了明确的培养目标和基本的价值规范，作为学校核心供给力的课程应该具备基本的性质，具体包括目的性、计划性、组织性、系统性、制度性等。课程规划应该有明确的目的，课程的开发应该有组织性和系统性，围绕学校的办学特色和师生需求进行开发，学校课程应是一个完整的系统，各类课程之间应有内在关联，课程的实施与管理应该根植于学校基本的管理制度中，课程制度应该是学校制度的核心。

二、课程建设中单一的加法法则

在课改初期，由于行政是第一推动力，使得课改可以在短时间内大面积铺开，各地、各校在初期大致都在做同一件事，即完善学校课程结构，将地方课程、校本课程补上，以形成国家、地方、学校三级课程体系。

当前随意走访一所学校，就可以发现，大多数学校都有一个很庞大的课程体系，国家课程门类自然一门都不能少，专题教育、地方课程是区域所要求的，除此之外，不少学校已开发了上百门校本课程。这种为开发而开发的做法给学校课程建设带来了很多问题，其中比较突出的有三个：

（1）劳民伤财的“全民课程开发”。一些学校的课改口号就是让每一位教师都至少开发一门校本课程。许多教师为了达成目标，不得不加班加点，搜肠刮肚，甚至是七

---

[1] 王娟娟．课程概念的泛化及其危机[J]. 当代教育科学，2007（8）：37.

拼八凑，“开发”出一门校本课程，所开发的校本课程往往是自己所教学科的延伸和拓展，在校本课程实施环节也往往用自己在国家课程教学中已经运用熟练的教学方式。这种“全民齐开发”模式不可避免地会产生许多应付性的校本课程，往往是花了大力气开发，却没有人选课，最后不得不弃之一旁。

（2）徒有虚表的“丰富课程超市”。很多学校都在着力打造让学生有充分选择的种类丰富的“课程超市”，让学生在琳琅满目的“课程商品”中选择适合自己兴趣和发展的科目。这种做法原意甚佳，旨在增加孩子们的选择权，但是却忽视了一个问题，任何一门高质量的课程，其开发和完善周期都不会短，匆匆上马的“课程超市”，其中不乏“假冒伪劣”产品，更有一些课程仅有粗糙的课程纲要，既没有明确、体系化的目标体系，也没有完整的内容框架，既没有实施途径的设定与安排，也没有相应的课程评价与管理保障。

（3）成为空谈的“学生减负”。课程门类日趋增加，学生本应灵活的选择性变成了不得不选择，不管是什么课程门类，总需要一定课时来实施的，这相当于变相地增加了学生的课业负担，让减负的行动仅仅停留在了口号阶段。

笔者认为，造成这种状况的主要推手可表述为“一个法则，三大动因”。一个法则指的是学校课程建设中所秉持的“加法法则”。加法法则上承课程权力的下放，“放权—有权—用权”是其基本思路，用权的主要做法就是不断开发学校所能掌控的各类课程。动因之一是由原来的“大一统”课程体系变为三级课程体系，地方需要主导地方课程的开发，还要实施课程区域管理权，学校需要健全课程体系，客观上需要开发新的校本课程，课程体系因此而膨胀。动因之二是应国家要求及社会各界的呼吁，各种教育都要进学校、进课程、进课堂，如安全教育、毒品预防教育、普法教育、核心价值观教育、可持续发展教育等，在落实层面，各地往往要求进课程，编写专题教材，安排独立课时，增加了课程体系的容量。动因之三就是各校为了创建特色而大力发展校本课程。课改以来，校本课程成为学校唯一可以全方位自主的课程门类，也顺理成章地成为彰显学校特色的一张名片。大力发展校本课程的结果是许多学校少则开发几十门，多则上百，甚至几百门，极大地增容了学校课程体系。

加法法则主导的学校课程体系客观上也导致了课程之间的新壁垒，课时成为各门课程的必争之地。

第二节　课程建设中的割裂性问题

一、课程领导变为领导课程

上溯到新课改之初，为了使课改实验大面积同时推开，遵循的是“行政是第一推动力，校长是第一责任人”的基本策略，使用的是一种自上而下的、刚性的、与校长前途命运建立联系的实验推进方式。在课改之初，这种刚性模式收效甚佳，造就了课改声势浩大地推行，但是也为另外一个问题埋下了伏笔，就是校长的课程主导问题。

由于基础教育领域长期实行高度集中的课程管理模式，校长只能在实施环节做些文章，当课程的自主权以及与之相随的课程问责制一股脑抛向校长时，该如何主导学校课程建设成为每个校长必须解答的问题。权力赋予与有效用权在课改推进中并不是同步的，当赋予了校长不同于以前的课程主导权时，不可避免会产生各种问题，有的领导意识膨胀，认为有了新的领导点，可以放开手脚，大展宏图，从根本上解构学校既有的课程体系；有的谨慎尝试，能退则退；有的按部就班，忠实执行；有的心存疑惑，消极应付。导致问题更为严重的是，当各类考核与校长领导下的课程建设直接挂钩后，部分校长为了让学校课程打上“自己的烙印”，成为自己的“贡献”和“功绩”，往往会颠覆学校传统，用时髦或响亮的理念、目标、策略、方案来确立全新的学校课程，学校课程成为校长的课程，期望中的课程领导变成了领导的课程。校长换届后，下一任会很快地再颠覆上一任的课程建设思路，另辟蹊径，重新开张，课程决策权被个人喜好和政绩观所左右。

学校课程建设的主导权在校长，这是当前教育基本的行政结构所决定的，能否在继承的基础上，有效引领学校课程良性前行取决于校长的课程领导力，具体涵括了课程的准确理解力、课程的组织开发力、课程的指导执行力、课程的监控评估力、课程环境的创设力等[1]，而校长的课程领导力受其思想状态和教育敏感度影响，思想状态与教育敏感一同构成了课程领导意识，掌控着课程在校长心中的建设方向和路径。作为校长，必须树立起科学的课程领导意识，养成健全的课程领导能力，使学校课程在继承中发展，在发展中创新。

二、课程缺乏整体规划

学校育人体系的核心是课程体系，课程承载着育人的主体功能，相应地，学校课程的整体规划就显得尤为重要。通过学校课程的整体规划与设计，可以增强课程对学生的适应性，有利于学生的全面而有个性发展，也可以勾画出课程的全貌，利于教师对自身承担的课程目标有更为深刻的认识，[2] 还可以促进课程整体育人理念的贯彻与学校课程文化的逐步形成。

从因地制宜落实课改精神层面来看，以管理权限为划分标准的、立体式、层次分

[1] 力昌英 . 校长课程领导力的现状与应对 [J]. 教学与管理，2014（3）：15-16.

[2] 上海市教育委员会教学研究室 . 学校课程计划编制实践指南 [M]. 上海：华东师范大学出版社，2013.

明的三级课程落实到学校中必须要进行扁平化，因为学校是一个权力相对扁平化的基本单位。所谓课程扁平化，即科学地将国家、地方、校本课程加以统整，使其成为一个有序而高效的学校课程结构，其实质就是课程的整体规划问题。从学生的实际发展来看，课程落实到学生身上并无三级之分，难以分清学生的发展中哪些是国家课程形成的，哪些又是地方、校本课程形成的。基于学生的发展来考量三级课程，就需要对三级课程进行重构，这里的重构是由基于管理向基于受体的再组织，所谓基于受体，即将学生视作课程的出发点和归宿，将课程结构视为学生的认知、技能、方法、情感态度价值观等在学校环境内的全面映射。

课程规划决定着学校课程的存在形态与基本结构，整体而言，学校课程缺乏系统而科学的规划，导致阶层分明的三级课程在学校层面扁平化不足。大多数学校的课程建设呈现为“脆弱程度不等的微生态圈”，缺乏持续给养和内部协调是其常态。谓之微生态圈，是因为学校课程已经包含了国家、地方、校本课程的基本要素，谓之脆弱，则因为大多数学校并未对三级课程要素进行统整，并没有形成一个相互衔接、能量流动顺畅的、自给自足的生态圈。这种状况直接的后果有两个：一是课程整体育人价值并未体现，课程缺乏整体规划，也就缺乏对完整培养人的规格的整体考量；二是课程要素的分离，导致“课程拼盘”的出现。

由于长期受国家课程“一统天下”的影响，部分学校在课程建设中所秉持的主要是“分而落实观”，即将国家、地方、校本课程分开来建设，根据权力主体划分课程门类，分开来实施，认为逐一落实了各级课程，就实现了课改的目标。这种设计观导致的结果就是国家课程、地方课程、校本课程一起构成“课程拼盘”，[1] 在课程拼盘中，各种课程要素是分离的，存在着诸多课程壁垒。

学校缺乏整体系统规划思维的成因，除了国家课程“大一统”的影响在延续之外，还有一点更深层次的原因，即大多数学校对学校课程整体规划的“上层建筑”不明确。所谓“上层建筑”就是决定学校课程规划与设计的上层理念、价值、方略等，具体包括四项：一是学校的办学定位，也就是未来要办成一所什么样的学校。二是学校的办学理念，也就是要实现上述办学定位，要秉持什么样的理念。人是教育的对象，学校的办学理念离不开育人，当前有明确办学理念的学校大都选择用几个基本的育人命题来描述和框定学校的办学理念。三是学校的培养目标，也就是对要培养成什么样的人的描述。培养目标是学校课程的指向和依据，其内涵就是要厘清学校所认同的“学子”形象。四是学校的办学方略，也就是要达成上述目标，学校要确定什么样的实施原则、策略，要研究什么样的内容、载体、途径，要制定什么样的制度，进行怎样的评价、管理与保障等，办学方略的核心是确定学校的基本育人模式。

[1] 王凯．试论学校课程设计的二度回归：哲学考量与实现路径 [J]. 课程·教材·教法，2014（3）：13.

因为缺乏对上层建筑的考量，学校对发展方向、路径、策略、进程等自然形不成清晰思路，进而也无法对作为核心载体的课程进行基于学校教育实际的整体规划和设计。

三、课程整合貌合神离

随着课改的逐步推进，特别是随着学校课程体系的日益庞大，问题和矛盾也日益凸显。其中尤为尖锐的矛盾有两个：一是越来越多的课程门类与相对固定的学校课时之间的矛盾；二是日趋增多的课程壁垒、割裂的学科体系与学生完整的认知结构和情感个体之间的矛盾。有很多学校意识到上述问题并着手进行了尝试性解决，总体而言，所采用的手段和途径基本集中在课程整合上。

当前实践中的课程整合可以分为两大类：学科本位的课程整合与儿童本位的课程整合。从具体实践来看，学科本位的课程整合主要表现为超越不同的知识体系，以关注共同要素的方式来安排学习的课程开发活动，也是学校、教师在进行课程整合时最常用的方式。以儿童现实的直接经验、需要和动机为出发点进行的儿童本位课程融合，因为是将游离在原课程体系之外的儿童经验和需求融进新的课程之中[1]，难度较大，在实践中采用这种整合方式的学校较少。

以上的实践探索取得了诸多良好成效，也存在很多问题，其中比较突出的是课程整合的貌合神离问题。所谓貌合神离，是指课程整合流于表象，专注于技术，聚焦于课时打通，与学校的整合初衷背离。课程整合应该关注的不仅是把相对零散的科目内容进行联合教学，还要将学科学习与学生的未来生活、职业、社会参与等进行思考与对应。表面上看起来学校做了很多整合探索，百花齐放，实质上由于缺乏可行性研究与论证，缺乏与未来的呼应，只是以整合为筐，什么都往里装。

要想进行有效的课程整合，学校需要了解清楚所存在的主要问题，要进行切实的可行性论证，还需要树立科学的整合观。整合不是目的而是一种手段，通过整合可以腾笼换鸟，可以通过时间的重新分配呈现完整的情境，让学生进入情境，并担任角色。让学生有机会以独立的角色经历完整而复杂的教育情境，将分散的、具体的学科素养进一步抽象为共同的、通用型素养。关于如何推进有效课程整合，本书第十一章将进行详细论述。

四、无视课程建设的反哺作用

所谓“文化反哺”是指在文化承传中，年长一代向年轻一代学习的一种社会文化现象。从社会学角度看，“文化反哺”是一个“反向社会化”的过程，即传统受教育者

[1] 王凯．课程整合的“北京经验”[J]. 人民教育，2015（1）：51.

对教育者反过来施加影响，向他们传授社会知识、价值观念和行为规范的一种自下而上的社会化过程。[1] 随着智能终端、云计算、人工智能、物联网等新技术的出现与应用，经济、社会、生活等各领域正在发生巨大的变化。教育，作为社会的基本部分，也正在为技术所变革。翻转课堂、微课、无缝学习、泛在学习强势进入教育，并以其不可比拟的优势，迅速得到认可和推广。[2] 简言之，文化反哺成为时代的一种重要表征，这种表征落到学校课程建设上，表现为迅速增长的知识正在冲击着课程的边界，多样化的获取方式正在冲击着以“言传身授”为主要特征的课程实施，作为数字原住民的学生获取的新知识数倍于教师，使得在部分知识的天平上，传统的“教师领先”状况正在被打破，社会的变迁对学生的世界观、人生观、价值观的冲击日益明显，教师的“师道尊严”正在受到严重挑战。

但是，当我们回望和分析当前学校课程建设对文化反哺的基本态度时，发现其态度或是“无视”或是“压制”，突出表现在三个方面：一是课程建设过程中依然过分注重信息传递和知识堆砌的课程观；二是课程建设过程中的学生游离，即忽视学生鲜活的现实需要，以书本知识的逻辑体系来代替学生的需求和发展体系；三是课堂专制文化的延续。究其成因，分别如下：

（1）确立教师“优势文化”，维系师道尊严、言传身授。一些教师以手中所掌握的考试、评价权来引导课程方向，以“这些知识要重点学，因为要考”“这些知识以后不考，可以不学”来左右学生要学的课程知识，并基于此建立起教师的优势地位和不可挑战的权威。

（2）人为地将课程进行伦理分级。将语、数、外等科目视为“主科”，主科的知识属于高位知识，因为这些主科的成绩会决定学生未来的升学，将音、体、美等科目视为“副科”，副科的知识属于低位知识，因为这些副科在未来的升学考试中并未占据一席之地。

（3）形塑阶层分明的课程关系，即学生的天职是学习，教师是学生所学知识体系的代言者。以考试范围来界定课程内容，以课程内容来界定学生的学习内容，以学习内容的有效灌输为课程实施导向，如此一来，不但剥夺了学生的自主学习权，也剥夺了学生多样化的自由发展权，如此的课程建设因为将教师与学习者分开，也因此导致了课程与育人分开。

“文化反哺”是社会变迁的产物，是社会发展的必然趋势，我们并不否定传统的文化继承方式所具有的地位和作用，也不否认课程应该继承传统。但是，单向的文化传承已向双向甚至多向的传承方式迈进，新知识已经在不经意间渗透进人们的日常生活，

[1] 李步秋 . 新课程背景下对“文化反哺”现象的再认识 [J]. 教学与管理，2007（2）：34.

[2] 童慧，杨彦军 .ICT 支持的人类学习方式的变革与发展 [J]. 电化教育研究，2013（5）：26.

渗透进当前的课程中，我们不能忽视它的存在，不能没有忧患意识和发展意识。因此，在课程建设中要重视和发挥文化反哺的正向作用，树立学生的自治、主体地位，激发其兴趣与渴望，使其焕发出学习的新活力。课程建设还需要把学科课程与学生的生活建立有机连接，强调学生的周遭世界和社会生活是学科知识学习的重要资源，强调教育不脱离时代，不脱离生活。

第三节　课程建设中的封闭性问题

一、课程开发主体的封闭

新课改将部分课程自主权下发后，很多区域形成了如下的课程权力图，即“课程设置权在学校，课程开发权在教师，课程选择权在学生”。这种权力分配本意在重视和提升学校的课程权力，但是却将课程的开发权完全从学生手中剥夺了。就现状而言，课程的开发权主要集中在教师手中，包括对国家及地方课程的二度开发，和对校本课程的开发。

课程开发主体一旦封闭，往往会造成以下困扰：一是当课程的开发、实施水平由某个教师完全主导后，开放的课程也就变为教师私有的个体化课程；二是学生的权力被剥夺后，学生与课程的关系，学生在课程实施中的地位，也就相应地变为接受和服从；三是学生到底应不应该有课程开发权？如果有，学生有没有能力履行开发权？

上述第三个困扰是问题聚焦所在，里面有两层含义，一是该不该赋予学生课程开发权，二是学生能不能有效行使课程开发权。

先对第一层含义进行分析。如果从提高课程的适应性，促进学生的个性成长来看，学生参与校本课程开发有着重要的意义：第一，如果学生对课程内容感兴趣，有权力在课程开发之初参与目标的制定及课程内容的遴选，那么，他们的学习动机就会进一步增强。第二，学生参与课程内容的选择和设计可以促进学校生活的民主化进程[1]。第三，学生的学习主动性既可以通过课程开发完毕后的自主选择体现，也可以通过在课程开发过程中决定内容和结构来实现，而且后者往往会激发学生更大的动力。第四，按照课程专家古德莱德的课程层次说，学校中实际存在着三种课程，分别为教师领悟的课程、实施的课程与学生经验的课程，这三种课程相互联系、彼此制约。教师领悟的课程影响实施的课程，而实施的课程又作用于学生经验的课程，学生经验的课程是学生获得实际发展的主要载体。在古德莱德的层次说中，学生是内置于课程之中的，

[1]　裴星华．校本课程开发中的学生权利浅析 [J]. 聊城大学学报（社会科学版），2010（2）：190.

学生通过实际体验的课程进而获得实际的发展，实际体验的课程由学生来决定和主导，在其中学生有着无可代替的、天然的课程权力。

第二层含义指向学生能不能有效行使课程开发权。要回答此问题，就必须厘清学生课程权力的内涵和边界。目前，对课程权力这一概念的界定众说纷纭，有的专家认为课程权力是根据一定的目的来影响课程行为的能力，也是一种权威性力量，依靠这种力量可以在课程教学方面造成某种特定的结果。有的专家认为课程权力指教师和学生在课程研究、课程开发和课程实施中对课程具有的权力。还有专家从课程运作流程角度出发，认为课程权力是指在当代教育法律、法规与国家课程政策允许的范围内，课程主体在对课程进行研究、开发与实施的过程中所拥有的可支配的能动力量。以上界定虽然出发点不一，但是有一定的相通性，落到学生身上，课程权就是学生依据相关法律、法规和政策，根据一定的目的来影响课程运作的可支配权力。这些权力包括课程设置的参与权、课程设计的选择权、课程决策权、课程实施权和课程结果评价权等。这样细分之后，学生能不能用好权力就容易解释了。参与课程设置，可以与教师一起研究校本课程开发的必要性、价值；课程设计中可以协助教师进行结构调整和内容选择；课程实施中可以采用灵活多样的形式和途径；可以进行自评、互评与他评等。

课程开发只有将学生作为主体涵括进来，才能彰显课程的选择性和适应性，才有可能最大限度地激发课程的活力。

二、口号化的国家课程校本化

在当前的课改实践中，国家课程校本化是一句流传度很高的行动口号。很多学校都将其作为一个亮点去打磨，作为一个重点去研究，也因此涌现出一批有代表性的实践成果，促进了教师对国家课程的改造。国家课程校本化对于深化课改有着很强的现实意义。一方面，国家课程文件体现的是国家的权力和意志，主要体现在方向的引导上，而不在于具体行为细节的控制上，这给学校、教师提供了改造课程的前提；另一方面，课程的实施是通过无限个细小的、人与人之间、人与环境之间的互动而发生的，教育情境具有特定性和不可复制性，而这给改造课程提供了必要性说明。

严格意义上讲，任何课程要想真正发挥实效都要经过校本化，都要在学校这个具体而实际的教育环境中扎根，并根据教育实际进行适度改造。但在具体实践中，常常会产生以下两个问题：一是国家课程校本化的口号化。国家课程校本化简单化为学校推进课改的外在口号，并没有形成鲜活实践。二是对国家课程的过度改造。国家课程的本质是基准性、统一性和权威性，承载着经过严格甄选和加工的知识体系，体现着国家对教育的基本要求，而且国家课程经过多年的研磨和发展，已经形成了以学科课程为主体的课程架构与内容逻辑体系。对国家课程改造应该有“底线思维”，突破了底线，在实践中就会产生各类问题。比如，消亡某一学科。进行过度课程融合，打散《道德与法治》内容，分散到语文、数学、音乐等科目中，在具体课表中不再出现《道德与法治》。再如，重构学科框架，改变现有数学的基本逻辑，按照生活数学的思路重新组织内容体系，打散知识的原有联系，进行跨学段的知识连接。解构易，建构难，这种尝试因为从根本上颠覆了数学的固有逻辑，在实践中让教师难以驾驭，教学质量因此下降。

仔细分析已经取得成效的校本化做法，可以看出，成功的实践大致可以分为四类：

（1）国家课程补充。即在实施国家课程时，为了满足学生的需要，在国家课程的框架下，在不增加学生课业负担的前提下，补充相关内容。这种补充旨在通过实施适应学生的课程，让学生的潜能得到开发，实现个性发展。比如，现行的语文课程中，没有以儿童文学为主要阅读内容的专项读书活动，教师根据学生的需求，开设儿童文学专题阅读模块。课程补充有三个必要环节：一是基于学生需求探寻国家课程实施的自主区；二是进行价值、意义的论证和科学的设计；三是进行系统安排和补充。

（2）国家课程整合。前文已经叙及学科本位与儿童本位两种课程整合的模式。

（3）国家课程拓展，即以拓展课程内涵、拓宽课程外延而进行的课程开发，在拓展中注意保留原来学科的本质意义。比如莫比乌斯圈（人教版数学 4 年级上册）无明确教学目标，在教学设计中教师新增莫比乌斯圈的相关内容，让学生了解，在此基础上，结合拓扑学的其他重要原理，形成较为系统的数学创新思维模块，延伸了数学课的内涵（课程拓展）。再如，语文课中的古诗文吟诵。教师通过将古诗文还原至其历史背景之中、用古诗文的创作手段对其韵律进行复原、形成较为固定的吟诵方式、内容集合等课程基本要素，来对语文中的古诗文内容进行拓展。

（4）国家课程创生。教师基于自己对某一学科的深刻理解，自主对学科进行改造。目前未见国家课程的学科类案例，课程创生主要集中在综合实践活动。课程创生需要教师做到：将外在的课程转化成为自己理解的课程；将统一的课程转化成为个性的课程；将固化的课程转化为鲜活的课程。所以说，在国家课程创生中，“教师即课程”——教师不是课程的化身，而是课程本身。

其实，任何课程，不论是国家课程，还是地方或者校本课程，都必须回到学校这个具体的教育教学环境中才有意义。国家课程的校本化正是国家课程真正成为学校课程有效部分的必要途径和举措，学校和教师必须摒弃口号化的校本推进，秉持国家课程的底线思维。

三、课程资源建设规划与布局的滞后

广义的课程资源涵盖各种有利于实现课程目标的因素，狭义的课程资源仅指教学内容的直接来源。根据中小学的实际情况以及课程改革的发展趋势，可以概括成一个相对容易达成共识的概念，即课程资源是指形成课程的因素来源与实施课程的必要而直接的条件。[1]美国教育学者拉尔夫·W·泰勒根据自己提出的课程教学四个基本环节，将课程资源划分为四类：教育目标资源、学习经验资源、组织学习经验的资源、制定评价方案的资源。不管是哪一类资源，对课程的整体建设都有着重要意义。在某些地域和学校，资源建设已经成为深化课改、促进教育均衡发展的主要策略和抓手。

认识上的重视并不等同于实践的科学与合理，当前课程资源建设仍旧存在诸多误区和问题：

（1）课程资源建设的无序化。在不少省市，课程资源建设缺乏整体规划，各级部门资源建设职责不清，缺乏地域布局，各种相近的资源建设项目纷纷上马，重复开发现象严重。

（2）形式化。主要是指课程资源建设的“错位”问题，表现为忽视内容实质而专注于技术追求，力图通过各种技术包装资源外形，缺乏对课程资源实质的分析、研究和甄别。形式化的资源在实践中只能激发学生直观的、浅层的兴趣，难以通过内容进行兴趣保持和强化。

（3）附着化。附着化有两个层面，第一个层面是将课程视为教材，将教材视为教科书，将教科书视为唯一的课程资源；第二个层面是开发的资源过分注重知识匹配性，课程资源只关注与单一课程门类的知识点“附着”，对知识背后的价值、与学生生活及需求的关联、提升等基本无视。

（4）资源建设输出僵化。随着课改的逐步深化，很多学校的校本课程逐步成熟，原来简单的课程纲要和内容汇编已经无法满足其新的发展要求，为了将校本课程进一步固化，学校投入了巨大的人力、物力、财力，致力于系列校本教材的开发，并将此作为校本课程资源建设的核心。因为缺乏对校本教材的研究，在教材编写中一些学校基本上采用国家教材的编写模式，致使编写出来的校本教材因为过分专注于知识内容体系的逻辑性而僵化，“上”校本课程变成了“学”校本教材。

（5）资源建设的表面化。课程资源建设跨越实际教与学的需要而追求“高大上”，在3D资源、虚拟现实等高端资源的开发上投入很多，但是无法有效融入日常教学，很多地域由于经费问题，只能开发单体或者部分高端资源，使得教师在日常教学中只能用来练练手，无法支撑常规教学。

（6）资源建设的“去人化”，即课程资源建设的“人”因素的剥离。长期以来，由于课程设计上的封闭性，教师缺少课程资源的合法决策权力，因而也就缺少相应的规划和开发能力，教师和学生的生活、经验、问题、困惑、理解、智慧、意愿、情感、

[1] 吴刚平．中小学课程资源开发与利用的若干问题探讨 [J]. 全球教育展望，2009（3）：19.

态度、价值观等丰富的素材性课程资源统统被排斥在教学过程之外，原本十分丰富的教学过程缩减成知识传授与解题技能培养的过程。课程资源不仅仅是外在于师生的物化资源，教师的经验、理解与智慧，学生的感受、见解与困惑，都是比物化资源更加宝贵的素材性资源。[1] 从课程资源的存在形态上来看，除了外在的物化的硬件类资源，更重要的应该是与人绑定的软性资源。[2] 建设软性课程资源，必须让人的因素回归到资源中，让师生的经验与问题回归到资源中，只有人性化的资源才能实现资源与人的共同成长。

以上六个问题的主要成因在于规划的缺乏与布局的混乱，致使学校、区域课程资源的开发主体混乱、结构单一、质量不齐、效益趋低，要想改变此状况，必须做好课程资源的整体规划，合理布局、分层构建资源的结构和规模，重视软性课程资源的开发与应用，激活学生的学习热情与经验，调动师生的分享积极性，促进教与学方式转变，从而提升区域课程改革的内在品质。

四、特色课程建设的孤岛化

课程权力的下移焕发了学校的课程建设活力，特色课程建设成为学校谋求别样发展的新思路。特色课程之所以被广泛认同与践行，主要原因有如下几个：一是国家课程的统一框架落到区域和学校，客观上需要考虑地域特色、办学特色、学生特色等一系列因素，国家课程向学校落实的过程，即课程的区域化和校本化过程，客观上是特色附加的过程；二是学校作为最基层的教育实体，要想体现学校的特点，争取更多的社会认可度，常常会考量“人无我有”的内容，而课程建设恰恰能提供适合的载体；三是从区域来看，对未来人才的需求也是多样化的，特殊行业需要专门性人才，多样化的人才培养需要多样化的特色课程来支撑。

特色课程的建设虽然呈现如火如荼之势，但是做法千差万别，思路不一而足，效果也参差不齐，存在的主要问题包括以下几个。

（1）特色课程建设后继乏力。合理的课程建设一定要基于科学的课程规划，按照规划所设定的框架，课程建设才能有序展开。当前各校的特色课程建设过于维系于校本课程，把特色课程视为具备当地文化特色的校本课程，紧紧围绕校本课程打造特色。在校本化上找特色无可厚非，但是过分绑定校本课程，致使特色课程只能在每周一节左右的校本课时中落实，狭小的落实空间窄化了特色课程的发展。还有一部分学校基于生存的压力，被迫走彰显特色之路，以特色艺体课程作为突破点，通过联通中高考，

[1] 吴刚平 . 中小学课程资源开发与利用的若干问题探讨 [J]. 全球教育展望，2009（3）：19–20.
[2] 周晓燕、董国平 . 课程资源研究：成果、反思及走向 [J]. 河北大学学报（教育科学版），2010（6）：93.

来实现升学数量和质量的提升。这种做法可以缓解学校的升学压力，也能够让部分学生探索适合他们的未来出路，但是与考试直接绑定，导致了“为考试而开发”的状况，又回到了应试的轨道上。后继乏力问题还有一个诱因，即部分学校将特色课程作为学校的课程装饰来建设。特色课程成为学校门面的一种装饰，自然会更多地追求亮点、创新点，更多地关注表面的光鲜与热闹，而忽视决定课程功能的结构和内容建设，这样的装饰自然会随着时间的流逝而退出课程舞台。

（2）将特色课程等同于课程特色，这也是大多数学校面临的问题。学校介绍或者宣传本校的课程特色时，往往会把开发的特色课程摆出来，以为有了几门特色课程，学校课程就彰显出特色了。其实，特色课程的内核是课程，特色是课程的外显特征；课程特色的关键是特色，课程是特色的载体[1]，两者维度并不一样。一所学校的办学特色可以通过课程来彰显，但是寥寥几门特色课程却无法支撑起办学特色的内涵。

（3）特色课程与学校发展定位的关系问题。对于一部分学校而言，特色课程的门类确立与开发或基于“人无我有”“人有我精”的比拼，或基于校长的兴趣，缺乏与学校整体发展定位的关系考量，缺乏基于学校发展愿景与需求的技术路线设计，致使特色课程开发与学校发展成为“两张皮”。从较为成功的学校开发案例来看，特色课程开发与学校的定位思考关联密切，主要采用的技术路线不外乎两种：一种是常用的SWOT分析模型，是将对学校内外部条件等各方面内容进行综合和概括，进而分析组织的优劣势、面临的机会和威胁。另一种方法为KISS分析，即传承、改进、启动或停止，通过分析学校现有课程体系的结构，来确立哪些需要传承，哪些需要改进，哪些需要创新，哪些需要停止执行并进行反思。以上两种技术路线都基于学校的发展定位进行特色课程的确立，从源头上解决特色课程与学校愿景之间的“两张皮”现象。

（4）特色课程的孤立问题。一些学校因为将特色课程视为学校的门面，在开发上往往会投入更多的人、财、物，力图将特色课程开发成精品课程，这种“为了门面而特色”“为了特色而精品”的初衷导致了一批孤立的精品化特色课程的产生，规划了完整的框架，设定了详细的目标，部署了合理的结构，精选了课程内容，就像在森林中人为地圈了一个小花园，进行盆景型布置，这样产生的特色课程即便真的是精品课程，也难融入既有的学校课程体系，无法跟其他学科建立联系，越发展越孤立，越实施越窄化。因此，特色课程在发展中也遇到了与其他课程拼抢课时、争夺地位的现象。特色课程的孤立造就了学校课程体系中的一个个课程“孤岛”，设置了诸多课程壁垒，彼此没有联系，依靠独立课时，依靠专有师资，使得课程整合变得十分困难。由此，特色课程因大量投入而形成的精品向常规课程的反哺更显得遥遥无期了。

上述问题对于教育改革与发展而言，均是外显的教育现象，最根本的诱因，笔者

---

[1] 龚海平 . 论特色课程与课程特色建设 [J]. 江苏教育研究，2014（10）：7.

认为是教育改革的阶段性特征。放眼教育改革全局，立德树人、教育优质与均衡、人才培养机制改革、考试招生制度改革这些重大且综合性问题，是课改二十年大浪淘沙后留存的“硬骨头”，要啃下这些硬骨头，就必须从以往的“以发展带动改革”，逐渐转变为“以改革带动发展”，从以往的“增量变化”，逐渐过渡到“存量变革”。存量中的“硬骨头”背后是林林总总的关系和错综复杂的利益集团。步入深水区的课改要想顺利涉水前行，课程仍将是不可或缺的核心助力，要改变这一核心助力在部分地域、学校较为突出的“单”“虚”“浮”“空”等现象，需要转变改革逻辑、聚焦核心问题，撬动课程建设利益链条，将课程作为学校的核心供给力，使课程建设与学校发展水乳交融，进而焕发出课程应有的光彩。而要想让课程成为学校发展的价值增量，必须将学校课程建设的性质及理论基础梳理清楚。

第二章　学校课程系统设计的理论基础与内容框架

学校课程系统设计本意在于将外在的课程文件与虚化的课程理念转化成“看得见、摸得着、拿得出、用得好”的适切的课程文本与鲜活的课程实践。

从第八次全国课程改革启动算起，20 年对于改变和固化一种新观念来说，并不算太长，但是就现状而言，几乎每一所学校都或多或少留有课改的烙印。课改的最大意义就在于让教育者真正开始审视、研究和触碰课程——教育的核心载体。课改的推进在很大程度上就是在解读、设计和实施新课程，在课程从一种外在物到内化为学生的实际发展的过程中，学校起着至关重要的作用，其关键在于学校对课程的系统设计，系统的设计需要科学的理论基础与合理的内容框架。

第一节　学校课程系统设计的本质追问

理论基础是课程设计研究的核心问题，学校课程设计需要理论基础为之提供判断依据和推进思路。理论基础的构建实质上是对国家、地方、学校三级课程整体建设本质的追问。

一、学校课程系统与课程系统设计

学校课程系统是什么？学校课程系统设计又是什么？笔者认为学校课程系统是指在学校时空内各课程门类与学校环境、文化、人因素等构成的统一整体，在其中各要素相互关联、协同、发展，承担着学校育人的核心功能。课程门类指的是国家、地方、校本三级课程，学校课程系统主要在校内建设和发展，但同时也受国家、社会等因素的影响。

学校课程系统设计的内涵是三级课程整体建设，从本质上讲就是学校全部课程的一体化构建，是在国家对课程法定化要求的框架内，摒弃将学校课程门类作单一规划、设计和推进的思路，以人的整体发展为基础的课程结构的重整和创新，是基于人的整体发展需要而将国家课程、地方课程、校本课程统整成一个有序而高效的学校课程体系，从而支撑学校探索科学合理又具有特色的学校课程发展模式。

二、学校常用的课程设计模式及其困扰

三级课程管理体制的设立突破了“大一统”的课程权力框架，使学校课程设计获得了制度保障。就现状而言，可以将学校课程设计形成的课程体系概括为拼盘式、统整式和融合式三种。

1. 学校常用的三种课程设计模式

（1）基于“分而落实观”的拼盘式设计模式。改革初期，很多区域和学校对三级课程的认识还是比较模糊的，由于长期受国家课程绝对主导的影响，在课程建设中所秉持的主要是“分而落实观”，即将国家、地方、校本课程分开来建设，按照课程权力的从属划分，定位为简单三分制：中央、省＋直辖市＋自治区、学校，根据权力主体划分课程门类，分开来实施。这种设计观导致的结果就是国家课程、地方课程、校本课程一起构成的“课程拼盘”。

（2）基于学校发展愿景形成的统整式设计模式。随着课改的深入，学校对自身课程权力有了更进一步的认识和了解，拼盘式课程体系的弊端也逐步显露出来，三级课程分开建设虽然“各司其职”，貌似井然有序，但是彼此隔离、缺乏互通。于是，一部分学校开始认识到，设计学校课程并不是把国家课程、地方课程和校本课程简单相加，而是需要将三者在学校层面进行一次重新构建，这种构建应该是在学校课程政策的规范下，为了实现学校的培养目标而采取的一种课程领导行为，这种行为既蕴涵了国家与地方的意志，又承载了学校的意志，是国家权力、地方权力与学校权力在课程方面进行对话的综合反映。[1]

这种对话是学校对各层级课程权力的解读，一般需要遵循以下思路：将学校课程体系纳入整个学校的发展图景，实际处理好国家课程、地方课程与校本课程之间的关

---

[1] 靳玉乐，董小平 . 论学校课程的规划与实施 [J]. 西南大学学报（社会科学版），2007（5）：108.

系，充分考虑到课程的局限性，在此基础上，注重设计顺序。其结果是以学校为主体，将国家课程、地方课程、校本课程统整成一个有序而高效的学校课程体系。[1]这种做法与美国教育学者布拉泽（Ed.Brazee）、卡佩鲁蒂（J.Capellu-ti）等人所提出的学校课程系统的课程连续统一体（curriculum continuum）理论有异曲同工之处。[2]

（3）基于知识逻辑和性质形成的融合式设计模式。随着三级课程之间内容的交叉、重叠等问题逐渐凸显，部分学校开始尝试基于知识逻辑和性质进行新的课程设计。就现状而言，基于知识进行课程设计可分为以下三种：一是基于相似知识目标的设计，即将不同课程门类、不同学科体系间目标相似的知识进行跨门类整合，打通课时，纵向安排，借此实现以目标达成来落实不同课程的想法。这是一种目标导向的课程重新设计，以这样的假设为支撑：课程的终点是课程目标的达成，不同知识体系间的相似目标具有可整合性。二是基于类似内容的课程设计，即将相似的案例、知识点、活动等内容进行跨学科联通与合并，避免内容的交叉和重叠。三是基于知识大致实施方式进行课程设计，即将实施方式基本相同的知识点或者学习单元合并进一系列活动或其他形式中，实现同载体但不同主题的构建。

2. 三种课程设计模式的弊端及困扰

以上三种课程设计模式主要是围绕学科知识中的共同要素进行课程的重新组合和安排，实质上是基于不同学科要素关联度进行的再组织，也是学校对课改新理念主动调试的结果。在主动调试中，学校的课程权力意识进一步觉醒，课程意识进一步提升，课程领导力进一步增强，将外在的“给定的课程”逐步转化为内在的“本校的课程”，体现出了课程改革的追求，也激发了学校的办学活力。以融合式课程体系为例，通过重新设计，有效避免了三级课程之间内容的交叉、重复，增强了课程门类之间的关联度，通过实施能够提升教师的跨学科意识和能力。但需关注的是，这三种课程设计仍然存在着严重局限：

（1）片面性。不管是拼盘式还是统整式，其课程设计的出发点是相对单一的，或是简单落实，或是单纯服务于学校的发展愿景。所以，在具体设计实践中，重点关注的是“外来”课程的“本土化”和对国家政策的简单适应[3]，造就的也只能是片面化的课程体系。

（2）控制取向。上述三种设计虽然打破了国家课程“一统天下”的束缚，但秉持的依然是一种控制取向，只是控制方增多了而已，在这种取向的框架中，课程完全成为国家“选择”与“编订”，地方“增设”与“补充”，学校“构建”与“设计”的产

[1] 丁念金．学校课程统整中的课程结构设计 [J]. 课程・教材・教法，2008（11）：3.
[2] 有宝华．课程连续统一体—— 一种新的学校课程系统 [J]. 外国教育资料，2000（1）：20.
[3] 崔允漷．学校课程规划的内涵与实践 [J]. 校长阅刊，2001（1-2）：74-75.

物，教师和学生的“协商”与“创构”基本无视。控制取向关注的是共同文化的普及与各级权力的博弈，其核心是国家意志与社会控制。英国教育社会学家伊格莱斯顿（Eggleston，J.）曾经将课程与社会控制分为两个层面：第一层面是社会对课程的控制，其标志是符合社会主流价值取向的课程最终编制成型；第二层面是通过课程而实现的社会控制，其标志是课程知识最终被学生内化为其文化结构的有机成分，[1] 当然，这里面也包含学校对课程的重新设计。

（3）对人这一因素的忽视。在上述课程设计中，学生因素是完全被忽视的。学生只有课程接受权，不能决定知识的种类和出处，无法将课程与自身生活相关联，仅可在实施途径上有所选择。[2]

一言以蔽之，缺乏整体性框架和系统思维以及对课程关系的深度梳理是当前学校课程设计的主要弊端，这种弊端在一定程度上导致了课程的“物化”和“固化”，这种局面如果不扭转，课程的系统功能难以完整体现。

三、三级课程作为完整系统的关系分析

缺乏对课程关系的合理分析是导致学校课程难以成系统的重要原因。笔者认为，国家课程、地方课程与校本课程，这是从课程设计、开发和管理主体来区分的三种类型。支持课程系统的是课程结构，课程结构就是课程类型、课程内容、具体科目等要素经过有机整合所形成的形态。每一类要素组合方式和组合比例的不同意味着将形成不同的课程结构。课程结构不仅取决于组成课程的各要素的性质，还取决于这些要素间的组合方式。构成要素相同而排列组合方式不同，课程的结构就会产生很大差异。因为要素间组合方式的改变，意味着各组成要素在整体结构中的地位发生改变，也就使课程的整体关系发生了结构性变化。因此，三级课程在推进中既独立又联系，因不同的育人目标而独立，又因皆为课程结构的关联要素而联系。

从课程结构层面对三级课程进行组合性研究，是确保三级课程整体有效推进的理论支撑，而从课程结构出发去研究和设计三级课程时，主要落实在以下三对关系上：

（1）比例关系。比例关系是课程系统内各要素间组合方式中最重要的方面，它直接影响课程的结构状况、功能性质与水平。新一轮课改为地方、校本课程提供了16%-20%的比例空间，基本形成了国家与地方、学校的“八二”课程权分配，但如何在现有的空间内，基于区域、学校的课改实际，重新规划、调整、设计最佳的三级课程比例关系，成为课程系统设计的首要问题。其实，这种比例关系还可以深入到三级课程

[1] 吴康宁．课程社会学研究[M]．南京：江苏教育出版社，2004：48.

[2] 王凯．试论学校课程设计的二度回归：哲学考量与实现路径[J]．课程·教材·教法，2014（3）：14.

内部，比如研究学科课程与活动课程的比例关系，必修课与选修课的比例关系等，上述比例关系的任何变化都将直接影响课程的功能体现。

（2）空间关系。空间关系主要是指相邻课程成分和课程要素之间在课程目标和课程内容上的横向组合关系。这种关系如果是相互协调的，那么课程各成分、各要素间就能形成功能耦合，产生 1+1>2 的整体效应。反之，它们可能相互制约，既可能产生功能矛盾，也可能限制某些成分和要素的功能的形成和释放。当前，三级课程的部分内容中，割裂、重复、交叉现象较为突出。例如，“北京的中轴线”分别出现在国家课程的数学、音乐、综合实践活动中，也出现在地方课程和校本课程的传统文化等课程中，重复交叉问题严重，这是因为在三级课程整体推进中没有处理好空间关系所致。[1]

（3）时间关系。时间关系既表现在同一学段各类课程的开设顺序上，同时也表现在同一课程不同学段的前后衔接上。在开齐课程、开足课时的要求下，学校对课程的时序需要进行重新设计，三级课程的整体建设不是齐头并进，而是要通过时间差，实现各自的有效衔接，实现课程的适应性。

四、学校课程系统的新特征

针对课程建设实践中出现的单一性、割裂性和封闭性问题，笔者尝试提出以推进学校课程系统设计来破解当前的困境。所谓学校课程系统设计，其本意在于将外在的课程文件与虚化的课程理念转化成“看得见、摸得着、拿得出、用得好”的适切的课程文本与鲜活的课程实践。

表 2–1 学校课程系统新特征

命题	学校课程系统设计		
针对问题	单一性	割裂性	封闭性
新特征	整体性	扎根性	长脚性
新特征解读	1. 课程层次完整 2. 课程关系清晰 3. 课程要素齐全	1. 关注学校教育实际 2. 关注学生个性特征 3. 课程课堂课业联动	1. 学科内整合 2. 穿越学科边界 3. 穿越学校边界 4. 建立课程反哺

学校课程系统应具备整体性、扎根性和长脚性这三种新特征，分别针对单一性、割裂性和封闭性的课程建设顽疾。

[1] 杨德军，王凯 . 三级课程整体建设：北京的实践探索 [J]. 中小学管理，2013（12）：5.

（1）整体性。整体性包括三个层次：

- 课程层次完整。课程层次指的是将国家、地方、校本课程进行重新设计后形成的新课程结构，这一课程结构应该具有完整性，按照古德莱德所提出的课程层级，学校课程层次应该涵括了学校对课程的认识、理解和设计、教师对课程的重新设计与实施以及学生体验到的课程。

- 课程关系清晰。各类课程定位清楚，不同课程层次之间以及同一层次的不同课程之间既有相对独立性，又彼此关联，体现着课程的融通性。在发挥不同课程各自效能的同时，能体现整体效应。

- 课程要素齐全。作为构成课程的部分是齐全的，不存在明显的课程要素漏项。要素齐全是课程得以确立的基础性条件，也是课程区别于一般性活动的前提，还是课程能够不断优化、迭代更新的重要保障。

（2）扎根性。扎根性同样包括三个层次：

- 关注学校教育实际。课程系统设计必须基于学校的教育实际，主要包括校史、发展规划、学校文化、师生状态、财与物、教育质量等。每个学校的课程系统设计从方法和途径上看有相似性，但实质上每个学校的课程系统都带有学校独一无二的教育DNA。

- 关注学生个性特征。课程的价值归根结底是体现在学生身上的，课程质量与学生发展有着明显的正相关性，所以，课程又常常被称为学生认知与发展结构的映射。课程的目的不是一味的"求同"，而是体现在面对每个学生时的"存异"。要关注学生的个性特征，并以此作为课程设计的基础，呵护学生的课程权力，让学生参与到学校课程系统设计中。

- 课程、课堂、课业联动。联动的涵义在于实现课程的扎根性。很多学校的课程有分层，但彼此之间无相关性，各自为政，各自运行。也有不少学校，课程成为校长和干部的特权，有要素齐全的学校课程顶层设计，但是教师很少知晓，课程与课堂没有联动，而变为无根的浮萍。课程、课堂、课业的联动，是学校管理层、教研组、教师和学生的共同作用，体现的是课程设计校内共同体的价值。

（3）长脚性。长脚性是一种比喻，俗话说，"千里之行始于足下"，课程长脚代表了从封闭走向开放的可能性。长脚性包括四个层次：

- 学科内整合。学科内整合意在打破线性的学科固定顺序，既可以进行学科内前后内容时序的调整和改变，也可以鼓励学科教师在课程建设和实施过程中，更加体现自己及学生对课程的贡献，即改造学科课程，将教师自己的知识经验、学生的生活经历等整合到课程中，丰富学科课程的内涵。

- 穿越学科边界。学科课程关注的是世界上各种事物、现象的独立性与特殊性，而综合课程则关注的是世界的整体性与普遍联系性。单一学科无法面对复杂的生活和社会问题，需要穿越学科边界，进行跨学科课程设计。跨学科课程设计需要统筹思考各学科的不同的知识逻辑以及拟解决问题的性质，需要以课程主题为主线协同各学科的内在逻辑。

- 穿越学校边界。学校教育不等于校内教育，学校课程系统也不等同于校内课程系统。学校课程系统设计应该也必然要穿越学校边界，延伸校内课程符号系统，联通社区、社会、自然、家庭。

- 建立课程反哺。学校虽不是课程设计与实施的唯一场所，但毕竟是主阵地。课程的延伸设计与学生的外出研学等都是十分必要的，但课程系统不能截然分为校内、校外两部分，这样很可能又会成为追求独立又相互割裂的“课程孤岛”。校外的课程设计与实施要回归校内，通过课程的走出与回归，形成课程生长的有效反哺机制，带动并反哺校内课程系统，丰富课堂边界，提升课堂内涵。

北京市 2015 年在《北京市实施教育部 < 义务教育课程设置实验方案 > 的课程计划（修订）》中明确要求，各学科平均应有不低于 10% 的学时用于开设学科实践活动课程，在内容上可以某一学科内容为主，开设学科实践活动，也可综合多个学科内容，开设跨学科综合实践活动。同时建议，学科实践活动课程由市、区（县）、学校三级采取 1:2:2 的模式共同组织落实，形成包括课程目标、课程主题、课程内容、课程实施、课程评价在内的完整课程体系。市级建设课程占学科实践活动总学时的 20%；各区（县）、学校结合实际建设的课程分别占学科实践活动总学时的 40%。[1] 这样一来就将课程作为联通符号世界与学生生活世界的桥梁。

第二节　课程系统设计的理论基础分析

一、整体主义课程理论

整体主义课程理论是对传统课程体系中的主客二元对立、线性还原、实证主义的摒弃与超越，强调的是课程的关系品质、转化品质、超越品质以及人的整体发展。[2]

1. 整体论和整体教育

整体主义课程理论源于整体论（holism）。“整体论”一词最先出现在哲学家斯马茨（Smuys，J.C.）1926 年的著作《整体论与进化》中。他认为即使累积了各个部分，也

[1] 北京市教育委员会 . 北京市教育委员会关于印发《北京市实施教育部的课程计划（修订）》的通知 [EB/OL]. http：//www.beijing.gov.cn/zfxxgk/110003/jcjy23/2015-07/09/content_595648.shtml，2015-07-09/2020-02-02.

[2] 张静静 . 课程改革的整体性：整体主义课程理论的启示 [J]. 基础教育，2012（6）：23.

决不能达到整体，因为整体远比部分之和大。[1]

黑格尔与孔德的思想和论述是整体论的重要理论与思想来源之一。黑格尔认为社会不是个人简单相加的总和而是个人结合形成的体系，尽管社会生产生活的发生需要以个体的意志为基础，但是这一基础只是必要的前提，它自己并不能充分促成整体性的社会生活。整体论的内核是整体胜于各部分的简单之和，整体促进了各部分的有效衔接和组合。

整体教育的观念早在 19 世纪末、20 世纪初就已提出并付诸实践，如德国巴西多的“泛爱学校”教育实验、瑞士裴斯泰洛齐的公共教育体系实验、德国福禄贝尔的幼儿教育实验和赫尔特大学附属学校教育实验等。这些实验的共同特征是采取整体论立场，从而形成了近代整体教育传统。[2]20 世纪 80 年代后期，随着整体论的传播和影响，在北美兴起了强调相互联系与学科交织的“整体教育”思潮。1988 年，整体教育核心倡导者米勒（Miller，L.）创办了季刊《整体教育评论》（Holistic Education Review）。1990 年 6 月，在芝加哥召开了第一届整体教育国际会议并发表了阐述整体教育观点的《芝加哥宣言》。[3] 整体教育涵盖了生命的多样维度和领域，“关联”（connection）、“包容”（inclusive）、“和谐”（balance）是其核心原理。[4]

整体教育认为教育是一个系统，而系统就是相互联系、相互作用的一个整体，各教育要素之间是相互联结、相互作用、相互依存的，只有通过相互联系，形成整体结构，才能发挥整体功能。整体教育既强调把整体分解为部分，又注重把部分融合为整体，以帮助学习者掌握完整的知识。整体教育还强调建立和重视师生之间、学习内容之间、学科之间的联结，关注学习和教育环境的相互作用，重视人在教育过程中的全面发展性。一言以蔽之，整体教育追求的是人身心、情感、意志和思维等方面的和谐发展，其终极目标是培养整体发展的人[5]。

2. 整体主义课程论

整体主义课程理论的愿景是“尊重整体的学生，谋求课程的统整，建构整体的教学，张扬艺术的价值，践行整体的语言和塑造整体的教师”，通过整体课程的研究与实施，提升教师的知识整合能力，发展学生跨学科视野和综合运用知识处理问题的能力。

整体主义课程论认为课程应该具备三个特征：

---

[1] 钟启泉 . 整体教育思潮的基本观 [J]. 全球教育展望，2001（9）：11.
[2] 赵鹤龄 . 整体主义教育实验的历史发展 [J]. 教育导刊，1994（10）：32.
[3] 王海青 . 论整体主义教学 [J]. 全球教育展望，2019（4）：34.
[4] 安桂清 . 整体课程：面向 21 世纪的课程愿景 [J]. 比较教育研究，2006（6）：85-86.
[5] 王海青 . 论整体主义教学 [J]. 全球教育展望，2019（4）：35.

（1）联结性。从整体主义方法论出发，用归因的方式来研究和分析课程，各科目及课程要素在看似离散的表象下是其借助规范等与其他课程相互联结的。基于整体主义的课程建构与传统分科目、分知识点的课程设计有很大的不同。约翰·米勒在其著作《整体课程》中提出整体课程在本质上关注人的经验之间的各种关联与平衡。他尝试用六种联结来构建整体课程：一是线性思维和直觉认知之间的联结，整体课程试图恢复线性思维与直觉之间的平衡；二是身心之间的联结，整体课程探讨心灵与身体之间的关系，让学生感到二者之间的联结；三是知识领域之间的联结，所有的教育阶段都试图寻求课程综合化，可采用多种方式联结学术学科或学校科目；四是个人与社区之间的联结，整体课程重视学生与社区的关系，在社区中学生们可以发展人际交往技能、社区服务技能与社会行动技能；五是人类与地球之间的联结，通过让师生走进自然、接触自然，来思考和分析人与自然的关系；六是自我与本性的联结，最终整体课程是要让我们意识到自己的真实本性。[1]

（2）转化性。整体主义课程论认为如果课程外在于学生，即使二者存在相互作用，也只是机械的外在联系。为避免陷入这样的二元困境，整体课程理论极力强调课程的转化品质，认为具备转化性的课程才是真正的整体课程。教师通过自己的设计与实施，通过自己与学生共处的方式把知识、能力、情感和社会责任感带给学生。课程是在师生的教育对话中诞生的，师生联合创造的教育经验才是真正鲜活和持久的课程。

（3）超越性。整体课程的超越品质是通过对人类存在的灵性维度的尊重与弘扬而加以实现的。教育如果指向人的灵性的培养，那么它所从事的便是一项具有创造性、变革性和自我超越性的事业。课程的超越不是单纯促进学生某一项能力的超越，而是追求学生智力、身体、心灵的协调与平衡。为了达到平衡，需要处理好八种关系：个人与小组的关系；内容与过程的关系；知识与想象的关系；理性与直觉的关系；定性评价与定量评价的关系；技巧与观念的关系；评价与学习的关系；技术与方案的关系。[2]

在课程实施层面，整体课程坚决反对课程要素间机械的联合关系，认为在课程的众多要素之间存在着动态生成的关系。各科目的教材绝不是必须无条件遵从的材料，而是教师与学生共同创生新知识的资源，是需要进行设计和再创造的素材。课程是通过教师、学生与文本的交互作用创造的，而不是由教材编撰者决定的。学生的学习是与教师、文本以及自我对话的过程。[3] 任何一门学科的教学，应使学生不仅要理解各部分的内容，而且要理解各部分内容间的关系；不仅要掌握该学科知识间的内在联系，而且要掌握该学科与相邻学科的外在联系。

---

[1] Miller，J.P. The Holistic Curriculum. Revised and Expanded Edition[M].Toronto：OISE Press，2001：8–9.

[2] Miller，J.P. The Holistic Curriculum. Revised and Expanded Edition[M].Toronto：OISE Press，2001：4–5.

[3] 安桂清 . 整体课程：面向 21 世纪的课程愿景 [J]. 比较教育研究，2006（6）：88.

从整体主义课程理论来审视学校课程设计有着鲜明的意义。关注课程要素的完整性，持续提升学校课程设计能力，重新审视和梳理课程间的关系，赋予学校课程改革以灵魂，以整体的人的全面发展作为课程设计的前提和基础，从而启动学校课程建设的新征程。

二、系统课程论

1.系统论的产生及其内涵

美籍奥地利生物学家贝塔朗菲（L.V.Bretalanffy）于1925至1926年间提出了生物学中的机体概念，强调把有机体当作一个整体或系统来考虑。1934年他发表了《现代发展理论》，提出用数学和模型来研究生物学的方法和机体系统论概念。1945年3–4月他在《德国哲学周刊》上发表了《关于一般系统论》一文，但很快毁于战火，几乎未被人所知。1947年至1948年间，他在美国讲课和专题讨论中阐述了他多年倡导的系统论思想[1]，并被推崇为一般系统论的创始人。系统论主要建立在自然科学的基础上，其涵盖的学科较为广泛，但是系统论并不包括在这些学科中，自然科学是它研究的对象，但它的思想在这些学科之上。它的构成体系主要是由方法、原理、概念、程序等组成。系统论蕴含了丰富的理论知识和实验知识，它主要的基础是唯物主义辩证观点，强调了整体的描述和控制，利用数学和物理策略对其进行研究，采用系统的黑箱策略进行理论分析，从侧面认定了可知论，并且针对其中一些关于感性和理性的认识进行了抽象和具体的辩证表达。[2]

系统的功能观和运作观是系统论的内核。系统的功能是在特定的环境下，由要素和该系统的结构所形成的综合性作用，是系统和环境相互关系所表现的属性以及所具备的能力。一般而言，系统的功能要考虑要素、结构和环境三个变量。考察系统的运作规则主要回答系统的各组成部分如何相互作用这一问题。

2.系统论的新发展与教育系统论的成型

系统论的逐步成型与推广引发了新理论的生成与发展，比如广为应用的耗散结构理论。耗散结构是一种自组织的宏观时空有序结构，它能与外界进行物质和能量的交换。任何系统只有本身存在耗散结构，不断由低一级的耗散结构向高一级的耗散结构演化，才能实现系统本身的持续发展。耗散结构理论的具体内容是：一个远离平衡态的开放系统，不管是物理的、化学的、生物的，乃至社会的、经济的系统，通过不断

[1] 魏宏森.现代系统论的产生与发展[J].哲学研究，1985（5）：63.
[2] 史春琳.马克思主义哲学与系统论的关联性研究[J].人民论坛，2014（2）：204.

地与外界交换物质和能量，当外界输入的能量流、质量流和信息流达到一定的阈值时能够进行自发组织，导致熵减少，从系统原有的无序状态转变为一种在时间上、空间上或功能上的有序状态。如果说耗散结构理论研究的主要对象是开放系统，那么熵增理论则关注的是封闭系统。熵增定律告诉我们，任何一个有生命力的系统，都必然是一个开放的系统。只有与周围环境不断地进行能量转换，这个系统才能得以运作和延续，只有系统开放，能量转换才能得以实现。

系统论的教育应用催生了教育系统论，而将教育系统论引入到教育改革理论中的主要人物是曾任联合国教科文组织教育计划研究所主任的库姆斯（P.H.Commbs）。他认为，作为耗散结构[1]的经济系统的发展，必然导致教育系统从零散的学校，逐步发展成为包括正规的和非正规的各级各类的庞大的教育事业，成为社会系统的一个相对独立的子系统。教育与经济的显著相关是教育的重要性与日俱增和规模扩张的重要前提。作为一种不断扩大的产业，教育系统的要素投入与产出又日益受到经济资源稀缺性的限制。要使教育系统良性运行，就必须使之由封闭状态走向开放状态，纳入到社会经济系统的总运行过程，形成与经济系统的协同发展。[2]教育系统论认为教育本身就是一个多层次、立体化的系统，系统内各要素相关关联和协调，同时又与外部系统进行信息等交换，从而达成开放性。

3. 系统论对课程设计的影响

19 世纪英国社会学家斯宾塞曾提出过一个著名的问题："什么知识最有价值？"这一问题对后来的课程理论，特别是 20 世纪初的课程研究产生了深远影响。20 世纪中后期课程问题逐渐从最初的技术范畴突破，成为一个与政治及意识形态密切相关的问题。美国学者阿普尔提出了另一个课程研究领域中的里程碑式问题："谁的知识最有价值？"以这一问题的提出为标志，课程被放在一个更大的政治、经济、文化背景下去考察和分析，课程变为整个社会系统中的要素，不再是价值中立，而是价值负载和意识形态渗透的，不管是研究课程的目标、内容还是结构，都需要从系统论的视角出发。[3]

按照系统论的观点，课程是一种组织，也是一个生态系统。基于此，课程设计至少应包括如下要义：

（1）多主体参与。课程设计主体不只包括政府和专家，同时还涉及学校、教师、家长和学生以及社会资源部门人员等，他们都是课程设计的利益相关者。米切尔等人

---

[1] 耗散结构是比利时布鲁塞尔学派著名的统计物理学家普里戈金于 1969 年提出的一个概念，是指处在远离平衡态的复杂系统在外界能量流、物质流或者信息流的维持下，通过自组织形成的一种新的有序结构。

[2] 张瑞璠，王承绪 . 中外教育比较史纲 [M]. 济南：山东教育出版社，1997：615.

[3] 黄忠敬 . 知识 · 权力 · 控制 [M]. 上海：复旦大学出版社，2003：2.

在1997年曾区分了利益相关者的三个属性：合法性、权力性、紧急性，以及三种类型——确定型利益相关者、预期型利益相关者、潜在型利益相关者。[1]在学校课程的设计过程中，不同主体承担不同功能，参与途径和方式也不同。

表 2-2　学校课程设计利益相关者分类

利益相关者	课程设计主体	合法性	权力性	紧急性
确定型利益相关者	政府	高	高	高
	专家	高	高	高
	学校领导层	高	高	高
	教师	高	高	高
	学生	高	低	高
预期型利益相关者	家长	高	低	中
	社会资源部门人员	高	中	高
潜在型利益相关者	高等教育工作者	低	低	低

（2）多层次结构。课程设计从宏观层面来讲包括如何与国家规定的培养目标以及课程方案对接，按照未来人才形象来确定设计的方向和目标；中观层面主要包括各课程门类的关系梳理、课程的调整和优化；微观层面主要包括课程实施安排，师生如何充分利用各类教育教学资源，不断创新内容和方法，提升学习体验和学习效果。

（3）多形态互动。包括不同课程设计主体之间的互动，各课程内容之间的互动，课程与校外教育资源之间的联通，以及教育管理者与课堂教学之间的互动等，多形态的互动是一种催化剂，加快了课程生态系统的能量流动、物质循环和信息传递，为课程生态系统的良性循环提供源源不断的动力，这些互动的数量和质量决定了课程生态系统的活力。[2]

也有研究从系统生态学出发，提出课程设计需要关注四个方面：

（1）多维复合式课程目标。应包括由知识的掌握与理解及智力的发展等各种目标组成的认知目标；由各种技能和运动技能目标组成的动作技能目标；由兴趣、态度、价值观、正确的判断力及适应性的发展等组成的情感目标。

（2）动态发展性课程设置。应参照国家战略、学科发展、人才培养、个体发展的

---

[1] Mitchell，R.K.，Agle，B.R.，& Wood，D.J.Toward a Theory of Stakeholder Identification and Salience：Defining the Principle of Who and What Really Counts[J].The Academy of Management Review，1997：22（4），853-886.

[2] 臧玲玲，梅伟惠 . 高校创业教育课程生态系统的生成逻辑与建设路径 [J]. 华东师范大学学报（教育科学版），2019（1）：24.

需求，基于学校自身的资源优势和地域特点，使课程具有个性化、多层次、立体化等特色。

（3）多模态情景式教学手段。根据教育生态学整体关联和动态平衡的理念，教学手段必须与教学内容、教学对象、教学情景协调一致。鼓励师生多使用意义符号资源，同时鼓励学生开启多感官通道。

（4）综合发展性课程评价。在评价过程中，应注意收集教师、学生、管理者等评价主体对课程的评价意见。评价对象可以是教学类主体，如教师、学生和管理者，还可以是教学类主体所共同面对的客体，如教学规划、教学文本、教学环境、教学资源等。评价内容不仅包括传统的对教学内容的评价，还包括对课程设计、教学目标、教学方法和手段、评价与测试、教学管理、教师发展等维度的评价。评价形式应该将诊断式评估、终结性评估、形成性评估以及动态性评价相融合。评价目的不能仅仅停留于当前，还应该注重学生、教师、管理者等教学主体的未来发展，注重教学规划、教学文本的具体框架。[1]

整体论与系统论既相互关联，比如系统论强调通过建立整体来体现系统的完备性，整体论关注系统内各要素的关系，又各自独立成体系，共同构成了学校课程系统设计的理论基础。

第三节　学校课程系统设计的内容与程序框架

一、学校课程系统设计的主体范围与程序

学校是课程系统设计的核心领导者和决策者，因为课程设计是一项涉及多学科领域的综合性研究，它涵括了种种要素，诸如目标的设定、内容的选择、内容的组织（领域、学科的设定）、学科内容范畴的设定及排列、媒体的选择与制作、评价问题的编制乃至教师进修等，基本上等同于“课程开发”（curriculum development）[2]，所以学校课程系统设计需要多主体共同参与。

---

[1] 梁爱民 . 教育生态学视角下大学英语生态化课程体系构建与研究 [J]. 鲁东大学学报（哲学社会科学版），2019（5）：87–88.

[2] 钟启泉，李雁冰 . 课程设计基础 [M]. 济南：山东教育出版社，2000.

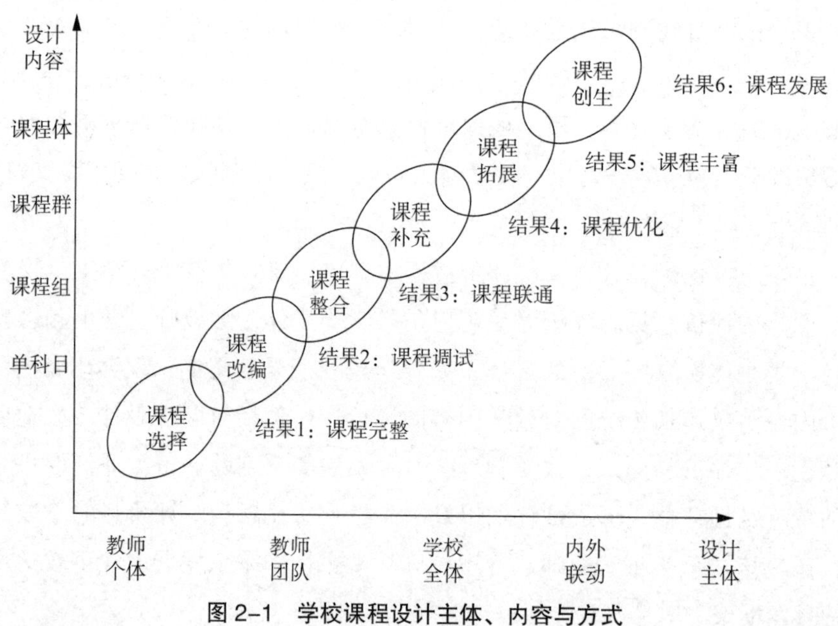

图 2-1　学校课程设计主体、内容与方式

学校课程设计是一项系统工程，图 2-1 的横坐标是参与课程设计的主体，纵坐标是设计内容，象限中的六个分类可以视为课程设计的方式。下面以设计方式为线索进行解释和分析：

（1）课程选择。课程选择主要应用于单科目与教师个体之间。这里的选择主要指向的是课程落实意图，是根据国家和区域要求进行的科目认领。其表现为学校教师对国家课程和地方课程分配任务的认领，以及校本课程设计与实施的遴选与推进。课程选择是学校落实执行各级课程政策的突出表现，其优点在于能够保障课程的完整性，保障开齐课程、开足课时。但因为限于选择，缺乏对各类课程的认识和改进，是一种照单全收，缺乏主动设计。

（2）课程改编。课程改编主要发生于科目内、教师个体或者教师间。改编秉持的是一种课程调试的思想，将标准化、通识性的课程结合师生的实际状况，进行优化和改进。其中体现了教师对课程的个体理解，体现了教师在课程设计中的自主权，也体现了教师在课程与学生个体之间搭建通道的能力和水平。

（3）课程整合。课程整合体现的是更进一步的课程设计思维，关注到课程之间的共同要素，常常发生在跨学科与教师团队之间。课程整合因涉及多学科联动，所以需要教师团队的共同协作。学科联动后一个明显的问题就是单一学科的逻辑难以串起所有内容，这就需要提炼和明确新的逻辑主线。课程整合体现的是一种知识联通思维，在当前课时紧张、课程门类众多的状况下，是一种常用的课程设计方式。

（4）课程补充。课程整合常常是课程共同要素的串联，而课程补充却是弥补课程空白，所以说课程补充是力度更大的课程改进。课程补充既发生在单科目与教师个体之间，也发生在课程群与教师团队间，就当前一线实践而言，后者居多。课程补充是教师个体或者教研组根据当前课程难以满足本班或本校学生现实需求的基本情况，所进行的从目标、内容到实施和评价的填补，是一种更能体现课程自主权的课程优化。

（5）课程拓展。课程拓展指的是教研组根据学校的要求、课程特征、学生需求及周边资源状况，对课程进行资源拓展和结构调整，其结果是开辟了课程内容与外部社会资源的通道，进一步丰富了课程的形态和内涵，逐步形成具有较高质量并体现学校和区域特色的课程群。

（6）课程创生。课程创生有两种解读，一种是教师对某门课程的推翻重来，从目标到内容、结构、评价等的颠覆性设计。这种方式具有一定的风险，因为各学科课程是经过专家研究、国家认定的法定性内容，是经过多年研究和实践的较为专业和成熟的表现形态，教师基于个体观点进行重构往往或多或少会出现纰漏，难以涵盖学科的全部价值。另一种是学校将课程要素进行梳理和全新设计，形成科学合理又具有学校鲜明特色的课程系统，这种做法得到越来越多的学校的认可。已有不少学校以课程系统设计为突破口，将课程系统设计与实施视为教育改革深水区中学校竞争力的核心、校长领导力的品牌、教师成长力的焦点以及提升学生学习力的重心。这里的课程创生指的是后者，是学校课程意识、思路和能力的体现，也是学校将三级课程转化为学校课程的表征。

二、学校课程系统的组成

完整的学校课程系统包括彼此衔接的五个基本要素，分别是课程基础四问、学校课程顶层设计、课程群、单元整体设计和新课案（包括教案、学案在内的新型教学设计，本书第八章将详细论述）。

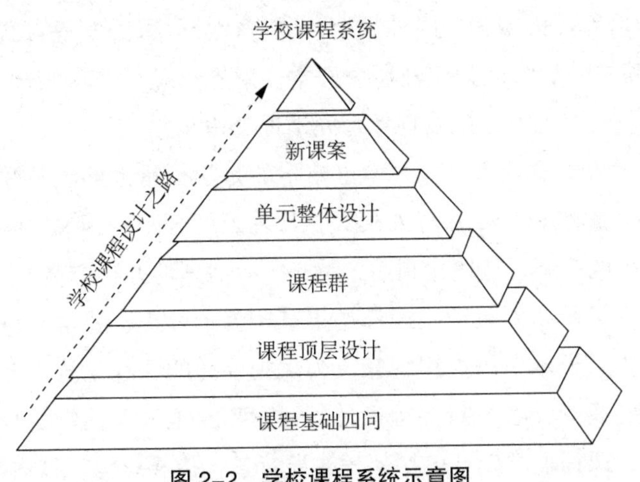

图 2-2　学校课程系统示意图

如图 2–2 所示，学校课程系统设计起始于对课程背景各要素的整体分析，下面对五大要素逐一进行说明：

（1）课程基础四问。每个学校的特色和追求都会体现在学校文化中，文化是课程的灵魂，课程是文化外显的根，两者相互影响又彼此交融，共同构成学校的育人系统。课程基础四问正是学校文化对课程影响最为直观的四个方面。

第一问是“学校的办学宗旨是什么？”办学宗旨是一所学校建立的意义和价值的表达，即办学的最终目的。在实践中有时也将办学宗旨与办学目标混用，但二者还是有所不同的。办学宗旨主要指向办学的终极目标，而办学目标一般是在一定时期内学校要建成什么样子的表达。比如有的学校将办学宗旨定为“成为一所敬畏童心，生动成长的学校”，也有的学校定为“身心愉悦、情感陶冶的成长乐园”。办学宗旨是一种愿景性目标表达，对学校师生而言是一种理想的引领和追求，难以具备准确可测性。因此，笔者也提倡将办学宗旨分成两层，第一层为“办学愿景”，描述远景理想；第二层为“办学目标”，描述一定时期内的目标导向。

第二问是“办学理念是什么？”办学理念是服务于办学宗旨的，即为了实现办学宗旨学校要秉持什么样的发展理念。办学理念回答的是如何办好学校这一问题，它受办学宗旨制约，不能脱离具体的学校场域。比如办学宗旨定为“成为一所敬畏童心，生动成长的学校”，其办学理念为“涵养每一个儿童的本真、自由、创造的童心教育”，童心成为二者的传承，所以对这所学校来说，办学宗旨与办学理念是相关衔接的、彼此支撑的。

第三问“培养目标是什么？”办学校是为了培养人，所以学校必须清楚地回答要把学生培养成什么样子。培养目标是学校教育出口时学生的发展规格与基本形象，是学校教育加工力的直观表征。德智体美劳全面发展的社会主义建设者和接班人是我国的教育目的，但不能直接作为学校的培养目标。学校在设定培养目标时应在国家教育目的的基础上，参考本校的办学宗旨和办学理念，以及自身的实际教育水准与生源实际。比如某校将培养目标定为“内外平衡，适应社会，善于发现自我并勇于自我实现的京师少年”，并进一步解读为“外显为好学、感恩、担当的现实样态”，这样既与国家的育人要求相吻合又与学校的发现教育办学理念相匹配。

第四问“办学方略是什么？”办学方略指的是学校重大的改革政策、发展策略和推进工程等，办学方略与学校的育人模式、管理制度等密切相关。学校的人财物是有限的，要想把有限的资源进行优化利用，就必须有清晰的办学方略。

（2）课程顶层设计。课程顶层设计是指基于背景分析、要素分析和基础四问的回答，将国家、地方、校本三类课程统整成为学校层面的课程系统。课程顶层设计是学校课程建设蓝图，是学校各层级课程设计、开发和实施的总纲领，其外显为学校课程方案。一般而言，课程顶层设计包括课程建设背景、指导思想、基本原则、课程目标、课程内容、课程结构、课程设置、课程实施、课程评价、课程组织与管理保障十个部分。顶层设计旨在学校层面建立课程基本制度与价值规范。课程顶层设计将在第六章中通过案例进行详述。

（3）课程群。顶层设计本身难以直接落地，需要传导至年级组或教研组层面，基于学校顶层课程设计进行课程群建设，通过课程群建设与实施改变年级组、教研组工作常规，激发课程的变革活力。课程群建设的关键在于理顺各课程要素的彼此关系。一般而言，课程群分为学科课程群与综合课程群两种，前者主要指向国家课程的优化与拓展，后者主要涉及综合实践活动课程、地方或校本课程的统整与延伸。学科课程群以学科逻辑为主线索，纳入附加或补充性内容、活动，形成内容更丰富、结构更多元的课程子系统。综合课程群关注的是主题逻辑，以来自生活、社会、经济等领域的话题或主题为统领，所形成的课程子系统结构松散但各板块灵活、有弹性。学科课程群的基本构成是学科单元，体现的是对学科本质的深度思考、分析。综合课程群的基本构成是系列活动和体验，体现的是对社会、生活等领域主题的剖析与认识。

（4）单元整体设计。课程群之下是教师主导的单元整体设计。教师需要按照课程群的结构和安排，依据教学实际情况，进行学科的单元设计（依据原单元或者跨单元）及跨学科的主题设计。当前，学校多以课时为单位实施课堂教学，以基本的知识点掌握为主，在一定程度上脱离了学生的个体生活和社会生活。单纯知识和技能的掌握并不能直接转化为学生的素质和能力，反而还可能阻碍其发展。因此，以单元为单位的整体教学设计成为新时代的教育诉求。单元可以是教材中编制好的某一单元、章节、主题、模块、领域，或某学期、学年某学科教材整体，或某学期、学年所有学科教材整体，甚至整个学校课程。因为碎片化的知识是信息而非知识，所以，仅就结构化的知识传授而言，单元设计必须建立在“单元知识结构”基础之上。

（5）新课案。新课案兼具教案、学案的功能，且在此基础上特别关注学生如何学会，是对“如何教？”“学什么？”“何以学会？”的回应。新课案的核心考量不是学生到底学了什么，而是学生是如何学会这些知识、掌握这些能力的。新课案设计的关注点主要有：要激发学生的非智力因素参与学习；要给学生提供“全景立场”，让他们理性思考与判断；要情境化呈现知识；要允许和鼓励学生以多样化、个性化的方式学习；要引导学生实现深度参与；要有对“学会”的科学检测。新课案实质上是简化版、实践版、个性化的课程。

如果把学校课程系统比作一座金字塔的话，上述五大要素就是组成金字塔的石块。这五大要素相互衔接、彼此支撑，共同形成了育人的核心载体。其中的课程基础四问是决定不同学校课程各异的主要因素，办学宗旨指明了学校课程建设的基本方向，办学理念明确了学校课程的关键特征，培养目标界定的是学校课程的供给品质，而办学方略提供的是课程有效落地的依托与保障。

三、学校课程顶层设计比色卡

学校课程顶层设计是学校课程系统中至关重要的一环，因其是在学校层面确立课程制度、价值规范、建设方略，是学校课程整体面貌的直观体现，所以课程顶层设计一直是学校甚为关注又常常感觉难以驾驭的课题。课程顶层设计是课程的系统规划，其影响因素众多，需盘点和考虑的方面也比较纷杂，很多学校难以从错综复杂的关系和要素中抓住重点脉络作为设计的关键线索。鉴于此，笔者尝试建立学校课程设计的比色卡，通过各要素与学校课程顶层设计的强弱关系来分清层次和重点。

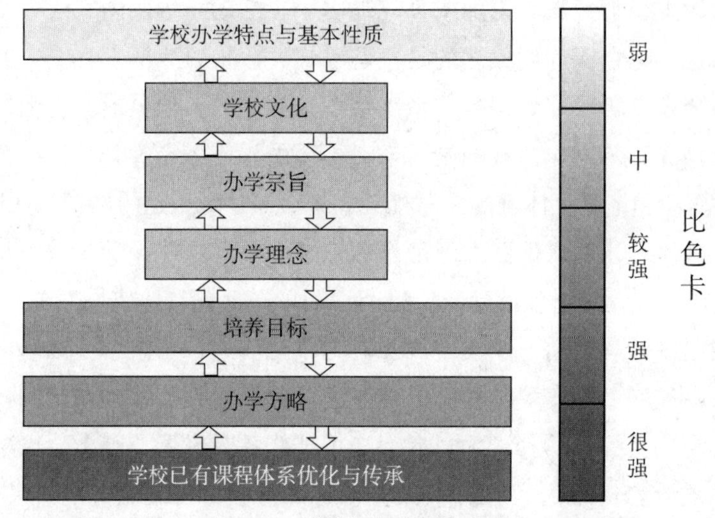

图 2-3　学校课程设计比色卡

鉴于课改多年来各学校已经或多或少进行过学校课程的设计与推进，真正意义上零起点的学校课程设计少之又少，所以笔者将学校已有的课程体系也视为课程顶层设计的影响因素之一，这样共同形成了下述各要素：

（1）学校办学特点与基本性质。办学特点主要包括所在区域特征、教育质量、特殊优势等，基本性质指的是公办还是民办。办学特点和基本性质是进行学校课程设计首先需要考虑的要素，但因为与课程设计关联度小而影响力比较弱。

（2）学校文化。这里的学校文化主要指物质文化、行为文化和制度文化，精神文化中的宗旨、理念、目标等，因与课程的关系更为复杂，所以在后面单列出来进行分析。课程是从学校文化母体中逐步生长出来并带有学校基因的育人核心载体。文化和学校课程顶层设计一样具有价值规范和行为准则的涵义，所以对课程设计的影响较学校性质而言会更为直接。整体而言，学校文化对课程顶层设计的影响力是中等。

（3）办学宗旨与办学理念。宗旨和理念都带有愿景性和理想性，宗旨是指明课程设计方向的，而理念则倾向于明确课程应体现出哪些关键特征。办学宗旨与办学理念均属于学校文化中的精神文化，对课程设计的影响较强。

（4）培养目标与办学方略。培养目标明确的是学校培养人的基本规格和形象，而课程是培养人的核心载体。办学方略是学校教育运转的方法与策略，课程作为核心必然在方略中体现。所以，培养目标和办学方略对课程设计的影响力为强。

（5）学校已有的课程体系。教育固有的传承性也决定了课程难以通过不断的自我颠覆进行优化，而常常需要调试、补充和改进。所以，在进行学校课程系统设计之初，就必须对学校已有的课程体系进行深入分析，分析其存在的合理性，有哪些优势和特色，也分析其改进方向，有哪些漏洞和空白，有哪些重叠与交叉，有哪些不足与缺陷。因此，学校已有的课程体系无疑对新的课程系统设计有着很强的影响力，毕竟前者提供的是直接的建设基础和优化实体。

工具与流程篇

第三章　课程建设意义赋予与大背景分析

> 课程是从学校教育母体中逐步生长出来的带有学校基因的育人核心载体，其内置了学校对教育本质以及学校发展的哲学思考，是学校教育哲学的基本体现。

学校课程系统设计的第一步可以分为两个层次，一是向内的课程建设的意义赋予与共识达成，二是向外的背景分析与梳理。意义赋予即由学校做出“课程意味着什么？”的回答，明确课程在本校内的存在样态、价值、功能和意义，从而在校内达成建设课程的共识，形成参与课程系统设计的合力。背景分析则主要包括对国家、地区经济、社会、教育政策导向、实践状况与发展趋势的研究，其目的在于将学校的课程建设镶嵌在社会发展系统之中，以保证其合理性和引领性。

第一节　明确意义，突破既有狭窄视野

作为核心育人载体的课程需要基于对人的理解赋予意义，以此开启学校课程系统设计之路。

一、理解课程系统的整体性、扎根性与长脚性

第二章中在论述课程系统的内涵与特征时提出整体性、扎根性与长脚性这三种性质，进一步明确了所要设计的课程系统应该具备什么样的品质。

整体性指向的是学校课程的完整设计。这里可以将完整设计拆分成两个词：完整

是指学校课程要素要齐全，课程门类要齐整，课时要充足，课程内容要丰富；设计是指学校不能再用简单落实、照单全收的方式，而是需要让校长、教师和孩子都接受“实施课程自主权，进行课程设计”的现实性和迫切性，并能落实在行为上。

扎根性是针对当前学校课程“虚”“浮”等问题所提出的。不少学校轰轰烈烈地搞课程改革，投入不少人力、物力、财力进行课程建设，但课程方案和课程实践“两张皮”现象突出，校长带领干部满腔热情地做顶层设计，描绘学校课程的明天，而一线老师在热火朝天地研究教学和考试，就像两条平行线，各自繁忙却无交集。扎根既需要形成良好合作的课程设计共同体，从各自角度出发，集思广益，也需要按照扎根属性去建设课程，让课程具备可贯通性与可扎根性。课程一头与学校文化相连，另一头必须扎根到课堂之中。扎根在课堂中，课程才能焕发出应有的光彩，同时，课程的扎根也让课堂走向整体、走向儿童。

长脚性体现的是世间事物的多元性与普遍联系性，课程不能一味地追求独立价值和特殊性，在课程设计时必须具备整合思维，基于学生发展的视角，基于学科又穿越学科边界，打破学科壁垒，构建校内课程的连贯统一体。在此基础上，课程需要穿越学校边界，打破学校围墙，让课程联通丰富的生活和社会资源。建立课程反哺机制是体现长脚性的必要条件，通过课程的“走出”与“回归”，形成课程生长的有效反哺机制，课程才能从内外汲取营养，实现主动成长。

课程系统设计首先需要参与各方达成统一理解，对要做的事情有清晰的认知和广泛的共识，以上“三性”应成为课程设计的基本共识。

二、突破惯有的狭窄视野

归根结底课程系统设计是为了每一个孩子的鲜活生长，在上述“三性”作为基本共识的基础上，还需要突破惯有的狭窄视野，其中最为突出的是“成人化”和“功利化”。笔者曾听到这样一个故事：

> 一个爱带娃逛商场的妈妈不能理解为什么逛商场这么有意思的事情，孩子就是不喜欢。但妈妈还是坚持，认为孩子不喜欢是因为逛商场次数少，只要次数多了就会喜欢了。有一次孩子的鞋带松了，妈妈蹲下来帮孩子系鞋带，系完后她无意中抬头一看，突然发现视线中全是来去匆匆的人腿，让人眼花缭乱而又心烦意乱。她一下子明白了为什么孩子不愿意逛商场，因为从孩子的角度看，视线所及都是来去匆匆的腿！而非大人视线所及的琳琅满目与色彩斑斓。

这就是典型的以成人视角来思考儿童的感受，事实上成人的视角往往与儿童的视角不同。所幸的是，这位妈妈在无意中明白了这个道理。成人视角迁移到课程设计上一样成立，即习惯于用成人思维来分析孩子的世界。在“一切为孩子”的教育口号的遮掩下，孩子往往被成人以被动客体的身份置入课程视域。某些学校、教师站在法定代言人的高度不加改造地执行课程要求，以成人构建的意义为目标去框定儿童的未来发展，以成人的方式和途径要求所有儿童照此执行，这样一来，课程就变成了外在于儿童的固定文本，而儿童的课程权也被剥夺。

功利化是当前教育的一大弊端，课程身处教育之中也难以逃脱功利化。一旦被功利化所驱动，课程本身也就变成了工具。在谋求利益的链条中，考试、分数被置于高位去追求，相应的应试和反复练习自然而来。逐渐地，儿童的课程生活被窄化，限于学校，然后限于课堂，再限于考试与应考，就如同一条条被放入鱼缸被圈养的小鱼。

> 公司的鱼缸里养了一群热带鱼，养了几年后发现小鱼的个头似乎没有什么变化。有一天，董事长的顽皮儿子来找父亲，看到这些长相奇特的热带鱼，很是好奇，伸手去抓鱼，结果把鱼缸打碎了。人们捡起趴在地上苟延残喘的鱼放到了院子里的水池中，结果两个月后，发现这些原本长不大的热带鱼竟然都由三寸来长疯长到了一尺长！对于鱼的突然长大，人们七嘴八舌，有的说可能是因为喷水泉的水是活水，有利于鱼的生长；有的说喷水泉里可能含有某种矿物质，促进了鱼的生长；也有的说鱼可能是吃了什么特殊的食物。

脱离了原来的小鱼缸，小鱼长大了。人们把这种因为给予了更大空间而带来更快发展的现象称为“鱼缸法则”。是什么让一直未曾长大的小鱼重新生长起来了？在小鱼缸里定时喂鱼食，是一种典型的“圈养”。由此来看学校课程，鱼食就如同知识，只是将知识供应给孩子，相当于定时喂鱼食。孩子真正需要的不是鱼食，而是更为广阔的空间，在这个空间中可以舒展自我，去竞争、体验、冒险，这样才能突破被封闭的自我，实现真正的成长，这应该是课程的本意所在。

三、通过赋予意义，寻求课程发展模式

学校通过课程系统设计来寻找和确立面向未来的课程发展模式已经成为重要课题。从学校课程建设实践来看，不同学校采用的课程发展模式也不同，大致可以分为五种，共同形成了多层共存、交织复杂、理念迥异、路径多元的现状。

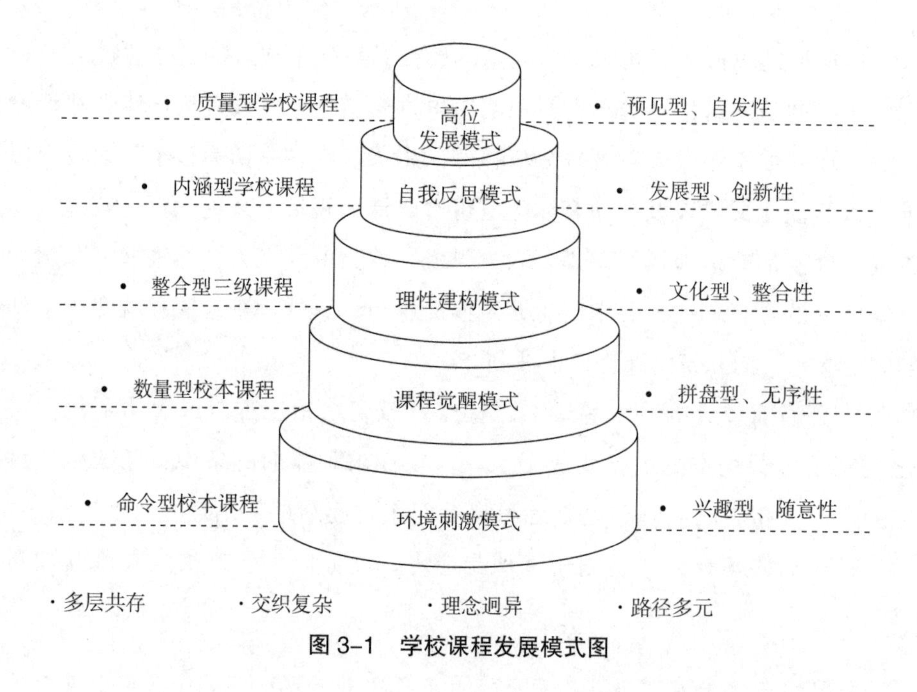

图 3–1　学校课程发展模式图

因为对课程意义认识的差异，各校所采用的课程发展模式也不同：

（1）环境刺激模式。该模式呈现的是“刺激 – 反应”模型，其特点是根据自上而下的课程改革行政命令，由校长为主导进行校内强推。这种发展模式受外部环境影响很大，因为秉持简单的贯彻论，所以对于学校、教师和学生的成长作用很小。环境刺激模式是行政主导的，带有校长的兴趣和随意性，落实中以简单的行政命令为主。

（2）课程觉醒模式。在教育实践中，校长已经意识到了课程需要重新设计的重要性，课程意识有所觉醒，但限于时间、精力、能力等，往往只关注到课程设计的浅层，比如校本课程开发的数量等，学校课程难成系统，因而表现为拼盘型和无序性。

（3）理性建构模式。该模式展现了学校对课程的正确认识和对待，一般而言，这类学校的校长具有较高的课程理论素养，能够根据学校发展需要提出学校的教育理念，按照较为合理的途径和方式对课程进行整体设计，在此基础上，能够带动教师积极涉足课程整合领域，促进教师专业化发展，学生也能从课程建设成果中获益。但这种模式往往没有很好地总结、继承学校自身的文化传统，没有很好地促进教师内部形成课程整合的自组织系统和自下而上的课程建设需求，没有形成自己的特色课程文化和学校文化的核心价值观。

（4）自我反思模式。该模式能够将外在的课程与自身发展进行比较和分析，能够设定科学的课程建设和发展阶段，校长能够带领团队通过不断反思来优化课程，运用创造性思维有效解决课程实施过程中暴露的问题和不足。

（5）高位发展模式。该模式一般存在于少数最优秀的学校中。这类学校具有丰富的文化底蕴，校长管理方式民主，师资力量雄厚，生源素质好。学校在课程建设方面有多年的经验，并且已经形成了良好的课程系统。课程系统结构良好，功能体现突出，教师能够主动有效地参与课程的设计与实施，学生作为课程设计的主体，其课程自主权能够得到保障，课程内容丰富，能够有效连接学校、家庭和社会。简言之，课程在学校运转中起核心作用，与学校的良性发展一起脉动。这类学校一般都会成为课程建设的典范，并获得良好的社会认可度。

秉持什么样的课程发展模式往往取决于赋予了课程怎样的意义。所以，在课程改革的深水区，学校需要认真思考改革形态和趋势，根据自身实际又着眼未来，去选择恰当的课程发展路径。

第二节　赋予意义，明确价值和突破方向

通过赋予现实意义来明确学校课程的价值，进而探索课程系统设计的突破方向，是学校课程建设的有效方式。下面通过笔者参与的两个案例予以说明。

一、学校课程建设的整体意义赋予

北京小学是一所公立寄宿制学校，学校的课程名称是“四季课程”。学校认为：四季课程建设即促进儿童与四季一起成长、一起脉动，其意义如下：

1. 季节更迭，符合规律性，课程与育人规律同步。

春去夏至，秋去冬来，规律使然。课程总是存在于一定的社会时空当中，课程设计需要关注社会的发展阶段、发展路径及发展特征，需要了解社会进步的规律性和必然性，需要关注儿童身心发展的特征和规律性，不跨越阶段，不悖于规律，顺应儿童的发展。课程设计要重视学科发展的规律性，了解学科前沿进展，体现学科的最新发展。

2. 四季特点分明，以此来预示课程要彰显每一个儿童的特质与个性。

每所学校的课程都是不同的，正如每一个孩子都是不同的。课程的不同既因为孕育它的土壤不同，也因为它要服务的儿童个体不同。

3. 四季与教学内容有诸多关联，连通了内外资源。

教材中很多篇目、内容都与四季密切相关，四季课程在教材与季节之间、学校与自然之间、生活与社会之间搭建了桥梁，也实现了四季课程系统的开放性。

4. 儿童与四季相遇，世界成为儿童的课程。

让儿童与四季一起脉动，客观上给予儿童拥抱四季的机会，四季的生动场景与校内课程的符号系统一并成为了儿童的学习圈。

5. 四季更迭与人体变化连通，内与外连通，课程应既关注内心修养又关注外在变化。

北京小学实施寄宿制，依据四季的更迭调整学生着装和住宿设施，同时学校还开设了中医课程，中医理论秉持天人合一的哲学观和整体理念，认为人与自然是内外联通的。四季课程也将中华优秀传统文化作为设计的主线之一，追求内外的平衡，既关注儿童内心修养，也关注其外在变化。

通过意义的赋予，四季课程就不再是一个简单的名称，而具有了丰富的内涵和值得追求的品质，也带有学校文化的属性和内涵，实现了文化与课程的衔接和协同。

二、赋予学校特色课程新内涵

作为课程设计非零起点的学校，在进行系统设计时还会面临对已经形成的学校特色课程、品质课程的再优化和再提升问题，赋予这些特色课程新的意义和内涵是启动新一轮设计之路的必要条件。

清华大学附属小学的“启程·知行·修远”三进阶课程是学校育人模式中的特色课程，也是品牌课程，在多年的实施中对于培养健康、阳光、乐学的附小学子起到了重要作用。在迎来105岁生日之际，学校根据发展规划要进行课程的重新设计，首先面临的就是重新赋予课程意义，即要在新时期回答“三进阶”到底意味着什么？结合学校实际，赋予三进阶如下内涵：

1. 三进阶的启程、知行、修远首先是一种连贯进阶。

启程课程在低学段，知行课程在中学段，修远课程在高学段，课程的进阶与学段的连贯合二为一，体现一种连贯进阶。

2. 三进阶是一种布局进阶。

是按照国家对小学阶段儿童成长的整体要求，由学校所做的育人布局进阶。

3. 三进阶是一种教育供给进阶。

是按照儿童身体与心理成熟阶段性，由学校所做的教育供给进阶。

4. 三进阶是一种关键事件进阶。

是按照学校所梳理的小学六年必需性关键事件的连贯性，由学校所做的关键事件衔接进阶。

5. 三进阶是一种目标进阶。

是按照学校培养目标的学段达成规划所做的目标连贯进阶。

6. 三进阶是一种组织进阶。

是按照学校扁平化基于学段的组织结构所做的组织衔接与进阶。

通过三进阶的新时期内涵解读，确定了学校未来进行课程重新设计的依据和特征，也间接明确了参与课程系统设计的各部门的职责。

三、探索学校课程新突破

赋予课程新意义的过程实质上也是学校面向未来思考课程新方向和新突破的过程，笔者曾参与过一所北京郊区学校的课程设计，见证了学校在反思课程意义的同时找到了未来课程设计的关键突破口。

北京市怀柔区宝山镇中心小学地处怀柔北部深山区，距区政府所在地70公里，是一所农村寄宿制完全小学。由于地处深山区，周边山青水秀、景色优美、民风淳朴，但交通不便、人力流失、信息闭塞。宝山小学结合当地实际，在对以往学校课程建设情况进行摸底和分析的基础上，将课程系统设计作为学校在新时期的首要发展任务，通过课程系统设计优化教育供给要素结构以及提升育人水平，并由此确定了学校课程未来的三大突破：

1. 由山区走向都市。

作为山区学校，应凸显山区寄宿学校挖掘利用资源、凸显地域优势的经验，又要努力办出公平、有质量的教育，缩短城乡差距，培养山区学生面向都市、面向国际、面向未来的素养，为人生奠基。

2. 由过去走向未来。

在未来的课程设计中，需要更加注重学生学习体验、动手实践及创新意识的培养，突出实践育人的价值；更加注重学生体验、合作、探究和基于信息技术的学习方式变革，让学生真正成为学习的主人，自主发展的主人，为未来美好生活奠基。

3. 由封闭走向开放。

山区生活的地域性和寄宿生活的封闭性，是学生思维封闭和视野局限的重要原因。但是宝山小学的孩子也是北京公民，家国情怀和国际视野是其必备素养。课程建设应打开思维，成为真正连结孩子现实生活与未来发展的课程，关注高阶思维的培养。

在明确突破口的基础上，学校进一步理清了课程设计目标，整合地域资源和优秀智力资源，初步形成并进一步完善“绽放”课程体系，推进课程一体化整体建设与实施。培养有课程领导力、指导力、实施力的宝山小学干部；培养有课程构建、实施能力的，具有“博学善思，慎言善行，乐教笃业，谦恭笃诚”素养的教师；培养好学、感恩、担当的宝山学子，实现课程的整体育人功能。可见，课程意义赋予已成为学校课程系统设计的基础要素。

第三节　学校课程设计的大背景分析

一、大背景分析简介

大背景分析与系统论密切相关，所谓大背景是指以事物所存在的时间、空间、特性的三维坐标为基础，在此基础上各维外推扩大两个层次而组成考察域，即为大背景。[1] 大背景分析法是一种把研究事物及其存在背景看作一个完整系统，然后从此系统研究之中寻找、发现事物运动发展规律的普适性很强的方法。大背景分析法近些年来在教育领域的应用越来越多，已经成为各地制定教育发展规划的一种常用方法。

大背景分析与一般的环境分析有两个区别：一是环境分析多关注空间要素，而大背景分析更注重事物的历史发展过程及特性。二是环境分析的强制感不强，既可以对周边的环境进行分析，也可以对更远的环境进行研究，所考察环境的远近由研究目的灵活决定，而大背景分析明确要求以事物为中心向外再推两个层次，如果以学校课程设计为研究事物，那么上推两个层次会抵达省域或国家层面。

大背景分析法认为任何事物都在一定背景之中，事物可以被看作背景这个大系统中的一个子系统。作为子系统，事物在背景中的发展实际上是一种受背景约束的、被“制动”的自组织变化，这种变化因为受背景制约而体现为事物与背景之间的“互动”，这种“互动”时刻在进行，或隐性或显性地体现在事物本身的发展中。当事物与背景在“互动”上具有相似性并达成一致时，说明事物特性趋势实现的耗散水平与背景对应特性趋势实现的耗散水平也是高度相同的，事物就会与背景融合成一体，整合后也不会使背景的耗散水平提高，这说明事物与背景的“磨合”成功。倘若两者的同种特性间的变化趋势不一样，也就是实现趋势的耗散水平不一样。事物的耗散水平呈递增的情况时，就不可能与背景融合成功，因为它的植入会使背景的耗散水平提高，会破坏系统的稳定状态，故只能被背景淘汰。[2]

从大背景分析法的内涵来看，它对于学校课程系统设计的背景分析十分适切。考虑将学校课程子系统置身于区域、国家课程改革脉络中，通过各种关系的分析为学校课程找好定位，并明确影响课程设计的各要素，无疑会为后续工作提供清晰的参考坐标。大背景分析倡导外推两个层次，据此以下将分别从国家和地域两个层面进行课程改革的发展变化与趋势分析。

---

[1] 管楚度. 大背景分析法 [J]. 系统辩证学报，2000（3）：71.
[2] 同上。

二、国家层面课程改革发展脉络

综合来看，我国基础教育课程改革大体上是一脉相承的，其总体特征是：首先确立国家在基础教育课程体系中的主导地位，再寻求多样性发展的可能空间。[1]2001 年 5 月，国务院出台《国务院关于基础教育改革与发展的决定》，明确提出要加快构建符合素质教育要求的新的基础教育课程体系，适应社会发展和科技进步，根据不同年龄学生的认知规律，优化课程结构，调整课程门类，更新课程内容，引导学生积极主动学习。并对各学段的课程类型做了明确要求，指出小学加强综合课程，初中分科课程与综合课程相结合，高中以分科课程为主。同年 6 月，教育部正式印发《基础教育课程改革纲要（试行）》，掀起自上而下的转型式课程改革，从价值取向、理论基础、课程目标、课程结构、课程内容、课程实施、课程管理、课程评价等方面进行了系统性改革，明确指出为保障和促进课程对不同地区、学校、学生的适应性，实行国家、地方和学校三级课程管理。教育部总体规划基础教育课程，制订基础教育课程管理政策，确定国家课程门类和课时，制订国家课程标准，积极试行新的课程评价制度。省级教育行政部门依据国家课程管理政策和本地区实际，制订本省实施国家课程的计划，规划地方课程，报教育部备案并组织实施。经教育部批准，省级教育行政部门可单独制订本省范围内使用的课程计划和课程标准，要求学校在执行国家课程和地方课程的同时，应视当地社会、经济发展的具体情况，结合本校的传统和优势、学生的兴趣和需要，开发或选用适合本校的课程。

2014 年 3 月，教育部发布《教育部关于全面深化课程改革落实立德树人根本任务的意见》，在基本原则中提出要坚持系统设计，推进五大统筹：统筹小学、初中、高中、本专科、研究生等学段；统筹各学科，特别是德育、语文、历史、体育、艺术等学科；统筹课标、教材、教学、评价、考试等环节；统筹一线教师、管理干部、教研人员、专家学者、社会人士等力量；统筹课堂、校园、社团、家庭、社会等阵地。在此基础上提出了深化阶段的十大任务：研究制订学生发展核心素养体系和学业质量标准；修订课程方案和课程标准；编写、修订高校和中小学相关学科教材；改进学科教学的育人功能；加强考试招生和评价的育人导向；强化教师育人能力培养；完善各方参与的育人机制；实施研究基地建设计划；整合和利用优质教育教学资源；加强课程实施管理。[2]2019 年，《中共中央国务院关于深化教育教学改革全面提高义务教育质量的意见》明确义务教育阶段要加强课程管理，维护国家课程的法定性，同时鼓励学校提高校本课程质量并进行共享。《国务院办公厅关于新时代推进普通高中育人方式改革

[1] 龙安邦，余文森．我国基础教育课程改革与发展 70 年 [J]. 课程·教材·教法，2019（2）：13.

[2] 中华人民共和国教育部．教育部关于全面深化课程改革落实立德树人根本任务的意见 [EB/OL]. http：//old.moe.gov.cn/publicfiles/business/htmlfiles/moe/s7054/201404/xxgk_167226.html，2014-04-08/2020-02-02.

的指导意见》则明确高中阶段要构建全面培养体系，合理安排三年各学科课程，开齐开足体育与健康、艺术、综合实践活动和理化生实验等课程，并提出要加强学校特色课程建设，加强课程实施监管，落实校长主体责任，强化责任追究。

梳理国家层面课程改革的发展脉络，有专家认为课程改革的总体特征主要表现为以下五点：一是课程管理，在国家集权框架内进行尝试分权。总体来看，我国基础教育课程管理是国家集权化的，国家始终牢牢控制着课程管理的权力，分权是在国家集权框架内的多样化尝试，根据社会发展和国家需要进行课程管理权力的调整。二是课程目标，在社会主义方向上追寻时代人才。大多时期采用“政治方向 + 人才规格”的形式，一般先强调课程培养的国家要求，再具体描述所培养人的素质规格。三是课程内容，在学术课程基础上开发经验课程。在保证学术性课程的基础性和主导性地位的前提下，不断增大经验类课程在课程总量中的比例。四是课程实施，以讲授式为主，探索情境化教学，讲授式教学依然是主渠道，但通过设置恰当的情景，提升学生的学习兴趣，丰富学生的学习体验越来越被广大教师接受。五是课程评价，在甄别性评价下构建发展性评价，在以共同质量标准来衡量学生的基础上，开始重视学生个体的发展经验，形成性评价、档案袋评价等方式发挥的影响越来越大。[1]

---

[1] 龙安邦，余文森 . 我国基础教育课程改革与发展 70 年 [J]. 课程 · 教材 · 教法，2019（2）：13-16.

第四章　课程系统设计内涵理解与 SWOT 分析

学校课程系统设计应该改变管理主导的“尝试－裁决－执行”模式，拒绝课程权力让渡，实现课程系统设计向学校的真正回归。

第三章研究和分析了向内的课程建设意义赋予与共识达成，以及向外的背景分析与梳理，完成了学校课程系统设计第一阶段。本章启动第二阶段，即在整体意义赋予基础上继续向内，引导并达成对课程系统设计的认识和理解，在大背景分析基础上回推，围绕学校进行课程设计的 SWOT 分析。

第一节　课程系统设计的内涵认识

一、学校课程系统的内涵

首先需要区分两个概念，一个是课程系统，一个是课程系统设计。要阐述两者，首先需要厘清课程的本质。人们一般从两个层次去定义课程，第一层包括课程要素如教材、目标、结构、资源、活动、评价，可以称之为课程的要素本质，比如课程即目标；第二层是课程建构，主要包括规划、开发、实施、管理、改进等，可以称之为课程的建构本质，比如课程即实践。综上可以得出课程具有“双本质”，即要素层和建构层。以此外推，课程系统属于要素组合，而课程系统设计则是建构组合。学校课程系统及其内涵既带有外部改革所赋予的价值，更带有学校内部的认识和理解，因此应该鼓励每所学校都为自己的课程系统确立独立内涵。

先来看外部影响。学校课程一直在被改革不断赋予新的涵义，课程系统设计的内涵认识需要弄清楚构成当代中小学课程的基本成分。当前的课程早已不是孤立的、结构简单的、一门一门的学科，而是当代中小学教育活动系统中的一个子系统。这个课程系统是由各级课程人员（即主体性要素）、课程信息（即客体性要素）和相应条件（即条件要素）有机组成的。课程系统的主干部分表现为多种不同类型的动态的课程；各类课程包含着一系列动态的科目及活动项目；每一科目及活动项目均由一定的育人目标（包含对学生主动发展各基本素质的基本要求）、学习内容（包含比较系统的间接经验与一定的直接经验）及形式多样的学习活动方式有机组成。这表明构成当代中小学课程的基本成分不是知识，而是密切联系、相互依存的一系列课程目标、课程内容及学习活动方式。[1]

现代课程演变的趋势是把“课程”的重心从外在的规范转移到以“课业”为主体的现实的活动，即把“课程链”从正式的课程延伸到教师和学生共同参与的“课业”，并关注“学生经验的课程”，从而形成活生生的“课程系统”。[2]

从内部看，知名教育学者陈桂生认为课程原生的要素是“课业”。随着“课业”复杂化，才自下而上地形成教材，为了使教材合乎规范，才有了教学大纲，成为选编教材的依据。随着学校教育的发展，出现了教学计划，并逐步按照“课业—教材—教学大纲—教学计划”的逻辑顺序逐渐演化出一个系统，这就是课程系统的初始状态。传统的课程系统是对学校和教师的规范，使教师照章办事、照本宣科，因而教师和学生缺乏参与“课业”的内在动力。课程系统的内涵变化与课程概念的演变相互影响，课程原来作为“跑道”，因其静态化、固定化而被抨击，后来逐步由“跑道”转变为“在跑道上跑”，课程于是有了动态性质。随之课程系统也摆脱了单纯的制度化、文本化定位，转向“动静结合”，并相应地带动了三大变化：

（1）正式课程属性的变化。正式课程一般指的是国家或地区根据自己的课程权限所明确的课程文本。正式课程需要学校教师在正式课程所允许的范围内进行调整和重新设计。所分配的权限大，调整空间就大，课程的动态性和生成性就会凸现；如果分配的权限小，结果就会相反。正式课程的属性也会受到学校实践的影响，会根据最佳实践进行相关的意义改变。

（2）课程管理和领导重心的转移。传统的课程着眼于对课程运作过程的控制，关注的是控制内容和控制手段。随着正式课程弹性的增加，学校和教师自主活动的时间与空间增加，也可能带来课程设计的随意性增大。为了在两者之间找到最佳平衡点，课程管理与领导的重心相应地从对课程运作过程的控制，转移到依照教育目标对这种

---

[1] 廖哲勋．我对当代课程本质的看法（上）[J]. 课程·教材·教法，2006（7）：11.

[2] 陈桂生，王建军，黄向阳．再谈课程系统的形成和演变问题 [J]. 上海教育科研，2014（8）：27.

运作结果的评价，以限制课程设计的过分随意性，这就是一种目标管理模式。

（3）教师职能的变化。在传统课程以控制为主导的框架中，教师会按规定办事，逐渐成为课程忠实的代言人和执行者。作为代言人，体现的不是教师的本意，而是课程已经确立的内容和意义；作为执行者，教师只需要按部就班地落实，没必要去创新，也不允许创新。伴随着课程向学校的回归和课程自主权向教师转移，此时作为教师的职责也就相应的需要改变，需要理解课程、设计课程、理解学生、设计学习。[1]

综上可以发现，学校课程系统的内涵带有很强的校本性，因校而异。同时，这种校本性的内涵并不是一成不变的，而是随着校外的重大变革、校内的教育创新而发生相应调整，一言以蔽之，课程系统内涵具有阶段性、发展性和生成性。

二、技术发展与学校变迁对课程系统的影响

课程系统受内外变化影响，其中技术因素以及学校形态的变化影响尤为突出。

按照历史脉络来看，技术的发展往往会引发教育的深刻变革。迄今为止，受人类社会技术革命的影响，人类学习方式的演进可分为三个阶段：一是基于文字方式的学习阶段；二是基于印刷方式的学习阶段；三是基于信息技术的学习阶段。前两个阶段的学习方式，教师与学生通过口耳相传、卷帙案牍完成了知识传授与学习，并逐步演化成“一块黑板 + 一支粉笔 + 一本教材”的教学模式。随着信息技术革命的到来，信息的产生、收集、交换、存储、传输、显示、识别、提取、控制、加工和利用都发生了巨大变化。在信息技术环境下，学习者可以通过“智能终端 + 网络”随时随地获得知识信息，不再仅仅依赖于老师的口耳相传，学生的学习方式和学习流程发生了巨大变化。

技术的发展正在引导教育从封闭走向开放，在开放中进一步打破了权威对知识的垄断，加速了教育的自我进化与知识的老化，并在加速形成迅速膨胀的全球性知识库，[2] 因为作为教育核心的学习这一要素正在被技术改变：技术改变了人类活动的时空结构，改变了人们的学习方式，改变了学习者的认知方式，改变了学习资源的分布形态，改变了参与者之间的教育关系，改变了学习的系统生态。随着互联网时代的到来，人工智能、大数据等新技术的出现，面向未来的教育理念正推动着学校进入以强调“去标准化、个性化、定制化、弹性化、多元化”为突出特色的“后学校阶段”。在严格落实国家课程和构建校本课程的基础上，进一步围绕学生的个性特点提供定制课程是基础教育“面向人人”的进一步精准化和针对性。课程设计的理念应从“我有什

---

[1] 陈桂生，王建军，黄向阳. 再谈课程系统的形成和演变问题 [J]. 上海教育科研，2014（8）：28–29.

[2] 王凯. 传统课堂教学的内蕴及其技术突破 [J]. 课程 · 教材 · 教法，2017（11）：103.

么给什么”转变为学生“需要什么设计什么”，所有学生使用同样学习内容的局面将逐渐瓦解。学校要依据国家课程标准，对教材内容进行优化和改造，彰显本土文化特色和学校价值主张，更好地满足学生的个性化发展需要。

在技术变迁的冲击下，学校教育的存在形态也在悄然发生变化。学校从原本固定而封闭的教学场域变为“云教育+实践场”，而且日益凸现智慧、个性化、混合、实践化。

三、课程系统设计的新内涵

课程系统是一个要素组合，受外界影响，课程要素的选取、关系的界定以及要素形成的结构会体现课程系统的内涵，而课程系统设计作为一种建构组合，需要关注其方向、策略与途径。实质上课程系统设计的内涵就是如何思考、把握和实现课程系统应该具备的整体性、扎根性和长脚性。

课程系统设计是对多要素的加工和改造，带有国家法定性的课程方案、课程标准和教科书，区域所制定的地方课程方案与课程，学校开发的校本课程，一直处于发展与变化中的社会，鲜活、丰富的生活，每一个儿童不同的发展可能，以及这些要素间的关联、差异甚至是矛盾，都是课程系统设计要面对的。现实社会并不是按照学科分类划分的碎片化的世界，而是万事万物紧密连接而成，要培养能适应不断变化的世界的未来人才，就必须对课程的内容和结构等方面进行整体设计，使学生在多样化的真实教育情境中习得关键能力。因此在设计中必须改变以专门学科知识为中心的课程设计，转而强调跨领域、跨学科以及学科内的“概念聚合”，通过基于真实情境的核心任务，促进学科内和学科间概念的联系和课程的连贯，指向对知识和技能更通用的、可迁移的理解。

课程系统设计的定位决定了所设计的课程系统的样态和功能，也决定了后续课程供给的能力和水平。改变过去的课程“统一批发”设计转向凸现个体意义的“个人定制”，是当前课程系统设计应该肩负的使命。

（1）突破传统课程条线育人的边界，体现课程的整体性特质。要打破过细的学科划分，打破界限分明的学段设置，打破教育和教学两条线的现状，在大课程观下，系统整合育人资源，抓住学科实践课程机遇，逐步推动跨学科整合，带动学校课程品质提升。

（2）突破单向成长的边界，体现课程的扎根性特质。要由知识体系为主的学科导向向成长发展为主的学生导向转变，提供多样的发展机会，赋予学生更多的选择权利的同时，还赋予学生能够按照自己的兴趣和意愿自我完善和发展的权利，赋予学生更多探究、质疑和创新的权利，引导学生积极尝试，发现兴趣，学会选择，学会负责。

（3）突破符号学习的边界，体现课程的长脚性特质。要跳出书本知识学习的界限，不再将传统课堂作为学生唯一的知识获取来源。加强学科教学内容与社会、自然的联系，由原先固定的老师、班级、内容、速度的传统教学模式转变为全新的校内校外相融合、线上线下相结合的新模式。鼓励多渠道整合课程资源，为学生成长提供更多教材教辅之外的拓展资源和社会实践机会，形成真正意义的社会大课堂。课程设计中的学时应实行总量控制，鼓励学校根据学科、课型等开展长短课、大小课改革。关注学生学习规律，优化课程设置，让学生有更多自主探究的时间和空间。

总之，课程系统设计应该突破传统，尝试给学生更多的体验机会，更大的提升空间，更宽的综合视野，更合理的选择，更持久的热爱与更鲜活的成长。

第二节　课程系统设计的战略选择来源：SWOT 分析

一、制定战略通用的 SWOT 方法

SWOT 分析法，即态势分析法，也常被称为道斯矩阵。S（Strengths）是优势，W（Weaknesses）是劣势，O（Opportunities）是机会，T（Threats）是挑战。最早由莱德（Edmund P.Learned）等人于 1969 年提出，随后由安德森（K.J.Andrens）于 1971 年在《公司战略概念》中给出了制定战略过程中的 SWOT 分析框架。[1]SWOT 分析的指导思想是在全面把握企业内部优劣势与外部环境的机会和挑战的基础上，制定符合未来发展的战略，发挥优势、克服不足，利用机会、化解挑战。SWOT 方法的主要贡献在于运用系统论方法将看似独立的因素相互匹配起来进行综合分析，使得行业战略计划的制订更加科学全面。

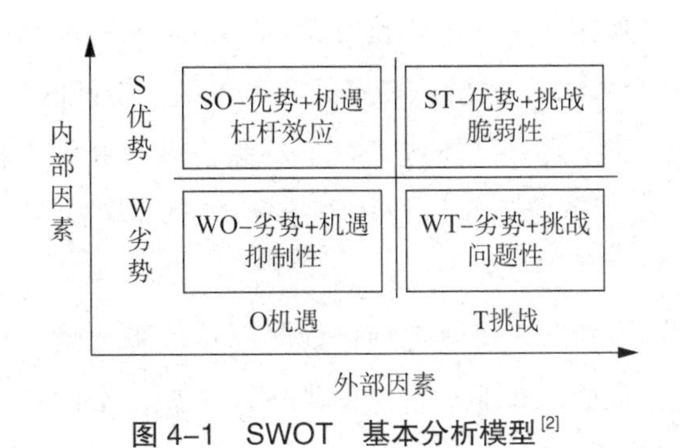

图 4–1　SWOT　基本分析模型[2]

[1]　张赤东，郑垂勇．我国中小企业技术创新战略 SWOT 模型分析 [J]. 科技管理研究，2007（3）：106–109.

[2]　付从荣，邓月霞．基于 SWOT 模型的智慧教室发展方向分析及对策研究 [J]. 中国教育信息化，2019（10）：20.

从所分析要素的来源看，SWOT 可以分为两部分：第一部分为 SW，主要用来分析内部条件；第二部分为 OT，主要用来分析外部条件。按照组织竞争战略的完整概念，战略应是一个组织“能够做的”（即组织的强项和弱项）和“可能做的”（即环境的机会和威胁）之间的有机组合。利用这种方法可以找出对组织有利的、值得坚持的因素，以及对组织不利的、需要回避的成分，发现存在的问题，找出解决办法，并明确发展方向，有利于领导者和管理者做出正确的决策和规划。根据 SWOT 分析法，不同背景、不同发展机遇的组织可供选择的发展策略共有四种，即 SO（开拓型，也称杠杆效应）战略、WO（扭转型，也称抑制性）战略、ST（觅机型，也称脆弱性）战略和 WT（防护型，也称问题性）战略。

二、SWOT 分析法运用步骤

SWOT 分析法常常被用于制定组织发展战略和分析竞争对手情况，在战略分析中是最常用的方法之一。SWOT 分析法的运用步骤如下：

1. 分析环境因素

运用定量或定性的研究方法，分析组织的各种环境因素，即外部环境因素和内部环境因素。外部环境因素包括机会因素和威胁因素，它们是外部环境对组织的发展直接有影响的有利和不利因素，属于客观因素；内部环境因素包括优势因素和弱点因素，它们是组织在发展中自身存在的积极和消极因素，属于主观因素。在分析这些因素时，不仅要考虑到历史与现状，而且要考虑未来的发展问题。

以学校课程设计为例进行说明。

优势，是学校的内部因素，可以从人、财、物、制度、环境等层面去划分，具体包括：校长卓越的课程领导力，教师的良好素质，充足的财政来源，良好的生源，充足的专用教室，良好的教学技术力量，良好的管理制度，良好的教育质量和历史积淀。

劣势，是学校的内部因素，具体包括：干部课程素养低下，教师结构性缺编，教师课程设计能力弱，教育经费不足，校内制度不健全，学校文化混乱，课程资源欠缺等。

机会，是学校的外部因素，具体包括：新的课程改革政策，新的区域教育发展规划，新的课程质量提升需求，外部专家协助学校，类型丰富的社会资源，家长、社区参与学校建设的积极性高等。

威胁，是学校的外部因素，具体包括：学校服务片区减小，附近新学校筹建，课程自主权上收，经济衰退导致财政拨款减少，区域发展政策改变，突发事件等。

SWOT 方法的优点在于考虑问题全面，是一种系统思维，而且可以把对问题的

"诊断"和"开处方"紧密结合在一起，条理清楚，便于检验。

2. 构造 SWOT 矩阵

将调查得出的各种因素根据轻重缓急或影响程度等排序方式，构造 SWOT 矩阵。在此过程中，将那些对组织发展有直接、重要、迫切、久远影响的因素优先排列出来，而将那些间接、次要、不急的、短暂影响的因素排列在后面。

SWOT 分析法主要有以下几种组合方式：优势和机会组合成为优势机会战略（SO）、劣势和机会组合成为劣势机会战略（WO）、优势和威胁组合成为优势威胁战略（ST）以及劣势和威胁组合成为劣势威胁战略（WT）。SO 战略是一种理想的战略模式。在该战略下组织可以利用自身内部优势带动外部机会，把内部优势和外部机会结合起来发挥其最大效益。当面对此种情况，一般可以采取增长型战略。WO 战略是利用外部机会降低成本，通过克服组织的劣势使劣势转化为优势的战略。当面对此种情况，一般可以采取扭转型战略。ST 战略是在面临外部威胁时利用自身优势回避或降低风险的战略，当面对此种情况，一般可以采取多种经营战略。WT 战略是面临内忧外患的挑战时减少内部劣势回避外部威胁的防御性措施，当面对此种情况，一般可以采取退出型战略。[1]

3. 制订行动计划

在完成环境因素分析和 SWOT 矩阵的构造后，便可以制订出相应的行动计划。制订计划的基本思路是：发挥优势因素，克服弱势因素，利用机会因素，化解威胁因素；考虑过去，立足当前，着眼未来。运用系统分析的综合方法，将所排列的各种环境因素相互匹配起来加以组合，得出一系列组织未来发展的可选择对策。

三、SWOT 分析的局限及学校使用中的常见问题

1. SWOT 模型的局限性

SWOT 分析法优势明显、应用广泛，但也存在诸多局限。首先，表现在时代局限上。SWOT 分析法是 20 世纪 70 年代提出的，主要为企业研究制定发展战略所用。那时的企业比较关注成本、质量，研究要素也主要集中在这两个方面；相比之下现在的企业更强调组织流程。传统企业多关注以机会为主的成长策略，而现代企业则更关注以能力为主的成长策略。SWOT 没有考虑到企业改变现状的主动性，没有认识到企业

[1] 贲国志 . 基于 SWOT 模型的学科竞争力研究——以 S 大学与 H 大学为例 [D]. 北京：中国石油大学，2016：27.

可以通过寻找新的资源来创造企业所需要的优势，从而达到过去无法达成的战略目标。其次，虽然SWOT分析直观、使用简单，即使没有精确的数据支持和更专业化的分析工具，也可以得出有说服力的结论，但正是这种直观和简单，使得SWOT不可避免地带有精度不够的缺陷。SWOT采用定性的方法，通过对优劣势、机会和挑战排列组合形成一种模糊的描述，使得此方法带有一定程度的主观性。

2. 学校使用中的常见问题

当前学校课程建设，尤其是课程顶层设计、课程计划编制时较多采用SWOT分析法，这代表了学校开始将课程视为一个系统，通过系统内外的关联要素分析来明确优势与不足、挑战与威胁，使课程建设工作能够顺利推进。这一做法值得肯定，但也需要清醒地认识到，很多学校在使用SWOT分析法时还存在不少问题：

（1）步骤操作有断层，重在分析，缺乏相应的战略选择。有些学校只得SWOT分析之形，未得其实。表现在只进行了分析环境和构造矩阵两个步骤，没有结合所分析的内容和结果进行针对学校的战略选择和方案设计。步骤操作有断层，致使方法不完整，难以起到真正的作用。

（2）要素思考片面，致使分析结果与实际状况不符。也有不少学校在操作步骤上没问题，但在内外影响因素方面考虑不成熟，导致关键要素缺失，无法保障分析要素的基本质量，从而导致分析结果与实际状况出现较大差距，并误导了后续操作。

（3）内外不分，眉毛胡子一把抓。在SWOT分析模型中，优势和劣势是针对组织内的，挑战和威胁是组织外的。但笔者经常看到不少学校在分析和归类时，把内部、外部要素混在一起，不加区分，都放进一个大的信息池中，混乱而低效。

（4）简单走过场，没有成为真正有用、有效的分析工具。有不少学校把SWOT分析视为装饰和摆设，进行SWOT分析只是为了让课程方案看起来完整。也有些学校干部是简单的拿来主义者，完全凭个人想法去理解和应用，缺乏对SWOT分析法的科学认识和正确应用。

以上四种问题是笔者经常在学校进行课程设计时所看到的，背景分析是课程设计的基础性工作，一旦基础出现了问题，后续的战略选择、目标制定以及方案推进都会受其影响。

第三节　学校课程系统设计SWOT分析案例

在本节中，笔者选择一所远郊区的学校和一所城区学校作为对象，逐一进行课程系统设计的SWOT分析。

首先，需要进行相关环境因素的分类分析。课程设计有三大基础，分别是社会、儿童和学科。社会的基本形态和发展阶段、儿童的发展特征，以及学科进展等构成课程设计的基本依据。学校进行课程设计，因其环境更加具体，所需要考虑的因素更多，从课程设计的主体、对象、保障等划分，可以将影响因素分为人、财、物、政策、环境、突发事件五类。"人"包括校长的课程领导力、干部的课程理解力、教师的课程执行力、学生的家庭背景与学业水平、家长的参与和支持力度、社区人员等的参与和支持力度、外部专家的参与和支持力度、外部管理者的重视程度等；"财"包括学校自筹经费、区市拨付经费、社区等的经费支持、家长经济基础等；"物"包括学校的校园文化、常规教室、专用教室、实验室、录播教室、图书馆、教学设备、社会资源、自然资源等；"政策"包括校内的课程相关规划和要求、区域教育发展规划、国家课程相关政策等；"环境"包括学校所处的地理位置、周边风土人情、利益相关者对教育的重视程度等；"突发事件"包括突然调整的入学或升学政策，影响教育发展的社会事件、家庭事件、学校事件等。

其次，要构造 SWOT 矩阵，按照对课程设计影响的直接性、显著性、长期性、紧迫性进行分列，然后进行分析，查看战略组合方式（SO、ST、WO、WT）结果。

再次，基于环境要素分析和矩阵构造结果，研究制订下一步的发展策略与实施计划，思考如何发挥好现有的优势因素，逐步克服弱势因素，抓住机遇利用好机会因素，思考改变来规避或者化解威胁因素，从而构建起科学合理又符合学校当前和未来发展需要的课程系统，提升学校的教育品质。

一、宝山小学课程设计 SWOT 分析

1. 相关要素分类分析

笔者与学校一道组建课程系统设计团队，首先对以下材料进行收集、整理和分析：一是《北京市怀柔区宝山镇中心小学章程》（含总则、管理体制、教师与学生、教育教学管理、校产、设备及经费、卫生与安全、学校社会与家庭、附则等）；二是《北京市怀柔区宝山镇中心小学校园文化实施手册》；三是《怀柔区宝山镇中心小学课程建设方案》（含指导思想、学校概况分析、办学理念与培养目标、课程设置基本原则、学校课程结构与设置、课程实施、课程开发愿景、保障措施）；四是《学校已有特色课程介绍》（包括竹课程、葫芦课程等）；五是校长在区课程研讨会上的发言稿及 PPT 等材料；六是校长任期工作报告。在对以上六项材料进行分析的基础上，拟订了学校干部、教师、学生三类问卷并通过问卷星平台基本实现了全员答卷。结合答卷统计情况，课程系统设计团队又先后进行了学校干部、教师、学生的访谈。综合以上所有信息，按照

SWOT 分析法进行了如下分析：

（1）“人”要素的分析。

S：学校校长年富力强，对课程系统设计十分认可，主推通过课程系统设计改变学校现状，提升教育质量；领导班子团结一心，凝聚力强，共识度高；目前学校在职教师 42 人，其中干部 8 人，教师 34 人。男女教师比例均衡，40 岁以下的年轻教师占比 70%，学历较高，学科专业素养较强；师生比高于 1:4；学生均来自周边农村，生性纯朴，能吃苦耐劳；家长对学校的认可度较高。

W：学校领导班子没有接受过系统的课程设计培训，课程专业能力欠缺；一线教师的教学经验较少，几乎没有接受过系统的课程相关培训；教师所教非所学现象依然存在，学生家长都是周边农民，受教育程度低，难以形成对学校有效的智力支持；学生几乎都是留守儿童，家庭教育缺失，阅读量小，视野不够开阔，学习习惯有待提高。

O：区域教师流动政策积极推进，鼓励教师赴山区支教；区域教师职称评定，高级教师需要有山区学校支教经历；通过项目聘请外部专家参与学校课程设计；学校周边社会资源基地专家协助学校进行资源的课程开发；区级课程部门负责人关注学校课程设计工作，并能提供一定的专业支持。

T：市区两级对社会大课堂基地支持力度的变化会影响资源基地专家对学校的支持力度。

（2）“财”要素的分析。

S：学校有教育专项费用，用于课程系统设计；学生人均拨款拨付按时到位，能够支持日常教育教学工作开展，以及部分特色课程开发；学生全部寄宿，有单独的住宿拨款。

W：学校经费总额度小，用于教育研究、课程开发的经费较少，而且难以跨年度持续。

O：市级财政对乡村教师岗位实施生活补助政策，根据距离市中心的远近，最高达到每月 4000 元，以提高乡村教师岗位的吸引力，稳定乡村骨干教师队伍。镇政府能够给予适当补贴；社会大课堂、开放性科学实践活动均设立市级拨款。

T：学生家长经济收入普遍较低，对于学生外出研学旅行费用难以支付；由于区财政收入减少，学校来年项目经费将被核减。

（3）“物”要素的分析。

S：学校校园文化丰富多彩，种植园十分受学生欢迎，葫芦特色课程逐步成型；学校常规教室充足；专业教室充足；有专门的陈列室用于展示学生的课程成果；教学设备较为先进，每班均有白板；学生、教师宿舍充足；建有图书馆和心理咨询室。

W：专业教室的配置不高，难以支撑高端的项目学习；教学设备的更新不够及时；

图书馆藏书不够丰富，更新速度慢；学校既有的课程门类基本齐全但不成体系，特色课程较少，未形成整体育人格局。

O：学校周边的自然资源和社会资源较为充足，社会资源单位免费向学生开放。

T：学校部分设备的采购区级批复较慢，难以适应新课程的开发与实施。

（4）“政策”要素的分析。

S：学校文化体系业已建立，文化与学校课程的关系明确；学校规划将课程系统设计纳入，作为首先落地的校内政策；学校鼓励教师参与课程设计，根据实际情况，考虑纳入工作量认定；学生在校时间长，有利于开发长课时的课程，比如开发寄宿制课程等。

W：学校课程建设相关制度空白，缺乏直接的依据和方向；学校文化体系中的精神文化部分与学校课程系统设计关联最密切，目前来看精神文化还需要进一步修订和调整。

O：北京市于2015年下发新的课程计划，给区域、学校充分课程自主权，设立遨游计划，鼓励学校进行三级课程整体建设；区域教研部门制定区级课程建设政策，鼓励学校根据自身特点进行课程创新设计；区级课程部门建立课程方案专家审议制度，邀请专家对学校课程方案进行审议和指导。

T：新修订的义务教育课程方案和课程标准未出台，政策不明朗，导致目前学校只能按照已有的政策进行课程设计，存在学校设计完后赶上国家新课程方案出台，两者之间可能会因此而出现偏差的可能。

（5）“环境”要素的分析。

S：宝山镇中心小学地处怀柔北部深山区，距区政府所在地70公里，是一所农村寄宿制完全小学。学校占地面积15142平方米，校舍及各类用房建筑面积6137平方米，校园分为教学区、体育活动区和师生生活区三部分。教学楼前绿化面积达到2000平方米，室外体育活动面积4800平方米。操场建有标准200米环形塑胶跑道，人工草坪足球场，塑胶篮球场、排球场、羽毛球场各1个；体育活动室1个，学生平均活动面积超过义务教育国家规定的基本标准。

W：地处深山区，环境相对闭塞；学校占地面积还显小，比如难以开辟出较大面积的种植园，开发种植课程。

O：具有丰富的自然环境，学校附近就是白河，四季水流潺潺，景色优美；动植物种类丰富；家家户户种有菜园，学生对种植熟悉；地处深山，周边光污染很小，对于开设观星等课程特别有利。

T：外部交通不便利，教师外出参加培训时间成本高；学校距离城中心远，专家进校指导成本高，难以持续。

2. 构造 SWOT 矩阵

构造 SWOT 矩阵时需要按照上述要素对课程系统设计影响的直接性、长期性等进行分列，然后进行分析、查看战略组合方式，详见下表。

表 4–1 宝山小学课程系统设计 SWOT 矩阵

内部 策略 外部	优势（Strengths）	劣势（Weaknesses）
	直接影响：（1）课程系统设计纳入规划，学校领导班子支持；（2）学校留有课程系统设计费用，能够形成内外联动的设计共同体； 长期影响：（3）学生住宿，有较长时间可用于课程选修；（4）周边自然类课程资源丰富。	直接影响：（1）学校文化已形成，但内涵较空，无法对课程系统产生直接明确的制约力；（2）教师普遍缺乏课程开发的系统培训；（3）课程设计有规划无制度； 长期影响：（4）学生因留守缺失家庭教育，阅读量小。
机遇（Opportunities）	SO 战略 （利用机会，发挥优势）	WO 战略 （利用机会，化解劣势）
直接影响：（1）区域课程政策的支持；（2）课程专家的支持；（3）市区两级社会大课堂资源单位的免费开放； 长期影响：（4）学生家庭种植经验丰富，相关种植资源丰富。	（1）扎实落实课程设计规划，学校组建设计团队与外部专家形成课程设计共同体；（2）利用学生住宿机会，研制开发住宿课程；（3）优化提升种植课程。	（1）通过住宿课程的设计与实施，弥补部分家庭教育缺失；（2）借助外部专家力量通过系统设计来优化提升学校文化；（3）传帮带学校教师尝试种植课程开发。
挑战（Threats）	ST 战略 （利用优势，面对挑战）	WT 战略 （扭转劣势，应对挑战）
直接影响：（1）课程设计所需经费支持的连贯性不强； 长期影响：（2）学生家长经济收入普遍较低，难以支付外出研学类课程费用；（3）地处深山区，交通不便，外部专家难以持续进校指导；（4）家长对孩子学业的关注度增加，期望学校提高教育质量。	（1）利用课程设计共同体提高学校教师的课程设计能力；（2）开展学校周边的综合实践活动，半天以内，步行来回，不涉及额外费用；（3）进一步丰富学校课程门类，通过提高教师的课程理解力和设计力来逐步提高教育质量。	（1）将图书馆部分藏书纳入住宿课程的阅读中使用，利用晚间增加学生的阅读量；（2）通过网络联系专家，进行线上指导；（3）学校课程系统设计不做颠覆性重构，根据现有课程体系进行结构优化，开发和实施特色课程。

3. 制定发展战略

学校所组建的课程系统设计共同体基于环境要素分析和矩阵构造的分析结果，研究制定了“三步走”发展策略，并决定利用一年的时间，扎实落实。第一步，确定学校课程未来的三大突破——由山区走向都市，由过去走向未来，由封闭走向开放。该内容在第三章第二节已详细论述。第二步，修订和调整学校课程框架，完成学校课程顶层设计，包括课程要素调整、课程关系梳理、课程结构调整、课程资源丰富等。第三步，对学校既有特色课程进行深入分析，结合学校实际将特色课程进行学科联动，实现品牌化提升。

二、中国人民大学附属中学西山学校课程设计 SWOT 分析

中国人民大学附属中学西山学校（以下简称西山学校）地处海淀区北部的马连洼地区，是一所由人大附中冠名并实施管理的区属公办完全中学。2009 年学校正式成立，十余年来，在深度共享人大附中优质教育资源的基础上，以实现“培养具有国际视野中国心的西山学子”为育人目标，学校一直坚持自主创新，积极探索课程建设，力求通过特色课程引领，助力学生全面发展。

学校在对社会、经济等大背景进行分析的基础上，对学校章程、文化建设方案以及下述材料进行了系统研究和分析：西山学校 2018–2019 学年课程设置表；西山学校 2018–2019 学年校本课程开设目录；西山学校校本课程开发方案（修订版）；西山学校 2018–2019 年度项目学习实施方案；西山学校校本材料集（国家课程 & 校本必修课程）；数字化未来学习及中外融合课程教学案例集；市区两级基础教育课程建设成果评选获奖报告选集（含《AP 高中“中国心”系列课程建设》、《基于 1 对 1 未来学习下的初中绿色语文课程建设纲要》、《初中生物综合实践课程的建设研究》、《人大附中西山学校体育学科课程建设》、《技术融入课堂传统遇见未来——人大附中西山学校课程建设探索与研究报告》、《融合中外课程理念重构 AP 项目教学——中外合作项目“桥梁”课程建设报告》、《初中书法课校本化实施方案之校本教材 <欧楷基础教程> 研究报告》)。在问卷调研和访谈的基础上进行了 SWOT 分析。

1. 相关要素分类分析

（1）“人”要素的分析。

S：校长原为人大附中本部副校长，办学站位高，教育思想丰富，有良好的学术和教学能力，课程领导力突出；学校领导班子和谐、教育研究能力、教研指导能力强；现有教职工 133 人，其中一线教师 103 人，平均年龄 36 岁；教师职称较高，其中高级教师 22 人、一级教师 47 人；学历较高，硕士及以上学历占比 53%；区级以上学科带头人 23 人，占一线教师比例 22.3%；学生家庭教育背景良好，学习习惯较好；家长受教育程度较高。

W：教师课程设计能力不强，普遍未接受过系统的课程专业培训；初中学生的基本来源为登记入学、小区配套业主子女和就近派位入学，其中非京籍生源占学生总数

1/3 左右，整体学业水平与海淀区的平均水平存在比较大的差距。高中学段包括普通高中和中美高中课程合作项目（以下简称 AP 高中）。普高面向海淀区招生，从入口成绩上看，处在海淀区中等水平，学习实践能力较弱；AP 高中面向全市招生，学情生态多元，但参照中外合作项目对学生的要求，其跨文化交流的能力有待加强。

O：学校外部专家资源丰富；作为分校，能够获得人大附中本部丰富、高端的教师资源支持；海淀区对学校课程建设支持力度大，经常组织专家进行课程建设指导。

T：学校周边服务小区为高档住宅区，学生家长对学校教育质量要求高；周边拟新建学校将对生源产生冲击。

（2）“财”要素的分析。

S：学校生均经费拨款及时到位；课后 3:30 课程服务、初中开放性科学实践活动、社会大课堂等市区经费充足；学校留有部分课程系统设计经费；国际部招生可以按照审批标准收费。家长经济状况普遍较好，能够也愿意支付部分信息化学生设备以及外出研学旅行等费用。

W：部分所拨付的经费与学校需要支出的费用不完全匹配；课程建设类经费总体来说不充裕；财务支出手续繁杂。

O：市、区两级有一定的研究专项经费支持。

T：市、区两级研究专项经费难以逐年持续；近年来，学校研究专项经费受市、区财政收入影响而减少，部分申请项目未获批。

（3）“物”要素的分析。

S：学校共建成了 40 间专业及多功能教室，教室配有学科特色教具、书籍、多媒体设备、实验仪器等。通过专业教室建设能展示出鲜明的学科特色、营造浓厚的学习氛围；学校引进了沙画、马头琴、食雕、扇文化等传统文化课程；通过与中科院计算机所及网易教育合作开设编程课程；携手英特尔公司共建人工智能实验室，推动人工智能创新技术与教育教学的深度融合，为学生提供人工智能科普及动手实践课程。

W：学校建筑空间稍小，部分专用教室不足；人均运动场地较小；部分教学设备更新速度慢，难以与快速发展的技术匹配。

O：作为中国未来学校成员校能够从各种渠道获得一部分信息化设备以及相应的数字资源支持；北京数字学校免费向教师、学生开放；北京市中小学课程教材资源网免费向教师、学生开放；海淀区部分优质资源通过网络平台可以共享。

T：学校部分装备的采购，区级批复较慢，难以适应学校的课程系统设计与实施的新要求。

（4）“政策”要素的分析。

S：2018 年 1 月国家普通高中课程方案和课程标准下发，高中阶段的课程设计有了基本依据；学校有清晰的文化体系，能够为课程设计提供具体方向；普通高中和中美高中课程合作项目获得审批，可以进行中外合作办学实验；先后与世界各地二十余所学校建立友好合作关系，定期开展师生互访、课题研究，能够为学生搭建展示传统文化、进行跨文化体验与沟通的平台。

W：学校没有完备的课程建设方案，相关制度文本与课程实践之间存在割裂；校内相关课程资源、组织、保障政策还需要进一步充实和完善。

O：北京市新课程计划的下发给了学校明确的课程自主空间；海淀区重视学校课程建设，并下发了文件进行政策扶持；学校入选海淀区“新优质学校建设工程”，有相应的政策和智力支持；承担市区多项课程相关课题，课程研究氛围得到加强。

T：义务教育课程方案和课程标准还在修订之中，相关政策不明朗，导致目前学校初中部只能按照已有的政策进行课程设计，存在学校设计完后赶上国家新课程方案的出台，两者之间可能会因此而出现偏差的可能；学校被要求接管他区学校，可能会对学校优质教师资源产生稀释作用；市区财政每年变化的要求与学校各项支出的变动性之间不吻合，难以在年初完整无误地设计全年的项目预算；区级招生划片政策有可能改变，进而影响生源质量和数量。

（5）“环境”要素的分析。

S：自建校第二年起，学校便将“数字化引领学校发展”作为一项系统化的工程开展。建设高度数字化的校园环境，营造高效、便捷的信息化氛围。通过“1对1数字化未来学习”环境建设，加强了师生、生生的实时互动交流；综合运用图像、视频等信息技术手段，突破原有文本呈现的局限，对文本语言进行可视化再造，促使学生对教学内容形成立体、丰富的认识和理解，提升学业发展水平；学校地处海淀区北部，靠近山区，周边自然风景优美。

W：学校教学环境还不能很好地满足日趋丰富的课程活动；数字化环境的更新较慢。

O：承办“第四届中国未来学校大会”，对于系统梳理课程、教学以及提升学校的知名度是个很好的机会；承办海淀区高中中外合作办学项目国际课程展示研讨会，促进了中外课程的融合。

T：由于接管其他区的学校，与本校间路程较远，不利于教师的联动教研。所接管学校距城中心有一段距离，外部专家持续进校指导的成本高。

2. 构造 SWOT 矩阵

第二步按照对学校课程系统设计影响的直接性、长期性等进行分列，然后进行分析、查看战略组合方式，详见下表。

表 4-2　西山学校课程系统设计 SWOT 矩阵

内部 策略 外部	优势（Strengths）	劣势（Weaknesses）
	直接影响：（1）校长突出的课程领导力；（2）学校的信息化特色基础和经验；（3）高中阶段的中外合作办学顺利获批，以及系列国际课程的引入与改造； 长期影响：（4）教师学历高、教学能力强；（5）有人大附中本部的持续支持。	直接影响：（1）教师课程设计能力较弱，未受过系统课程培训；（2）非京籍学生占比较大；（3）课程设计相关具体制度欠缺； 长期影响：（4）学生跨文化交流、沟通能力有待提高；（5）信息化设备更新速度较慢。
机遇（Opportunities）	SO 战略 （利用机会，发挥优势）	WO 战略 （利用机会，化解劣势）
直接影响：（1）首批新优质学校认定，社会对学校的认可度增加；（2）周边地区对优质教育资源的需求与期待；（3）人大附中联合总校基础教育研究院“中外融合课程”项目组进驻学校； 长期影响：（4）新中高考改革方案，推动学校新一轮课程改革。	（1）学校依据文化理念、育人目标，结合新中高考方案，加强课程顶层设计；（2）借助高校科研院所专家力量，整合资源，丰富课程门类；（3）借助人大附中联合总校优质资源，加强“中外融合课程”建设；（4）首批新优质学校认定，周边对优质教育资源的需求与期待，激发学校完善课程建设；（5）学校软硬件资源的完善，有利于信息化教学的开展。	（1）通过加强学情分析，依据学生需求，进行特色课程建设，帮助学生改进学习方法，开拓思维方式；（2）借力人大附中联合总校教研力量，丰富课程体系，提高师资队伍的教学水平；（3）通过优化课程评价体系，激发课程活力，提高教育教学水平；（4）加强“中外融合课程”建设，推进高中特色课程品牌化。
挑战（Threats）	ST 战略 （利用优势，面对挑战）	WT 战略 （扭转劣势，应对挑战）
直接影响：（1）区域内名校众多，竞争压力大；（2）家长群体对教育教学质量的期望值提高；（3）区内划片招生政策可能会出现调整，进而影响生源； 长期影响：（4）与接管学校距离远，线下联动教研难以保证；（5）市区两级年度支持经费的变动。	（1）以先进的文化理念，优越的软硬件条件及特色课程建设，优化生源生态；（2）借力人大附中联合总校的教研力量，提升师资队伍的课程开发力和执行力，提高整体教育教学水平；（3）探索开展线上线下相结合的混合学习；（4）加大校区之间的网上集中备课力度。	（1）针对具体学情，通过“1 对 1 数字化未来学习”提高教学效率，通过项目学习变革学习方式，培养学生的审辩式思维；（2）进一步加强家校合作，改变家长教育理念，形成家校教育合力；（3）通过网络联系专家，进行线上指导。

3. 制定发展战略

在前两步基础上，学校借助专家力量通过反复研讨确定了后续发展基本战略：进行课程整体重构，数字化引领学校发展，促进中外课程深度融合。通过研究和协调不同课程之间的关系，开设不同层级和不同领域的课程，建立课程之间的衔接性，形成一个聚焦学科核心素养、提升传统文化素养、强化生活素养、发展全面素养的课程体系，促进学生的全面发展。

（1）进行课程整体重构。学校分阶段进行课程整体重构，不断丰富和完善课程体系，通过课程落实培养目标。初期，注重构建完善的学科课程体系，鼓励老师开设校本选修课程、社团课程，特别是尝试将围棋、古琴等作为必修传统文化课，奠定传统文化在校本课程中的地位。在课程体系的丰富期，进一步提升学科课程品质，完善校本课程，正式将传统文化课程定义为“中国心”系列课程并发展成为最受学生欢迎的品牌课程之一。增设国际理解课程，为拓宽学生国际视野提供渠道。在课程整合期，学校重新反思和定位课程顶层设计，以科研引领课程体系建设，建立“三功能、五领域”的课程体系，从全局视角整合现有课程，提炼中外课程建设经验，形成中外融合课程体系，进一步落实育人目标。在课程整体重构的发展历程中，学校针对不同学段的学情特点开展学习方式变革研究，项目学习、跨学科学习、研究性学习等，让学生真正成为学习的主体，使他们具备自主获取知识、迁移知识、问题解决的能力。

（2）用数字化引领学校发展。将“数字化引领学校发展”作为一项系统化的工程开展，建设高度数字化的校园环境。将信息技术与传统教育进行深度融合，通过信息技术手段的使用，在实现共性教育目标的同时，使学生的学习情境更加生动形象，学习成果可以实时共享，学习任务可以依据学情进行个性化推送，从而在面向全体的班级教学中达到“1 对 1”的教学效果。

（3）促进中外课程优良元素的深度融合。一是在课程设置上把握办学方向，落实立德树人根本任务，通过对引进课程资源的研究，反哺普高课程建设。二是在课程内容设计上，初中课程以普及常识、强化体验、共鸣情感为主，高中课程坚持常识学习与理论提升并行、技能训练与实践体验相结合。三是在课程实施形式上，依托“1 对 1 数字化未来学习”项目，开辟传统文化教育新路径。运用信息技术进行学情调查、学习评价，增强课程趣味性和体验感。以茶文化课校本教材编撰为例，利用在线平台检测学生对茶文化的知识背景调查、课堂学习效果检测；在编撰过程中，对学生进行分组，各自认领相应章节，利用MacBook等收集、整合资料，使用iBooks编撰校本教材。四是在课程成果积累上，学校制定《校本课程开发指导意见》，鼓励和引导教师在学校统一框架指导下开发“中国心”校本教材，固化优秀传统文化教育成果。五是在学习效果评价上，学校采取结果性评价与过程性评价相结合的方式，评价学生，评价教师，评价课程，从而不断优化课程内容。六是在课程管理上，学校重视做好顶层设计和评价，成立专门的教研组引领课程系统的设计与实施，落实政策和融合中西。

第五章　课程哲学确立与 KISS 分析

确立课程哲学是一个学校课程建设迈向智慧立意的标志，课程哲学承载的是学校课程建设的价值规范、判断依据和行为准则。

基本的背景、影响要素及其关系梳理完毕后，需要对学校既有课程体系及体系内课程成分进行研究。学校课程体系不是一成不变的，它受诸多因素协同影响，并处于动态调整之中。从现实来看，影响因素有很多，哪些才能左右课程系统的改变？哪些因素只是临时出现，会随着改革的推进而逐渐消失？学校课程如何摆脱权力让渡以及随意改变的状况？学校需要确立自己的课程哲学，并将其作为主线串起课程系统。

第一节　确立学校课程哲学

一、课程哲学的要义

一般而言，哲学的基本问题包括本体论、价值论、认识论三部分。课程哲学是哲学与课程的交叉研究领域，是关于学校课程思维、实践的元研究。

1.学校课程哲学的整体把握

首先，学校课程哲学是学校作为一个团队对课程基本问题的整体性认识，对课程整体赋予意义的延伸和拓展，对课程的理性思考和全面把握。学校课程哲学的主体是学校全体人员，其对象是课程领域内的基本问题。学校课程哲学是学校课程系统设计行为的“内动力”和“坐标系”，直接影响着学校课程系统的存在形态与基本价值。

其次，学校课程哲学是在认识基础上的“行为哲学”。课程从一种外在的事物到转化为学生的实际发展，这中间有无数的学校课程行为，通过对课程行为所呈现问题的分析与反思，优化课程行为，同时又反作用于课程哲学，促进课程哲学内涵的拓展，故学校课程哲学以实践为源，以实践为根，也以实践为旨归。

再次，学校课程哲学始终处于动态变化中。社会的变化、经济的发展、知识的爆炸、改革的推进导致了越来越多的课程问题和课程现象，问题和现象会不断冲击着既有的课程观念和课程思想，潜移默化影响和形塑着课程主体的认知。由此可见，学校课程哲学是在对存在的课程问题不断追问和深究过程中始终变动的。[1]

有的学者认为就课程哲学而言，它不研究课程领域基础的、实践层面的问题，而是研究基于实践而发展起来的课程理论和实践经验。不是对课程实践进行现实性的描述和技巧上的解答，而是从哲学的视域对课程理论与实践的合理性进行质疑、反思与批判。比如，如何确定和叙写课程目标不是课程哲学问题，但是课程目标反映出什么样的价值导向和追求却是课程哲学问题；从人类积累起来的文化知识系统中选择出有价值的知识加以编排供学生学习，这不是课程哲学问题，但是为什么选择这些知识却是课程哲学问题；将知识传授给学生的方法和技巧不构成课程哲学问题，但是某种传授模式和方法反映出什么样的价值观和方法论，其在实践中有什么样的优势和弊端等却需要哲学的慎思；如何进行课程评价不是哲学问题，但是“为什么这样评价课程”“为什么评价课程的这些方面而不是那些方面”则构成课程哲学问题，等等。哲学家已经指出，“哲学研究的目的不是获得确定无疑的结论，而是对确定无疑的结论进行质疑和批判”。[2]

2. 课程本体论

课程哲学的核心包括课程本体论、课程价值论和课程认识论。本体论研究的是存在的本质、心物关系或物质与意识的关系。本体论的产生源于人们对一般性感觉的不信任，转而试图去寻找世界的本源和终极存在。课程本体不等同于课程现实，它是基于理想构建对课程现实的反思与批判，以促进课程朝着正确的方向发展。有的学者认为，所谓课程的本质是人对课程本质的认识，即对课程应是什么的认识。课程没有超历史的、超文化的、先验的、外在于人的观念，没有等待人们去发现的本质，当人们试图用本体论的方法追寻外在于课程的本质的时候，当人们以为抓住了本质就一劳永逸地解决了课程理论和实践的问题的时候，人们忽视了所谓的本质原本不过是人的观念，不过是人对预设好了想象出来的本质的猜测和描绘，不过是人对“课程应是什么”

[1] 赵垣可，范蔚 . 教师个人课程哲学的意蕴、实践价值及建构策略 [J]. 教育理论与实践，2018（7）：35.

[2] 夏永庚 . 课程哲学研究论纲 [J]. 当代教育科学，2015（22）：16.

的价值判断和评价。[1] 也有的学者认为，如果将课程比作大树，课程本体论就是课程这棵大树的根基，课程的认识论和价值论是大树的两个主干，而课程的其他分支是大树枝杈，没有课程本体论，就不会有课程的认识论和价值论，也不会有其他的课程分支。[2] 作为研究者能否牢牢抓住课程本体这样一个超验的存在，大家颇有争议，但是对于课程本体的研究意义学者们一致认可。

课程哲学的研究对象主要包括课程文本和课程实践。前者主要有各种课程理论文本、课程指导纲要、教材等，从中可以分析课程知识的性质与特征、课程理论及指导纲要的价值追求、课程文本的美学意蕴等。后者则包括课程开发与设计、课程实施、课程评价甚至课程改革的整个过程。通过对实践过程的透视与分析，可以研究课程实践（包括各个环节）的价值追求、学生认识过程的特征等。[3] 课程本体论的一个重要功能就是批判作为课程现实的课程文本与课程实践，它通过探寻课程的本真世界并以此为尺度衡量和批判课程现实世界，使课程现实世界的发展更趋向于课程的本体世界，防止课程走向歧途和被异化。[4]

3. 课程价值论

根据马克思主义观点，价值是客体属性与主体需要之间的一种满足关系。因此，价值论主要是从主体的需要和客体能否满足这种需要以及如何满足这种需要的角度，考察和评价各种物质的存在、精神的现象以及主体的行为对个体和社会的意义。课程实践在本质上是一种价值创造活动，也是一种价值澄清活动，对价值问题的思考，是课程内容选择、组织、实施、评价的根本出发点和决定因素。

有学者曾经考察过课程的价值问题，发现当今世界各地为在校学生择定的学习领域大同小异，课程实施中却又各具特点，课程的一般精神和整体面貌表现出极大的差异。可见，“在课程问题上，关键不在于选择了什么，而在于为什么而选择”。[5]

从价值经历上看，课程与教育有相似之处。教育在当代社会受到重视的最根本原因就是它对社会进步、经济发展产生了巨大的促进作用。因此，社会本位的教育价值取向占据主导地位。但是过分的主导演化成失衡，以追求经济发展为唯一目的会忽视学科的自身逻辑，以及教育对人性的解放，人们开始重新重视课程的学术价值与教育的人文价值。在课程价值取向问题上，各地实践已经取得了不少进展。当代的课程设置在价值取向上已经形成了整合的趋势。因为人们发现，单一的课程价值取向在解决

[1] 蒋雅俊 . 儿童、经验与课程：课程哲学研究 [D]. 南京：南京师范大学，2012：9.
[2] 傅敏 . 课程本体论：概念、意义与构建 [J]. 西北师大学报（社会科学版），2004（3）：96–97.
[3] 夏永庚 . 课程哲学研究论纲 [J]. 当代教育科学，2015（22）：17.
[4] 傅敏 . 课程本体论：概念、意义与构建 [J]. 西北师大学报（社会科学版），2004（3）：97.
[5] 黄向阳 . 论课程改革实施中的价值整合 [J]. 南京社会科学，2010（11）：120.

人类面临的重要问题时，常常是矛盾和冲突的。环境恶化、人口激增、民族矛盾、地区冲突、社会排斥、道德沦丧、吸毒、犯罪等众多社会问题的解决，既需要个人的自我觉悟，需要文化的认同与理解，更需要个人职业发展与职业能力的提高。这是社会与个人的问题，于是建立在一种课程价值观基础上的学校教育，显然不能担负起这样的历史使命。课程理念开始出现统整的新趋势，人们不再非此即彼地选择某一种课程价值观。每种课程价值观都在反思自身的不足，吸收不同课程理念的长处和优点，努力适应新时代的变革要求。[1]

4. 课程认识论

认识论是哲学的重要分支，主要研究知识是如何获得的以及知识的性质问题。课程认识论的主要议题在于学生是如何获得知识的，以及如何理解课程知识的性质。传统课程认识论所遵循的是本质主义思维方式。本质主义认为文化及知识有一个共同的、普遍的基础，而且这一基础又常常被视作先验的、确定的、绝对的、永恒不变的真理。哲学家和科学家的任务就在于寻找、发现、证实这种基础或真理，并赋予其强有力的、可信服的理由。它赋予了学校课程肯定性品质与逻辑，这正是传统学校课程范式的症结所在。学校教育的工具品性、灌输与训练机制、教育教学理论的教育学术品质等，都是本质主义思维方式使然。[2] 传统认识论将知识与行动、理论与实践等对立分裂开来，并导致了知识的僵化和课程个体意义的流失。杜威说："就哲学理论而言，认知已经成为了一种在特别指导之下的活动而不是和实践孤立分隔的东西。"[3]

后现代主义者认为，个体不仅是意义的解释者，而且是知识、文化的创造者，课程的主要任务是唤醒、提升个体的自我意识、社会批判意识，培养个体文化创新精神与能力，营建公正社会文化，而不是客观化知识的传播，于是课程就具有了生成性品质。[4] 马克思把辩证法应用于认识论，强调人的认识是一个不断深化的能动的辩证发展过程。认识的辩证法表现在认识和实践的关系上，认识来自实践，又转过来指导实践，为实践服务；表现在认识过程中，人对世界的认识不是一次完成的，而是一个多次反复、无限深化的过程。因此课程需要关注和支持学生认识的能动性，也要理解和支持学生带着个人的观点和视角去认识各种事物，同时还要考虑认识过程中的各种关系，人总是生活在一定的社会关系之中，互相依存，个体一旦离开社会，就失去发展的可能性。社会发展的水平，决定了作为其成员的个人认识水平、方式和发展的可能性。[5]

---

[1] 陈玉琨. 课程价值论 [J]. 学术月刊，2000（5）：105.

[2] 郝德永. 课程认识论的冲突与澄清 [J]. 全球教育展望，2005（1）：17.

[3] ［美］杜威. 确定性的寻求——关于知行关系的研究 [M]. 上海：上海人民出版社，2005：157.

[4] 郝德永. 课程认识论的冲突与澄清 [J]. 全球教育展望，2005（1）：19.

[5] 陈玉琨. 课程价值论 [J]. 学术月刊，2000（5）：106.

二、学校课程哲学确立的思考

学校课程哲学对于课程系统设计意义重大，既是课程设计的理论建构，也是课程实践的策略指引。以下将从本体论、价值论和认识论三个层面去思考学校课程哲学的确立。

1. 学校课程的本体论审视

学校课程到底应该是一个什么样的存在？笔者认为，课程是教育的核心，是学校育人的最主要载体，其存在至少具备三大特性。

（1）即时性。从本体论上讲，课程无论从形式还是实质上看，都是一个文化浸染、生命关注的科学的生活世界，课程的实施过程是由无数个瞬间构成的，每一个瞬间都带有不可复制性，处于其中的学生正是在这无数个瞬间中获得实际发展的。因此，课程设计需要跳出干瘪的知识王国，转而关注现实生活中活生生的展示自我状况的学生。学生自主精神的唤起、生命灵动性的释放、生命活力的展现以及生命意义的表征都根植于现实的生活中。即时性存在的本质让学校课程得以摆脱固定、封闭知识框架的定位，摆脱只关注学生完成状态的终结性导向，让课程可以充实在育人的各种细节之中。

（2）活动性。课程不仅仅是符号的表征体系，也是活动的集合体。活动是现实生活的根本性表征，活动一词可以拆分成“活”与“动”，前者是对人的存在的强调，后者是对人的实践的指引，由此看来活动具有“存在”与“实践”的双重意义。课程不仅仅是一系列静态文本的组合，还包括教师和学生鲜活的经历和实践，故而，课程设计体现活动性实质上是关注教师和学生的“在场”与其自主实践性。

（3）真实性。真实性存在不是真理性存在，课程从本体论上讲不是真理的组合，应该是真实并能被感知的。知识是课程的组成要素，苏霍姆林斯基曾说过，“教学大纲、教科书规定了给予学生的各种知识，但是没有规定给予学生最重要的一样东西，这就是：幸福”。冰冷的、外来的知识所构筑的虚无缥缈的未来，不能给予学生现实的幸福，现实的幸福存在于学生真实的生活中。学生在现实生活中的表现是最本真、最客观、最直接的，这是永远都无法模拟出的场景，关注真实状态下的学生，是课程设计的应然起点。

作为教育核心的课程要想体现出即时性、活动性和真实性，就必须扎根于学生，关注学生的实际，内嵌进学生的生活中。这样的课程就不是一种高高在上的、彰显特殊独立价值的事物，而是与每一个学生血肉相连的、价值共通的现实交互场域。

2. 学校课程的价值论思考

从价值论上讲，人类的教育价值追求大致经过了三个大的发展阶段：注重知识、发展智能、尊重生命。人是教育的对象，尊重生命应该是教育的首要价值。生命是教育的基础，主要体现在：一是生命价值是教育的基础性价值；二是生命的精神能量是教育转换的基础性构成；三是生命体的积极投入是学校教育成效的基础性保证。[1]由此展开，作为教育核心的课程势必需要与人的生命和生命历程密切相关，课程设计首先要基于生命的阶段，又要把提升人的生命境界、完善人的精神作为永恒的价值追求。课程设计必须遵循生命发展的客观规律、个体身心发展的规律。

传统课程体系没有将学生置于价值核心。美国学者尼尔·波兹曼所认为：所谓解放儿童，实质上是改变对儿童的看法，即将儿童当人看，让他拥有着与成人一样的独立人格和选择权利，而不是成人的附庸、任人支配的小羔羊；将儿童当儿童看，承认童年生活的独立价值，而不仅仅将它看成成人的预备；在儿童的成长阶段提供与之身心发展相适应的课程，让他们的童真、童趣、童稚得到自由的伸展，还幸福于儿童。[2]因此，课程向儿童的回归，是体现课程核心价值的必经之路。

当然，儿童不是课程唯一的价值取向。学校课程系统中的每个学习领域，包括每个科目都有诸多方面的价值，在课程设计中突出哪一种或几种价值，取决于课程设计者所秉持的具体价值观。从价值负载来看，学校课程系统是一个综合价值体，全面实现课程系统的多元价值化，首先要依靠课程设计者在目标、结构、内容、关系、活动等中体现多元价值渗透，其次则要依靠每个教师对所实施的课程持多元价值取向，在多样化的课程实施中有意识地进行价值整合。

结合当前现实，笔者认为学校课程首先应该体现国家主流价值，以立德树人为根本任务，落实社会主义核心价值观，这是课程的政治属性赋予的内在要求；在此基础上尊重、吸收和传承地域正向积极文化，这是课程的社会属性的必然要求；最后需要在尊重儿童个性与天性前提下渗透和体现学校文化，这是课程的个体属性导致的结果。

3. 学校课程的认识论分析

从认识论上讲，人类的自我认识只有从具有实践属性的生活世界中获得。只有不断地对生活现实中的人的审视，对具体的社会、历史、生活的审视，对人类生活方式和生活价值的审视，才能获得关于人的理解。作为人类认识成果的知识，只有扎根在学生的现实生活中，才能体现知识背后的东西。脱离了生活，学到的只是集约化的结论式成果，学习过程就会简单化为复制与粘贴。人类自我认识的目的就是为了塑造世界，从而塑造人类自己。人的自我塑造不仅是理性的我、知性的我，更多的是现实的我，生活中的我。脱离了生活，人类的自我塑造也成了空中楼阁。

[1] 夏晋祥、赵卫．论人类价值追求的三次转换 [J]. 教育研究与实验，2008（4）：33-34.

[2] ［美］尼尔·波兹曼．童年的消逝 [M]. 萧昭君，译．台北：台北远流出版公司，1996：32.

人类的自我认识不仅在于塑造自己的未来生活，还有一个更重要的目的，就是为了教育自身。人类的自我认识不仅仅是审视自己的现实，展望自己的未来，确定自己的起点和目标，而且也解释自己的各种遭遇和生存状况，理解自己，为自己勾勒出理想的形象。如果在课程设计中，强制性地勾勒出标准化、高大全式“理想形象”，让儿童进行复制和描摹，那样只会演化成儿童自我的丧失。同样，从知识的逻辑和性质出发设计课程，势必单向关注于知识体系所反映的“真实而客观”的世界。胡塞尔认为，生活世界的主观性的东西与“客观的”“真实的”世界之间的对比就在于：后者是一个“理论—逻辑”的基底，这个基底原则上并不是一个可感知的东西，即原则上固有的自身存在并不是一个可经验的东西，与此相反，生活世界中的主观性东西在每个人那里恰好是通过他的现实的可经验性才得以表明的。[1] 将学生本真的主观世界排斥出课程设计的范围，只关注由前人知识体系构建起的客观世界，相当于把学生的经验完全忽视了。

有意义的认识发自对认识个体的尊重和完整认识环境的搭建，个体尊重是导向，环境搭建是条件，缺一不可。所以，课程必须研究和落实，如何在既有的严密逻辑为主线的学科符号系统与以松散片断为特征的现实世界之间搭建桥梁。

第二节　基于课程哲学的课程系统优化思考

学校课程哲学是一个多元价值综合体，是多利益相关者的共存体。归根结底，学校是育人之所，每一个学生全面而有个性的发展这一目标，实际上综合了国家、地区、学校、学生四方的需求，因此学生是课程应然的出发点与归宿，不基于学生因素，课程体现不了自身的真正价值。学校课程哲学的确立及其指导下的课程系统设计都要围绕学生展开，以了解和满足学生的需求为出发点，使课程成为学生发展的核心载体。

一、确立学校课程设计新逻辑

学生的发展状态关涉各方的目的和需求，需要围绕学生的发展来明确课程设计的新逻辑。

（1）学生享有根据其知识经验参与课程设计的权力。按照新课程观，课程是具体的、动态的、民主的、开放的、广域的和可变更的，课程内容和意义的生成取决于课程主体对各种资源的开发和利用，以及通过体验、探究、对话、协商等方式进行个性

[1] ［德］埃德蒙德·胡塞尔．生活世界现象学 [M]. 倪梁康，张廷国，译．上海：上海译文出版社，2002：265.

化的解读与共同建构，为此，学生必须充分享有参与课程建构的权力。美国课程理论家平纳和格雷特认为，学生对课程的学习是依照自己的“履历情境”，依照自我的生活经验和生活过程来解读课程所提供的文本，从此意义上讲，“学生即课程”。学生必须享有使他们的个人经验及生活世界“合法”进入课程的权力，进而享有广泛开发和利用校内外各种课程资源的权力，以及根据这些经验和资源重构知识意义与价值的权力，也只有这样才能真正产生有效的学习。[1]

（2）学校课程与学生的需求相匹配。这体现在以下几个假设上：学生的兴趣爱好应与学校的现实课程具有一致性，且学校课程能够引领学生的爱好；良好的现实课程能够在学生的兴趣爱好和未来课程期待之间获得平衡；未来的课程期待应该与现实的课程喜好和兴趣爱好相吻合。[2]

（3）课程设计需密切关注学生生活。《基础教育课程改革纲要（试行）》中指出，要改变课程内容难、繁、偏、旧和过于注重书本知识的现状，加强课程内容与学生生活及现代社会和科技发展的联系，关注学生的学习兴趣和经验，精选终身学习必备的基础知识和技能。可以看出，将学生的生活与课程内容的革新结合在一起，已成为基础教育课程改革的一项主要目标。学校课程往往很少关注学生是否乐意接受，似乎对学生的教育理所当然就该由成人来设计和规划。由于这种情况长期存在，因惯性使然而失去了对这种情况的反思和批判，在学生的课程中根本无法听见学生自己的声音。[3]课程设计需要密切联系学生的生活，在设计起点、内容选择、路径推荐、活动方式等方面均需向学生生活靠拢。

二、学校课程系统设计优化的路径

基于上述逻辑思考，笔者尝试提出学校课程系统设计与优化的实现路径。

1. 基于学生的独立价值来修正和确立课程设计的组织逻辑

学生享有根据其知识经验参与课程建构的权力，意味着在课程设计的组织逻辑上就要认可和确立学生在教育中的独立价值。

1918年，美国学者博比特出版《课程》一书，标志着课程专门研究领域诞生，研究人员对课程设计的基础一直存在诸多争论，这些争论主要集中在社会、学科、学生三个维度。[4]社会逻辑是一种需求化导向的课程呈现，其内蕴的关键词是“目标”。学

---

[1] 吴忠良 . 学生课程权力刍议 [J]. 教育学术月刊，2008（1）：76.

[2] 夏雪梅 . 学生课程需求与学校课程的一致性——兼谈“丰富学生的学习经历”中的误区 [J]. 上海教育科研，2012（7）：49.

[3] 王慧霞 . 让课程回归学生生活 [J]. 当代教育论坛，2009（3）：15.

[4] 钟启泉，李雁冰 . 课程设计基础 [M]. 济南：山东教育出版社，2000：4.

科逻辑是一种知识化呈现的课程呈现，其内蕴的关键词是“告知”。而学生心理逻辑则是一种现实性和个别化的课程呈现，其内蕴的关键词是“体验”。国家给定的课程本质上是一种“法定知识”，其形成和组织主要围绕社会逻辑和学科逻辑，为社会培养需要的人和传承人类优秀知识是其课程设计与编制的逻辑起点，很多学校在课程设计中并没有改变这种逻辑，只是简单地将课程结构进行了调整。

杜威认为儿童与课程仅仅是构成一个单一过程的两极，正如两点构成一条直线一样，儿童现在的经验以及构成各科目的事实和真理，构成了教学内容。从儿童现在的经验进展到有组织体系的真理即我们称之为各门科目的内容，是继续改造的过程。[1] 杜威反对在教育教学中，规定儿童时刻扮演着成人的角色，按照成人认定的外在于儿童生活与需要的逻辑，设定儿童的学习内容，在这样的逻辑框架下，儿童的天性消失了，儿童被转化成一种工具，一种无奈、机械地学习着不属于自己的那些东西的工具。课程内容是为学生安排的，如果不符合学生的认知特点，学生就难以接受，那么再科学的内容也是无效的。[2]

基于学生在教育中的独立价值来确立课程设计的组织逻辑意味着“三个转变”：由把学生看作“未成之人”转变为视作鲜活的独立个体，在进行学校课程设计时必须考量学生的课程权力；由基于社会需求和知识逻辑进行课程设计，转变为基于学生的现实和未来需求进行设计；由强迫学生进入前人积累的知识体系中，转变为将前人知识与学生现实生活相结合。

2. 着眼于满足学生的发展需要来调整和设计课程目标

课程要想与学生的需要相匹配，除了以学生的独立价值来确立课程组织逻辑以外，还需着眼于学生的发展需要来设计课程目标。目标是对未来结果的描述，但它又是基于过去和当前状况的。在课程目标的重新设计时需要做到以下几点。

（1）课程目标聚焦，关注学生发展。学生的发展是课程的主要价值追求和取向，因此课程目标的重新设计必须聚焦于学生的发展，仔细考量学生现在和未来发展的需要。

（2）课程目标弹性，承认不同起点。课程标准是一个弹性化的门槛性标准，课程目标也需要认清学生的已有发展，即学生已然处在不同的起点。即便学生起点一致，他们也不可能到达同样的课程终点，因此，课程目标的设定就需要打破原来那种划定一条未来发展标准线，确立刚性、固定的发展愿景的状况，转向弹性化设定目标，先定一个科学的基准门槛，然后根据学生不同的起点，实现目标的张弛有度。

---

[1] ［美］约翰·杜威. 学校与社会·明日之学校 [M]. 赵祥麟等，译. 北京：人民教育出版社，1994：120.
[2] 王慧霞. 让课程回归学生生活 [J]. 当代教育论坛，2009（3）：15.

（3）课程目标拉伸，实现要素联通。课程目标的设计要强调课程与儿童生活、社会和文化发展的联系，超越单一的“学科中心”或“知识中心”。同时，课程目标还要强调引导儿童积极主动地处理人与自然、人与社会，以及人与自我的关系，发展他们的情感、态度和价值观。

（4）课程目标分层，允许异步发展。实际上，学生除了不能到达同一目标之外，他们的发展路径、方式和速率都是不同的，因此，一个科学有效的目标需要分层而设，并允许学生异步行进，越过基准线后，到达不同的终点。[1]

当然，以满足学生的发展需要来设计课程目标，并不意味着学生的需要是课程目标制定的唯一依据。如果学生的发展需求成了唯一依据，也会导致灾难性的后果：学生只能进入自己的经验里进行个体化认知，而无法进入到他人的经验中游刃有余地学习。

3. 促进课程内容关联学生的个体与社会生活

密切关联学生生活是课程向学校回归的重要特征，落实到内容上，简单地讲就是要做到课程内容“从生活中来，到生活中去，适当超越生活”。

所谓“从生活中来”，是指学校根据自己的课程权力，在优化补充国家、地方课程和开发校本课程时，可以从学生生活中选择部分内容。选择学生生活内容进入课程，不是随心所欲、信手拈来，需要进行斟酌和权衡。比如由于国家课程所列举的案例与本区域学生的日常生活相去甚远，学生缺乏相关经验，这时可以针对本部分的课程目标，从当地选择学生熟识的内容进行替换。需注意的是，所选择的内容应与替换内容一样能够达成相同目标。从生活中来，对学生而言，内容便有了熟悉性和亲切感，会把学生带入生活场景，在生活场景中，学生是自然、主动和能动的。

所谓“到生活中去”，是指在课程设计时，要注意增强学科课程内容对生活逻辑的适切性。学科知识本身是呆板的、没有生机的，当学科知识进入了生活领域，与所对应的生活实际结合起来，学科知识才恢复了趣味性和生动性。将学科课程内容融入到学生的生活逻辑中，可以让学生感到每天在生活中经历的事物都是学习的素材，感到这些平时习以为常的素材原来具有如此的趣味性和知识性。为了让课程知识与学生的生活逻辑产生关联，在组织课程内容时，要站在学生的立场上，依靠他们的生活经验，让课程学习的逻辑成为他们复演自己在日常生活中事物发生、发展的逻辑。[2]

所谓“适当超越生活”，是指适当超越学生的个体生活，重新设计人类文化在学生学习和生活过程中的“重演”。这句话包含着两条逻辑主线，一是学生的个体生

---

[1] 王凯 . 试论学校课程设计的二度回归：哲学考量与实现路径 [J]. 课程 · 教材 · 教法，2014（3）：17.
[2] 侯莉敏 . 儿童生活与儿童教育 [D]. 南京：南京师范大学，2006：36.

活，二是人类生活的演进过程。与学生的个体生活相关联，学生会有亲切感和归属感，但仅限于此，会让课程在学生个体生活的小圈子里打转。其实，学生的个体生活并不是独立和孤立的，它还与人类生活相关联，而文化知识就是人类生活的结晶。基于第一条逻辑主线，就需要课程内容的设计符合儿童心理结构的演进过程。儿童的发展有其规律性，发展既有连续性，又有阶段性，每个不同的阶段在发展上都有其特殊的要求。因此，课程内容在选择和设计的时候，一定要考虑儿童心理发展阶段，既不能越阶加快，也不能有意延缓。基于第二条逻辑主线，课程内容的设计就需要考虑人类文化的演进过程。儿童对文化的接受过程，大致是按照文化在人类历史上发生、发展的顺序在儿童身上以简约化的方式重演的。按照这样的理解，课程设计应该与各门学科的发展演进是一致的，即从混沌到精细，从简单到复杂，从整体到分化来安排整体内容。[1] 当两条主线糅合在一起时，于是就有了人类文化在学生心理活动与心理结构中的“重演”，重演的结果是人类文化化为心理结构的一部分，并成为支持学生个体生活的新经验，个体生活因为与人类生活和文化相交融，也实现了超越，走向自我完善。

4. 课程实施途径和方式需符合学生认知规律

促进课程内容与学生生活相关联，优化了知识在课程中的存在方式，但优化的知识要内化成为学生实际发展，还需要对课程实施的途径和方式进行规划。在“生活世界”话语的基础上，教育实施途径被认为是一种特殊的生活过程。[2] 通常而言，人的发展源自两方面，一是直接经验，二是间接经验。前者是指学习者通过亲身参与和实践获得的感悟与体验，是个体化的经验；后者则是外在于学习者本人的人类经验。教育家陶行知曾经打过一个比方，他认为“接知如接枝”，间接经验好比新嫁接上去的枝条，直接经验好比树干，间接经验只有根植于直接经验这个树干，才能存活并具有生命力。任何缺少必要的感性认识或体验的理性认识，对学生而言都是抽象的教条，不可能变成学生认识世界的工具。[3]

因此，在课程设计环节，必须考量如何能够使优化的知识进一步激活，使知识恢复“鲜活的状态”，也就是在优化知识存在方式的基础上，再度优化知识的使用方式。笔者认为，课程实施途径必须多样化，在实施中保证“多向互动”和“动态生成”，体现出学生对知识的可理解性和建构性。

---

[1] 侯莉敏 . 儿童生活与儿童教育 [D]. 南京：南京师范大学，2006：127-128.
[2] 王晓丽 . 近十五年关于“生活世界”问题的研究 [J]. 社会科学战线，2004（5）：222.
[3] 夏正江 . 论知识的性质与教学 [J]. 华东师范大学学报（教科版），2000（2）：10.

第三节　对原课程体系的 KISS 分析

如前所述，学校课程哲学是学校作为主体结合国家要求、区域规定、学校办学理念、教育追求以及对课程实践的反思和提升而综合形成的，既为学校课程建设奠定了价值规范与基本准则，也为学校课程系统的不断改进提供了判断基础。仅仅有了判断基础还不能对学校课程进行实质性调整与改进，还需要选择工具。KISS 分析法就是一种简化工具，通过对各要素主要问题的梳理和分析，做出明确判断，进而为后续的整体优化改造提供依据。

一、KISS 分析介绍

KISS 分析法是一种绩效反馈的常用工具，较多应用于企业管理领域。K（Keep）是“保留”，表示经过研究和分析后哪些项目因为效益好、有价值而需要继续保留；I（Improve）是“改进”，表示哪些项目是有价值的，但是同时又存在各种弊端或者问题，需要在下一阶段调整和改进；第一个 S（Stop）是“停止”，表示哪些项目缺乏价值、没有效益，也不符合组织未来发展需要，应该果断停止；第二个 S（Start）是“开始”，表示为了保持组织的未来竞争力、满足市场、获得新效益，需要新增哪些项目。

KISS 分析法有三个关键特征，一是注重对研究对象所处环境的分析，将环境视为变动不居的复杂系统，并且对作为构成要素的子系统要有所了解。二是秉持简化思维。简化思维不是简单思维，不是将复杂问题视为简单问题，而是抓住主线、寻找关键，通过提纲挈领，将复杂的局面变为可分析的问题域。三是注重效益。有无效益是做出判断的重要标准。KISS 分析法关注项目的实际效果，通过实际效果来反观项目的存在价值和保留的必要性。

美国杨百翰大学心理学教授菲尔·丹尼尔斯（Phil Daniels）曾尝试使用 KISS 分析来改进学校管理工作，他提出学校内的 KISS 分析过程应该通过一系列简单问题设问，这样做既能让管理者综合检视学校工作的方方面面，又有利于进行团队建设与合作推进。

K：保持。目前哪些工作是做得不错的？这些工作需要继续保持。每一所学校为了达成办学愿景，都要设计实施很多教育活动，学校需要了解这些活动是不是处于正常的轨道上，同时也要利用此阶段的分析凝聚学校的管理团队，明确哪些执行得不错的教育活动需要继续扎实落实下去。

I：改进。学校里哪些活动是存在问题的？作为学校的管理者要进行怎样的改进，才能保证活动更优化，团队更有效率？改进阶段关注的是已经做过的事情的效益，包括对过程和结果的判断，要研究分析哪里可以进行改进。学校可以以有效性为标准，对不同科目的实施方案与效果进行研究和分析，确定存在的问题领域以及解决的有效方式。

S：停止。哪些工作无助于学校达成目标？哪些工作已经不再有效？需要停止这些工作。学校要在有限时空内利用有限资源朝着既定目标前行，如果事事优先则无一优先。学校需要优化分配既有的资源以实现合理配置和目标达成，所以必须保持警惕，逐步剔除低效高耗、降低团队效能又偏离既定目标的工作。

S：开始。有哪些其他学校取得很好成绩的做法是我们学校所没做过的，以及为了促进学校的更好发展和团队的更好进步，需要学校尝试去创新的工作？学校需要根据实际情况选择新的策略和方式，以保证能够达成既定目标。[1]

黄显华等人将 KISS 分析进一步细化并运用至课程建设领域。首先，将 KISS 分析转化为 KISS 发展原则：保留优势（Keep the goodies）、精益求精（Improve on the workable）、停止无意义的行为（Stop the nonsense）、开展创新（Start new initiatives）。其次，建议将教师作为学校利益相关者，给教师赋权并邀请教师参与学校课程的决定。建构教师赋权承责的文化，有助于推动学校课程改革的设计和实施。学校管理者要敢于与学校教师共同做出决定，决定正在实行的课程计划哪些值得继续，哪些应进一步改善，哪些有必要重新开始，哪些没有价值而可以停止。[2]

KISS 发展原则对于形成校内有效的课程建设共同体有着积极意义，学校课程制度建设决策不应成为管理者独断的判断，应组建团队对学校课程现状进行综合分析，包括检视学校的教育目标，课程的实施和教学的成效，教师的教学心态，学生的学习动机、学习能力以及学习成效，学校的资源和家长的期盼等。这个过程不仅能让教师有被赋权的感受，还能让他们更深刻地体会到课程设计和规划是一种集体的行为，要关注课程对象的需要、教学资源的运用以及对未来课程效果的企盼。

二、学校课程哲学指导下的已有课程 KISS 分析

在学校里，课程 KISS 分析是以课程哲学为指导，以背景分析和 SWOT 分析战略为参考，以学校课程的实际样态为对象，进行整体的分析与分类，以明确课程存在的主要问题以及未来发展思路的重要工作。

---

[1] Howard Jackson. KISS：Rules of engagement [EB/OL]. http：//www.sec-ed. co.uk/best-practice/ kiss- rules-of-engagement/，2016-10-12/2020-02-08.

[2] 黄显华，朱嘉颖等 . 课程领导与校本课程发展 [M]. 北京：教育科学出版社，2005：199.

表 5-1　学校课程 KISS 分析示意图

分析过程 分析对象	对应课程设计活动	分析要点	判断主要依据	结果断定（KISS）	可能后续行为
学校课程设计主体	学校课程设计共同体建设	当前参与学校课程设计的人员结构；单一还是多元？学生课程主体地位有没有体现等	学校课程哲学	对于目前的工作方式：保留？改进？停止？新增？	重新改变方式 适当进行改进 坚持目前做法
学校课程组织主线	学校课程系统逻辑确定	课程系统逻辑主线是否明确；是否基于学生的发展需要确定主线；能否将课程系统化	学校课程哲学	对于目前的工作方式：保留？改进？停止？新增？	重新替换主线 适当进行改进 坚持目前表达
学校课程总目标	学校课程总目标设计	与核心素养是否匹配；与学校培养目标是否匹配；与学校课程哲学是否匹配	学校课程哲学；大背景分析；SWOT 分析结果	对于目前的工作方式：保留？改进？停止？新增？	重新研制目标 适当进行微调 坚持当前目标
学校课程结构	学校课程结构设计	课程结构能否逻辑自洽；是否与学校课程哲学相一致；是否与改革发展相一致	学校课程哲学；大背景分析	对于目前的工作方式：保留？改进？停止？新增？	重构课程结构 微调课程结构 保持结构不变
学校课程要素	学校课程门类以及内容建设	要素是否齐全；要素与培养目标是否对应；与课程哲学是否一致	学校课程哲学；SWOT 分析结果	对于目前的工作方式：保留？改进？停止？新增？	替换部分科目 改进部分科目 维持科目不变
学校课程实施效果	学校课程评价设计	目标是否达成；师生的实际获得；效果与学校发展目标是否匹配	学校课程哲学；SWOT 分析结果	对于目前的工作方式：保留？改进？停止？新增？	改变课程实施 微调课程实施 维持实施不变
学校课程改进	学校课程系统优化与完善	有无改进方案；能否自主优化；如何保障课程处于持续优化中	学校课程哲学；大背景分析；SWOT 分析结果	对于目前的工作方式：保留？改进？停止？新增？	重构课程改进 微调课程改进 保持现有制度

从上表可见，常规课程的 KISS 分析包括七大分析对象：

（1）学校课程设计主体。简言之就是要弄清楚有哪些人参与了当前学校课程体系的设计。参与人员组成是否合理？外部的相关专家有无参与？一线教师是否参与？学生的权力有无体现？学生以何种方式参与课程设计？通过对这些问题的回答来厘清课程设计主体的组成。如果主体都是学校的领导层，那么只代表了一个层面的价值和利益，这样的选择方式应该停止，然后采用新的方式进行选择；如果主体多元化，但是还遗漏了某个角色，比如家长的合理性参与没有考虑，那么只要对当前的方式稍加调整和改进即可；如果当前的主体完整而合理，那就没有必要进行调整，维持现状就是明智的选择。

（2）学校课程组织主线。也就是学校课程系统的内在主要逻辑是什么，这里需要问的是：课程系统的逻辑主线是否明确？逻辑主线是什么？怎么确定的？是否是基于学生的发展需要确定的？逻辑主线能否将课程组织成完整系统？对这些问题的回答与判断应该依据学校的课程哲学。如果目前根本没有思考学校课程主线，只是将课程简单地堆砌在一起，弄成一个拼盘式组合，那么这种行为应该停止，此后应该根据学校的课程哲学，集中研究并确立课程逻辑主线。如果有逻辑主线，但是表达含糊、不甚清晰，那么就需要进行澄清，以明确表达来改进现状。如果逻辑主线清晰合理，维持原状即可。

（3）学校课程总目标。这里需要问的是：课程总目标是否表达清晰完整？与核心素养是否匹配？与学校培养目标是否一致？与学校课程哲学是否匹配？学校课程总目标一般有两种表达方式，一是课程建设总目标，即通过设计与实施，将学校课程变为一个什么样的存在？对学校各方面的工作产生什么样的影响？二是课程培养目标，即对所培养学生形象的描述，与学校培养目标相衔接，一般使用课程子目标来表达。不管是哪种表达方式，学校课程总目标都外受课程改革与区域发展制约，内受学校培养目标和学校课程哲学的直接影响。如果学校课程总目标没有体现对外部环境以及学校培养目标的哲学思考，而是拍脑袋随意而为，那么这种行为应该停止，应由课程设计共同体根据培养目标和课程哲学，参照学校教育实际，利用大背景以及 SWOT 分析的结果，综合研判后提出清晰合理的课程总目标。如果课程总目标内核合理，但部分表达不妥或者有误，那么可以进行调整与修订。如果课程总目标清晰合理并已经为学校师生所认可，那么就没有调整的意义了。

（4）学校课程结构。学校课程结构是众多课程要素按照一定关系、相互衔接、彼此关联而形成的有序形态，结构决定功能，结构设计是系统设计中的关键环节。这里需要问：学校课程呈现的是一种什么样的结构？课程结构能否逻辑自洽？是否与学校课程哲学相一致？是否与课程改革发展相一致？如果课程结构混乱，意义不清，逻辑关系不明，各科目彼此隔离，那么这种行为应该停止，要依据课程哲学以及大背景分析的结果，思考如何实现众多科目的彼此关联和有效整合，如何实现课程的整体育人价值，用恰当的关系联结、统整课程，形成新的学校课程结构。如果当前课程结构能发挥正常的功能，能联动各科目从而实现整体育人价值，但衔接不够或表达不甚清晰，那么可以在保持整体结构不大动的前提下，进行适当优化。如果课程结构良好，师生认可度高，实际效果突出，那么建议维持现状。

（5）学校课程要素。学校课程要素有两个层次：一是学校整体课程层面的各类科目，包括国家课程、地方课程、校本课程；二是某一门课程内部要素，比如课程目标、内容、实施、评价等诸要素。针对第一个层面要发问的是：学校课程现有门类是否齐全？能否达到国家和地区的基本要求，保证开齐课程、开足课时？所开设的课程是否与学校的培养目标相匹配？是否存在“课程悬缺”[1]？与课程哲学是否一致？针对第二个层面要发问的是：科目内的各要素是否齐全？是否着眼于满足学生的发展需要来调整和设计课程目标？在内容选择中是否促进课程内容关联学生的个体与社会生活？课程实施途径和方式是否符合学生认知规律？课程评价是否尊重学生差异与个体价值？学校课程开齐、课时开足是最基本的要求，但每个学校的文化背景不同，培养目标和课程哲学也有差异，匹配培养目标与课程哲学的课程要素也有所不同。如果学校各类科目设置不齐全，过分重视某些考试科目、忽视某些非考试科目，存在以国家课程覆盖地方、校本课程，或者以校本课程来替代国家课程的现象，那么势必会导致学校课程要素的缺失，这种行为必须停止。如果某门课程目标、内容、实施、评价的某一或某几个要素缺失，那么就难以体现应有的价值，这种行为同样应该停止。如果学校的课程门类齐全、匹配度高、质量高，就证明学校对国家、地区以及学校课程哲学的把握到位。如果各门课程要素齐全、衔接有序且与学校课程哲学匹配度高，那么这门课程就不需要做大的改变。如果学校培养目标中的某一部分核心素养没有与之相对应的课程，就代表出现了课程悬缺，此时就应该及时补救，按照程序和标准设计开发新的课程以弥补缺失。

（6）学校课程实施效果。这里要问的是：学校课程设定的目标是否已经达成？从本课程中师生的实际获得还有哪些？实际效果与学校发展目标是否匹配？在实施效果评价中，是否做到了形成性评价与终结性评价相结合？如果某一课程实施效果差，且与学校课程哲学不匹配的话，可以考虑停止此课。如果课程实施效果不佳，但与学校培养目标及课程哲学吻合，可以考虑在实施方式、途径和资源等方面进行改进和优化。如果效果良好，师生欢迎度高，且与学校培养目标、课程哲学非常匹配的话，应该保留并进行提炼，进一步向特色课程、品牌课程推进。

（7）学校课程改进。学校课程是一个开放的、能够不断改进的系统。这里要问的是：学校课程有无自我诊断机制？有无改进方案？能否自主优化？如何保障学校课程处于正常的完善过程中？如果学校课程没有诊断机制，自然后续的改进方案也不会存在，这种行为应该停止。如果学校尝试建立了课程的诊断机制，但机制尚不健全，这

[1] 美国当代课程学者艾斯纳在其著作《教与想象》中首次提出“悬缺课程”（null curriculum），指的是学校课程应该提供但没有提供的内容。一般而言，悬缺课程的探索分为三个层面：一是学校教育普遍忽视的情感、价值观等的培养；二是学校课程系统中遗漏的课程或者科目；三是学校忽视的想象力培养、创新实践等。本节主要指的是第二个层面。

时应该补全机制，根据诊断结果研制改进方案，保障课程的不断完善。如果学校课程的自我诊断、改进方案以及实际改进效果都不错的话，那么就应该坚持。

上述课程 KISS 分析，实际上已经包含了对学校课程系统以及每一门课程的分析。借助 KISS 分析法的简化思路，将学校千头万绪的课程要素进行分析，为后续进行新的学校课程系统设计提供了直接依据。但也正是因为其简化的特征，致使在实践中难以触及一些细节性的课程要素分析，比如各学科之间并不能实现密铺，学科之间的空隙导致学生难以进行学科间联动，有哪些学科空隙？如何弥补空隙？一门课程一旦设计完毕，其内容往往是相对固定的，课程内容与设计意图之间有没有落差？如何弥补落差？课程实施前后环境的变化也会对内容及实施产生影响，如何及时了解产生了哪些影响以及在内容与实施环节如何去调整和改进？这些问题更加细化并隐藏在过程中，需要借助更为细致的工具方能进行检测和分析。

第六章　学校课程顶层设计

课程顶层设计是在学校层面建立课程基本制度与价值规范，是学校各层级课程设计、开发和实施的总纲领，也是学校课程实现可持续发展的前提和基础。

学校课程顶层设计也被称作学校课程规划编制，是一个多主体协同的、长远的、全局的、战略的、系统的设计过程。课程顶层设计是在学校层面建立课程基本制度与价值规范，是学校各层级课程设计、开发和实施的总纲领，也是学校课程实现可持续发展的前提和基础，其外显为学校课程方案。一般而言，学校课程顶层设计包括课程建设背景、指导思想、基本原则、课程目标、课程内容、课程结构、课程设置、课程实施、课程评价、课程组织与管理保障这十个部分。

第一节　学校课程设计的背景、指导思想与原则

在学校课程顶层设计过程中，课程建设背景、指导思想与基本原则的确定是首要环节，是为后续的课程设计工作定方向、立标杆。

一、学校课程设计的背景

从系统论角度看，学校是教育的子系统，教育是社会的子系统。镶嵌在当前社会进程中的学校，其背景因素是多层次、综合性的，所以说学校课程建设背景研究是一种综合性分析。学校课程背景分析是课程顶层设计的基础和起点，对学校课程的来源、研究、发展、创新起着支撑作用。

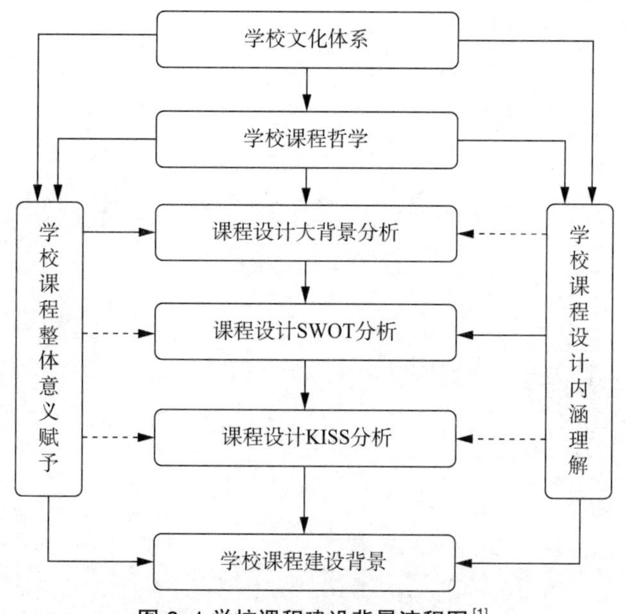

图 6-1 学校课程建设背景流程图[1]

图 6-1 是一个较为完整的课程背景分析流程，其作用不只是为了进行学校课程顶层设计，也是针对学校课程系统的设计。如果学校只是要进行顶层设计单项工作的话，可以根据自身实际从流程中选取必要环节。在进行背景分析时有四点需要注意：

（1）需要有实证思维。在实践中经常看到很多学校对背景分析重视不够、方法不妥，大多采用经验主导的质性描述，或是罗列制度，缺乏数据支持和量化分析。有效的背景分析需要针对不同对象，综合运用观察法、问卷调查法、访谈法、文本分析法等，质性与量化工具相结合，实现从经验到实证的过渡。

（2）要关注和了解本校课程建设存在的关键问题。当前除了新建校外，绝大多数学校课程顶层设计都不是从零开始，这种情况下更需要对学校既有课程体系进行科学分析，找出存在的关键问题。很多学校课程设计都有一个共性问题，即学校培养目标与课程体系两张皮现象导致的“课程悬缺”。美国美学教育家、课程论专家艾斯纳（Elliot W.Eisner）于 1979 年在其著作《教育想象：学校课程的设计与评鉴》中首次提出了“课程悬缺”，并将其定义为：“许多对人的发展有重要作用，但由于某些原因被有意无意地排除在课程体系外的课程。有两个维度对课程悬缺进行分析，首先是学校重视或者忽略的智力过程，其次是学校重视或者忽视的内容领域。”[2] 可以将悬缺课程简化为“学校应教而没教的课程”，也就是学校当前课程系统内的课程盲区，能否通过 KISS 分析发现这些盲区对于后续的课程改进设计意义重大。

[1] 注：图中的实线箭头表示衔接性和相关性强，虚线箭头表示衔接性和相关性稍弱。

[2] Elliot W.Eisner. *The Educational Imagination*：*on the Design and Evaluation of School Program*（third edition）[M]. Stanford University. 1979：97–107.

（3）学校文化作为学校所有成员的行为准则和价值规范，是校内课程设计研究的上位因素。学校文化中的物质文化、行为文化、制度文化、精神文化都对课程设计有影响，其中影响最大的是精神文化，尤其是作为精神文化内核的基础四问，即办学宗旨、办学理念、培养目标和办学方略（见第二章第三节）。

（4）背景分析结果是综合性的、多层次的，需要学校有针对性地选用。背景分析从宏观的改革发展趋势到中观的改革举措，再到微观的课程活动，从制度文本到课程机制，再到鲜活的课程实践，从国情、区情，到校情、学情和教情，涵括了国家、区域、社区、学校、教研组、班级等各层次。对于分析结果，学校可以通过对课程顶层设计影响力的大与小、直接与间接、急迫性与长期性等进行排序后合理应用。

二、学校课程设计的指导思想

指导思想是行动指南，是为统一思想认识而明确的理论和制度依据。很多学校在研制学校课程方案时不太关注指导思想，有的学校将指导思想与建设原则混为一谈，甚至有的学校根本不将指导思想列入方案。主要原因还是学校对指导思想怎么写不清楚，所以整体而言，指导思想在学校课程方案中被弱化和虚化。

清楚要进行的行动，理解行动的制约和指导因素是正确撰写指导思想的第一步。教育领域任何行动都不是可以任意妄为、不遵章程的，行动不同，所受制约、所遵从指导也会有差异。比如开设一门种植类校本课程与研制学校整体课程方案的指导思想就会不同。课程顶层设计受什么重要因素制约？按照由外到内划分可以分为：

（1）国家层面的课程改革理论基础和方针政策。这部分内容主要来源于前期的大背景分析。改革的理论基础，如马克思主义关于人的全面发展理论等，课改政策，如实施国家、地方、学校三级课程管理，提高课程的适应性等，都是学校课程顶层设计的指导因素。虽然这一层距离学校的教育实际较远，但却是体现课程中党和国家意志的重要部分，不可或缺。

（2）区域课程发展规划及重要课程改革政策。这部分内容同样来自大背景分析。区域的规划和政策同样是学校课程设计需要遵从的，在权限范围内区域会对国家课程计划作出调试和修订，体现课程的地方适应性，并因此也附加了地域特色，需要学校贯彻。

（3）学校的课程哲学。学校课程哲学与国家课程理论、区域课程规划有着千丝万缕的联系，同时又体现着学校的课程思考与追求，同样是制约课程设计的指导思想。

（4）教育发展与学生成长规律。教育是课程的母体，学生是课程的服务对象，因此在设计课程时必须遵从教育发展规律和学生的身心发展规律。

（5）本次课程设计行动的重要改革点和思路。重要的改革点和思路应该列在指导思想中，比如加强学校层面的课程统筹，突出特色课程建设，充分发挥课程在学校育人中的核心作用，促进课程、教材、教学、考试、评价等有机衔接。重要改革点与思路往往是与课程设计要实现的终极目的相联系和衔接的，推进了什么样的重点工作，要实现什么样的目的，共同构成了具有鲜明学校特征的指导思想要素。

（6）课程设计要达成的终极目的。一般由两部分组成，其一是课程设计促进学校发展愿景的实现，其二是促进培养目标的达成。建议此部分以学校完整的培养目标和学校发展愿景来表述。培养目标是教育出口的学生基本规格描述，课程设计的终极目的就是更好地实现培养目标以及向着发展愿景迈进。

以上六层内容就是学校课程设计指导思想的主要构成要素，各要素都是课程设计行动指南的一部分，有着其现实作用，绝非可有可无。

三、学校课程设计的基本原则

学校课程设计的基本原则是在指导思想明确后，要厘清的后续工作践行准则，指导思想的主要目的是“明方向”，基本原则的主要目的则是“定策略”。课程顶层设计是在资源整合的基础上对国家课程、地方课程、校本课程进行全方位的设计与安排，是在共性基础上的个性体现，是在集中要求下的因地制宜。总体而言，需要体现以下几个原则：

（1）一致性原则。学校课程顶层设计需要与国家、地方对课程法定性要求内在一致。这是课程设计必须遵从的首要原则。现代学校是具有教育目的的有组织的集团，具有代表着整个社会意愿的“公共性”，这构成了它的显著特色，所以学校课程需要把握改革的方向性。[1] 虽然国家课程改革政策实施三级课程管理，学校获得了相应的课程权，但学校课程的主体还是国家课程，应该遵循国家及有关教育部门的方针政策和总体要求，按照国家课程方案和地方课程方案中的基本思路和实施建议去进行设计，在规定范围内研究和确定国家课程、地方课程、学校课程的基本结构和所占比例，尤其不得随意增减课程门类和课时总数，不得随意设置课程，不赶超正常的教学计划。

（2）统筹性原则。当前很多学校的课程整体规划、协同推进不够，课程目标有机衔接不够，部分课程内容交叉重复，与课程改革相适应的考试、评价制度不配套。学校需要在专业力量的支持下加强统筹，整体规划课程育人各个环节的改革。具体需要研究：

- 依据学校课程目标整体考虑学校课程设置，立足学校实际和课程的实效性，注重三级课程的互补与融通。

- 理顺各学段、年级的课程分目标，使其依次递进、有序过渡，避免有的学科客

[1] 钟启泉，李雁冰 . 课程设计基础 [M]. 济南：山东教育出版社，2000：7.

观存在的内容脱节、交叉、错位的现象，体现学校教育发展规律和人才培养规律。

- 统筹各学科，特别是德育、语文、历史国家统编教材这三科，重视体育、艺术等学科，充分发挥人文学科的独特育人优势，进一步提升数学、科学、技术等课程的育人价值。同时加强学科间的相互配合，发挥综合育人功能，不断提高学生综合运用知识解决实际问题的能力。

- 统筹课标、教材、教学、评价、考试等环节，发挥国家课程标准的统领作用，协同推进教材研究、教学实施、评价方式等各环节工作，使其有效配合，相互促进。

- 倡导课程设计多主体协同，统筹教师、管理干部、学生家长、外部专家、社区人士等力量。充分发挥各自优势，明确各支力量在教书育人、服务保障、教学指导、研究引领、参与监督等方面的作用。围绕学校的培养目标，协调各支力量，形成育人合力。[1]

- 统筹课堂、校园、社团、家庭、社区等场所。发挥学校的主渠道作用，加强课程实施、校园文化建设和社团组织活动的密切联系，促进家校合作，广泛利用社会资源，科学设计课内外、校内外活动，体现课程的扎根性与长脚性。

（3）聚焦性原则。学校课程顶层设计不是毕其功于一役，而是一直处于调整、完善，甚至是重构之中。每次课程顶层设计都是处于一定的学校教育时空中，都肩负着对当时突出问题攻坚的使命，因此需要坚持聚焦性原则，有效利用 SWOT 分析及 KISS 分析的结果，聚焦学校课程建设中所遇到的关键领域、主要环节与根本问题，针对制约学校课程整体育人价值发挥的现实障碍，集中攻关，重点推进。

（4）全面性原则。全面性原则体现在以下 5 个层面：

- 坚持课程的全面性和均衡性。学校课程方案必须做到内容完整，要素齐全，协调对应。要根据德智体美劳全面发展的要求，均衡设置课程，根据学校的实际条件和学生的不同需求进行整体设计，优化课程结构，注重学生的基础知识和基本能力，培养学生的批判性思维、信息素养、创新能力及合作与交流能力。

- 教师的全面参与性。努力让每一位教师都参与到课程建设中来，充分考虑和尊重教师的发展需求。课程需要教师的再加工，教师需要课程的促进，在参与和交互中才能实现教师的专业发展，做到教师即课程。

- 学生的全面发展性。关注儿童的主体地位和生活经验，实施整体性、真实性的课程。关注学生的需求、身心健康，有意识地通过课程设计满足学生的不同发展需求，挖掘学生的不同发展潜力，让学生形成正确的人生观、价值观和世界观，具有社会责任感、自我管理能力。

---

[1] 中华人民共和国教育部. 教育部关于全面深化课程改革落实立德树人根本任务的意见 [EB/OL]. http：//old.moe.gov.cn//publicfiles/business/htmlfiles/moe/s7054/201404/167226.html，2014-04-06/2020-02-02.

● 设计主体的全面性。形成结构合理的课程设计共同体，让各利益相关者协调一致、共同参与。

● 学校课程方案的研制源自学校又用之学校，在设计中需要建立多方沟通渠道。获得师生的认同，学校课程方案才会落地，才会有生命力。

（5）适切性原则。课程顶层设计应该与学校相适切，要尊重师生的个性特征，强调学生个体潜能的激活和培养，强调以个性化的发展带动师生素质全面和谐的发展。在课程设计的过程中，要凸显教师的专业自主，尊重教师对课程的理解和加工。教师不仅要教书更要育人，教师有这种主体意识，就可以更好地根据学校的办学特色和学生的需求开发课程、实施课程。课程要适应学生的个性，体现其在课程中的主体地位。鼓励学生根据自己的兴趣爱好提出开设课程的申请，为课程设置建言献策。有能力的学生可以申请个人开发或者联合开发校本课程。

（6）选择性原则。学生的课程权除了参与课程设计外，还体现在对课程的选择上（国家必修课除外）。课程设计时应遵循课程的选择性，在国家课程领域，进一步拓展课程辅助资源，超越课堂和学科的边界，为学生多样化发展提供丰富多元的课程供给，满足学生的个性化需求，增强学生对课程的选择性；在地方课程领域，进行课程整合创新，融合资源，提升质量；在校本课程领域，根据学生兴趣、学校基础和未来发展，开发、设置一定数量的校本课程，供学生自主选择。

（7）前瞻性原则。课程顶层设计不只是解决当前问题，还要进行超前谋划，思考和应对未来可能出现的问题。学校教育对于社会而言是未来生产力的再生产过程，其目的是创造未来的生产力而非现实的生产力，未来的社会活动与当前学校的课程活动之间就存在“时间差”问题。[1]这需要学校课程对课程发展进行前瞻性研究，注重课程改革的连续性和可持续性，适应新时期学校教育发展的新要求，积极开拓，敢于创新，大胆试验。

以上分析了七种常见原则，需要明确的是，课程顶层设计带有很强的因地制宜性，其他的原则如民主性、实践性等，也会在课程设计中用到。总之，原则的选定要立足“为我能用，为我所用”，符合学校实际，体现学校追求。

第二节　课程目标与内容选择

课程目标与内容选择是课程顶层设计中的关键要素，在拉尔夫·泰勒看来，课程

[1] 钟启泉，李雁冰．课程设计基础 [M]. 济南：山东教育出版社，2000：8.

目标即课程设计的起点，也是将来评估课程实施效果的标准。课程内容是学习的对象，也是课程主要的符号表征。

一、学校课程目标

课程目标是课程设计与实施的出发点和归宿，是课程在一定教育背景下力图促进该阶段学生身心发展所要达到的程度描述，是课程建设的标杆，也是指导课程设计的准则，体现了课程设计的价值取向。课程目标包括课程建设目标、课程培养目标以及每门课程的独立课程目标，课程顶层设计只研究前两者。

1.课程建设目标

课程建设目标是指通过各种策略、方式与途径要将学校课程建设成一个什么样的存在。课程建设目标的撰写要回应几个重要命题：一是自上而下的课程改革基本要求。既然课程建设目标描述的是课程系统的建成样态，那么它是否体现了国家的顶层要求，就成了是否贯彻课程法定化的一个标志。二是将国家、地方、校本三级课程进行扁平化再构，即将来自外部的课程与本校开发的课程进行系统规划与设计，形成一个体现学校特色的综合课程。三是利用学校的课程自主权对综合实践活动课程、校本课程进行设计与开发，以突出学校特色。四是结合实际推进国家课程的校本化，以及明确校本化后的课程样态。五是课程建设与师生样态的匹配。下面是两个学校课程建设目标的撰写案例。

学校一（郊区公立小学）课程建设目标

依据国家课程改革制度文件和北京市课程计划规定，基于学校教育实际，整合周边地域资源和优秀智力资源，初步形成并进一步完善“绽放”课程体系，推进课程一体化整体建设与实施。培养有课程领导力、指导力、实施力的宝山小学干部；培养有课程构建、实施能力的，具有“博学善思，慎言善行，乐教笃业，谦恭笃诚”素养的教师；培养好学、感恩、有担当的宝山学子，实现学校课程系统的整体育人功能。

学校二（城区九年一贯制学校）课程建设目标

响应国家基础教育课程改革的要求，依据北京市课程文件规定，在学校文化统领下将国家课程、地方课程、校本课程进行三级重构，形成以“核心—拓展—

特色”为新结构、内在协调、有序衔接的学校课程系统。将学校课程归纳整理为人文积淀、科学探究、艺体修养、生活体验、社会适应五大板块，强化核心课程在课程结构中的核心地位，遵循课程和教育自身运行规律，尊重学生个性差异，基于学科但又超越学科，强调淡化学科边界，通过课程整合，关注学生生活世界和学习世界的联通，积极推进与拓展特色课程的品牌化建设。着眼于学生理想信念和核心素养的培养，立足于学生生命质量和价值的提升，打造贴近学生生活、满足孩子现实理想、未来发展的课程，让生活素材变成课程内容，把生活场景当成学习课堂，突破学校空间局限，关注社会实际，变革学习方式，让学生在体验、合作、探究中丰富知识，增长技能，使生活成为教育的源头活水，让教育回归生活的广阔天地。

以上两个学校的课程建设目标都涵盖了需要回应的五个重要命题，均力图将学校课程设计成为完整的、良性运转的系统。

2.课程培养目标

广义的课程培养目标既包括学生培养目标，也包括教师发展目标，狭义的课程培养目标只包括学生培养目标。就现状而言，学校在进行课程系统设计时大多采用狭义的课程培养目标。

（1）课程培养目标的内容。课程是学校育人的核心载体，不是全部载体，因此课程培养目标并不等同于学校培养目标。课程培养目标是学校培养目标的主要部分，同时也是学校培养目标的细化。

因为要承担学校培养目标的细化任务，课程培养目标的撰写一般使用子目标列举法。常见的有四种方式：一是按照课程类型来撰写。比如有的学校课程分为三种类型，基础型、拓展型、研究型，那么相应地撰写基础型课程目标、拓展型课程目标、研究型课程目标。二是按照课程领域来撰写。比如前述的学校二，将课程划分为人文积淀、科学探究、艺体修养、生活体验、社会适应五大领域，相应地撰写人文积淀课程目标、科学探究课程目标、艺体修养课程目标、生活体验课程目标、社会适应课程目标。三是按照年级来撰写。比如高一年级课程培养目标、高二年级课程培养目标。四是按照学段来撰写。比如低学段课程培养目标、高学段课程培养目标，常见于小学或者九年、十二年一贯制学校。

（2）课程培养目标的研制步骤。研制步骤包括：一是解读和细化学校培养目标。常见的学校培养目标一般都表达宽泛，从培养目标向课程目标过渡需要进行目标的细化工作。二是依据学校的课程建设经验和设计规划，明确课程培养目标的撰写划分标准，即要明确采用哪种目标撰写方式。三是根据所确定的划分标准，系统阐述试验性的目标，即全面系统地确定研制团队能达成共识的领域，并围绕这些领域来确定学生需要达到的课程目标。四是确定优先的课程目标，即根据对学生教育的重要性程度将课程目标加以排列，确定目标的主次。五是判断学生达到每一种课程目标的可能性，即对学生目前达到这些目标的可能性程度评出等级。六是根据目标优先程度的顺序编制课程目标，即对学习者通过学习以期达到的行为状态做出表述。[1]

课程培养目标虽然是学校培养目标的细化，但总的来说还是偏笼统，其下还有各学科的课程分目标、单元目标、课例目标等。

（3）课程培养目标案例。

案例一（按照课程领域来撰写）

人文与社会领域培养目标：指向培养学生的人文素养，用人文精神为学生打下做人的基础和底色，注重学科课程的工具性与人文性的协调统一，通过学科课程的学习，以及阅读工程和多种实践活动为载体，培育学生的社会主义核心价值观，促进学校“四个学会”培养目标的达成。

科学与技术领域培养目标：指向培养学生的科学素养，注重学生的科学精神、独立的思考能力、质疑能力和批判性思维、创新性思维、动手实践等能力的培养，在学习知识、掌握方法以及实践探究活动中，形成认真、踏实、尊重他人、严谨、求是的科学态度，以及勇于进取、克服困难的意志品质，形成良好的合作精神与科学道德。

审美与艺术领域培养目标：指向培养学生的艺术素养和审美能力，注重用艺术的内容与方法引导学生的审美价值取向，学会用艺术的方法和手段来表达自己内心的情感，通过丰富的校园文艺活动，为学生搭建展示交流的平台，通过观赏、临摹、鉴别、实践、创新等活动过程，培养学生的观察力、鉴赏力、想象力、实践力、创新力，提升学生的艺术品质与情操，促进学生的健全人格形成。

身心与健康领域培养目标：指向培养学生积极健康的生活态度和不怕困难、勇于拼搏的体育精神。在各种课程的学习和活动中，引导学生能够客观地了解自我、正确地把握自我、积极地强壮自我，勇敢地超越自我，形成比较稳定的心理品质和健康人格，从而实现不断地发展自我。

综合实践领域培养目标：培养学生学以致用的意识，服务社会的能力，通过各种综合实践活动，使学生了解科学对于自然、社会、人类的意义与价值；学会关心国家和社会进步，关注人类和社会的可持续发展；形成积极的人生态度，培

---

[1] 刘俊平，孙泽文．课程目标设计：依据、原则及其基本流程 [J]. 教育与职业，2012（15）：101.

养对社会的责任心和使命感，并使学生遵守社会行为规范，发展社会沟通能力，养成服务社会的正确意识和对社会负责的积极态度。

案例二（按照年级来撰写）

高一年级课程培养目标：学生初步适应寄宿制学校学习生活节奏，初步养成良好的学习、生活和锻炼习惯；顺利完成初高中知识的衔接与过渡，逐步适应高中阶段各学科学习；全面打好各学科学习基础，尤其是打好语文、数学、英语三个学科的学习基础；注意培养和发展学生的文化类学科、艺术类学科、体育类学科以及其他方面的兴趣爱好；注重培养学生的阅读习惯与能力；初步形成自主学习能力、合作学习能力和审美能力；具有初步的学业、专业、职业和事业倾向；培养爱家爱校的情感和为家庭、班级、学校努力学习和无私奉献的意识。

高二年级课程培养目标：主动适应寄宿制学校学习生活节奏，形成稳定的学习、生活和锻炼习惯；进一步夯实学生语文、数学、英语三个学科的基础知识和基本技能，进一步夯实学生选学科目（6选3）的基础知识和基本技能，具有基本的学科素养；着力培养学生体育、美术、表演等方面专长；提高学生的阅读理解力；具有一定的分析解决问题的能力、自我教育的能力以及创新精神；基本确定未来专业与职业发展方向；具有一定的爱国爱党情怀和为中国特色社会主义伟大事业努力奋斗的信念。

高三年级课程培养目标：拓宽学生的知识面，引领学生对所学知识进行总结和归纳并深化理解，着力培养学生综合运用所学知识分析问题和解决问题的能力；加强理想教育，增强学习动力，强化爱国爱党情怀，进一步坚定学生为中国特色社会主义伟大事业奋斗终身的理想信念。

二、学校课程内容选择

课程选择所关心的主要问题，包括在学校的学习生活情境下，课程设计人员要提供学生哪些学习经验，使学生能达成所预订的课程目标？究竟学生应该学什么范围的学习经验特质？等等。[1]

1. 课程内容内涵

课程内容具体包括什么取决于所认同的课程定义，如果将课程定义为计划，那么

[1] 黄光雄，蔡清田．核心素养：课程发展与设计新论[M]．上海：华东师范大学出版社，2017：151.

课程内容就是按照计划所列出的学科知识和基本能力。如果将课程定义为活动，那么课程内容就是活动的诸要素。从相关研究综述来看，普遍认可的是将课程内容一分为二，既包括学科知识，也包括个体经验。比如有的学者认为课程内容是指各门学科中特定的事实、观点、原理和问题及其处理方式，课程内容是学习的对象，它源于社会文化，同时伴随社会文化的不断进步而不断发展演变。课程内容是指各门学科中特定的事实、观点、原理和问题，以及处理它们的方式。[1]也有的学者认为，课程内容包括两部分：第一个部分来自社会文化的学科知识，其涵盖不同范围的学科、主题、概念、事实；第二个部分是指学习经验或学习如何进行学习内容的心理操作过程。特别是学习经验，可引导学生与学习环境产生交互作用，以达成教育目标。[2]

由此来看，课程内容的两种基本取向兼顾了课程的社会性与个体性。将学科知识视为课程内容，那么课程标准、教材所带有的规定性和法定性就能够保证进入学校课程体系。将学生活动经验也纳入课程内容，意味着课程在适应不同学校和不同学生，将个体的经验也赋予了课程规定性。

2. 课程选择的标准

课程选择的标准可以从常见的三个课程层级来分述：

（1）国家课程层面。国家课程具有权威性，是强制执行的，其中包括课程标准、教材、教师用书等。有三点需要注意：第一，国家课程并非封闭的，部分学科课程标准已经向各地域提供了开放口，比如地理课程标准中就有区域地理板块，各地可以利用此板块引入区域特色地理内容。第二，国家课程标准是底线，是基准线，是学生必须迈过的门槛，在完成国家课程内容后可以附加部分学校特色内容作为国家课程的拓展和延伸。第三，综合实践活动课程本质上是国家课程，但国家只是在课时、大致领域等方面作规定，具体内容和实施等由学校来选择和组织。

（2）地方课程层面。地方课程一般分为必修类和选修类两种。必修类主要包括各种专题教育，比如安全与应急、环境与可持续发展、禁毒教育等；选修类包括地方开发的一些地域文化类课程、技术类课程。相比于国家课程，地方课程的强制性要弱很多，学校可以结合实际情况将地方课程内容灵活处理，除了少数需要独立授课外，其余内容可以进行跨课程融合。

（3）校本课程层面。在这一层面学校有充分的内容选择权。泰勒在《知识间的关系》（*The interrelationship of knowledge*）一文中曾提出课程内容的有效性在于协助学生理解知识之间的关系，为此在内容选择时要关注：知识应该与学生的好奇心以及想

[1] 金伟. 课程内容选择的准则 [J]. 教育现代化，2016（21）：113.

[2] 黄光雄，蔡清田. 核心素养：课程发展与设计新论 [M]. 上海：华东师范大学出版社，2017：151.

要探究的问题产生联系；应该支持学生自我发现学习，获得知识；应该与学生当前经验建立联系；应该促进学生将校内所学的知识迁移运用到校外的各种场景。泰勒强调的是如何保证课程内容的有效性以及对学生未来生活的作用性，除此之外，还有可学习性。可学习性是指学习经验应该以学生的现有经验为起点，以学生的生活经验为基础，所选择的内容应该匹配学生的能力。符合学生的兴趣和需求也是一条重要标准。没有兴趣难以产生真正的学习和有效的教育。课程内容选择还需注意广度与深度的平衡，以及与当今社会文化的实况相互配合，符合社会现实并与社会生活密切相关。[1]

3. 课程内容选择的案例

城区某中学将学校课程纵向划分了三个层级：（1）基础性课程，面向全体学生的全面发展。内容既包括语文、数学、外语等国家必修课程，也包括生涯课程、衔接课程等校本基础必修课程。（2）拓展性课程，面向全体的个性发展。内容包括国家选修课程、校本选修课程、博物馆课程等。（3）发展性课程，面向具有发展潜质和自我发展需求的部分学生。内容包括研究性学习、国际领导力课程、自主研究课程等。

在进行课程内容选择时，按照横向的五个领域进行了内容甄选与组合。

人文与社会领域：基础性课程包括语文、英语、历史、政治、地理、人生规划等课程；拓展性课程包括中学生日常行为礼仪、有趣的汉字、《世说新语》赏读、英文名著选读、影像中的历史、JA 经济学[2]、青少年国际领导力拓展课程等内容；发展性课程包括大视野讲堂、模拟联合国、地缘知识、茶艺文化与修养。

科学与技术领域：基础课程包括数学、物理、化学、生物、劳动技术、信息技术、通用技术；拓展性课程既包括沿学科方向拓展的课程，如小初数学衔接类课程、数学与生活、化学小老师、食品健康与安全、服装基础与老旧服装创新、汽车设计与发动机拆装等内容，也包括跨学科的科学实验课程、历史中的物理；发展性课程包括双语物理、可降解塑料探索、粒子物理学基础、单片机技术基础、中学宇宙线基础等。

审美与艺术领域：基础课程包括音乐、美术；拓展性课程包括英语歌声带你走进美妙新世界、话剧概论与表演欣赏、英语课本剧表演、身边的动画等；发展性课程包括合唱团、动画社团、摄影团等。

身心与健康领域：基础性课程包括心理、生涯规划、体育课程等；拓展性课

[1] 黄光雄，蔡清田．核心素养：课程发展与设计新论 [M]. 上海：华东师范大学出版社，2017：152–157.
[2] JA 即 Junior Achievement，即国际青年成就组织。JA 经济学是国际青年成就组织面向高中生开发的一门课程，主要讲解经济学基本原理和知识。

程包括心理学与生活、谣言粉碎机、应急救护、排球基本技术及简单战术、花键、足球等；发展性课程包括围棋社团、桥牌社团、定向越野课程社团等。

综合实践领域：基础性课程包括班会、劳动家政课、名人大讲堂、中华传统节日、社会大课堂等；拓展性课程包括旅游资源欣赏、中原文化探访、学院制课程、职业体验课程等；发展性课程包括区域房价的调查（应用数学）、太阳能追光系统的研究、国际游学课程等。

可以看出，学校在课程内容选择中实现了国家、地方、校本三级课程的融通与衔接，很好地把握了国家课程的法定性与强制性，贯彻了地方课程的必修与选修相结合的要求，充分利用校本课程空间，选择了心理健康类关注学生身心发展的内容，也选择了塑料降解、粒子物理、模拟联合国等高端技术或领导力等内容，让学生了解技术发展前沿，关心世界发展格局，同时还选择了茶文化等富有传统文化气息的内容，以及像区域房价这样学生身边的内容，为学生全面而有个性的发展提供了充足的内容保障。

第三节　课程结构与课程设置

一、学校课程结构的确立

课程结构与设置是课程体系建设中至关重要的，是课程体系的基本骨架，决定着学校课程图谱的样式。确立课程结构是体现学校课程自主权的重要步骤，需要学校综合考虑、全面统筹。

1.学校课程结构的内涵

课程结构的内涵关涉的是“课程结构是什么？”以及“课程结构为什么？”的问题。

课程结构是什么？——从过程上看，课程结构是学校在坚持国家课程政策的前提下，对不同类型课程之间进行搭配和安排。从内容上看，课程结构包括两个方面：一是要素，即学校根据课程政策的要求，为了实现本校育人目标，需要设置哪些课程，这些课程构成了结构的要素；二是要素之间的关系，即学校有序组织这些课程要素，使彼此之间形成内在的逻辑关系，进而作为一个完成的课程系统发挥整体优化效应[1]。

[1] 杨清.论学校课程结构设计[J].河北师范大学学报（教育科学版），2019（6）：110.

课程结构的内核是课程的各种类型、各个组成成分或要素按照预定的一定准则形成的相对稳定的相互联系[1]。在确立这种相互联系时，既要关注学生的实际，又要研究学校的培养目标，所以有的学者认为，课程结构其实是对学生素质结构的设计和预期，建设高品质课程结构要立足解决当前学校课程存在的主要问题，以学生素养提高为主线，突出学生知识结构和能力结构的优化，服务于学校的培养目标[2]。

学校课程结构为什么？——课程结构是学校课程改革和发展过程中不断充实、调整和完善的产物，它要解决的根本问题就是如何组织课程类别以促进学生的发展、满足学生多方面素养发展的需求。因此说学生的素养结构发展目标直接决定了学校应该开什么课程，从哪些方面规划课程结构。

一言蔽之，课程结构外显为在课程政策的规范下对不同类型课程进行系统组织和安排的过程，体现为课程的不同组合方式，通常以图、表的形式呈现，实质上是在学校课程哲学统领下，彰显培养目标价值取向，基于学校独特情境，体现学校课程领导的课程创生结果。

2. 学校课程结构的分类

分类标准决定了学校课程结构的外显形态，一般而言可以按照以下八个标准去分类：一是以课程管理权限为划分标准，可以分为国家课程、地方课程和校本课程。二是以课程形态为划分标准，可以分为学科课程、活动课程、社会实践课程、社团课程、环境课程等。三是以课程知识的逻辑体系为划分标准，可以分为分科课程和综合课程。四是以课程需求为划分标准，可以分为基础型课程、拓展型课程、研究型课程。五是以课程内容性质为划分标准，可以分为文科课程、科学课程、技术课程等。英国哲学家怀特海在其专著《教育的目的》一书中提出“在一个教育系统中须有三种主要的方式，即文科课程、科学课程和技术课程”[3]。六是以课程修习要求为划分标准，可以分为必修课程、必选课程、自选课程。七是以课程功能为划分标准，可以分为工具性课程、知识性课程、技能性课程、实践性课程。八是以课程存在形式为划分标准，可以分为显性课程和隐性课程。

3. 学校课程结构的转型设计

学校课程结构伴随着课程权力的重新分配而发生显著改变，要想在改变中体现学校课程哲学、匹配学校培养目标，将各类课程要素统整成一个高效而有序的课程系统，

[1] 黄甫全．现代课程与教学论[M]．北京：人民教育出版社，2014：192.
[2] 吕红日，范立．高品质学校课程建设模型及结构设计[J]．江苏教育研究，2017（7A/8A）：87.
[3] [英]怀特海．教育的目的[M]．徐汝舟，译．北京：生活・读书・新知三联书店出版社，2002：85.

需要实现如下几个转型。

（1）从封闭转向开放。长期以来学校课程承载的是选定的既有学科知识体系，并基于现有的师资去实施课程，然后以考试为课程实施效果的检测方式，将“课程—教学—考试”框在一个封闭系统中。新课程改革后，突破了学校作为封闭的课程供体定位，优质社会教育资源经过课程化进入学校，成为新的课程内容。同时，优质校本课程、优质教育资源开始跨校共享。逐渐地，学校课程结构从封闭走向开放。当前，越来越多的学校已经开始思考“一旦建成相对稳定的学校课程结构，与变化的社会发展需求之间的矛盾如何处理？”并进行了诸多有效探索，改变课程结构中的“知识本位”“分科至上”，让学校课程更具有融通性和开放度。从根本上讲，每一所学校的课程结构都是不同的，在日益开放中吸纳了更多的优质资源，体现了学校的办学追求与教育实际。

（2）从单一转向多元。当国家课程“一统天下”时，学校的课程结构具有两个明显特征：一是单一的课程类型。学科课程占据绝对主导地位，课程要素单一，与培养全面而有个性学生的目标严重不符。二是没有课程选择性，无视学生差异，不顾学生基础，不利于学生的个性化和差异性发展。三是单一的课程实施，缺乏学科间的融合，也缺乏学科与学生生活、社会资源之间的联通。要改变上述状况，需要学校充分利用好手中的课程自主权，通过校本课程、综合实践活动课程、学科课程融合等实现课程结构的丰富性，保障学生的课程选择权，以课程的多样性适应学生的差异性和学业的个性化需要。很多地域、学校开创性地思考和破解“学生的多样化课程需求与校内有限课程资源之间的矛盾”，通过学校课程资源建设以及区域资源中心调配等方式，取得了很好的实效。

（3）从随意到规范。课改初期，很多学校并没有充分意识到手中课程自主权的重要性，或者不会利用课程自主权，所以在实践中很多学校表现出较大的随意性，如：未对国家政策、区域要求进行认真解读，未对学校的办学宗旨、办学理念、培养目标以及办学方略进行详细分解，未对学校既有课程门类、内容、实施情况进行综合梳理，未广泛调研和严密论证就随意增减课程门类等。科学合理的学校课程结构起于规范、严谨的设计过程，为此，学校应该建立规范的课程结构设计程序。在全面调研、切实了解各层级课程建设状况、问题、原因的基础上，利用适合的工具、程序进行技术分析，研究各课程要素之间的关系和组织方式，初步确定课程结构，通过进一步的实施，针对存在的问题再进行调整和优化。

（4）从成人转向儿童。在很长时间内学校课程结构呈现出“成人导向”特征，主要表现在：一是以成人的价值观为课程结构导向，基于成人的判断去选择内容和进行要素组织。二是从便于成人管理的角度去建构课程。为了让儿童服从安排，设立制度分明、权责分明、层级分明的课程结构。但成人无法完全预知儿童未来的生活，不可能为儿童未来的生活做好一切准备，当前的课程需要激发学生的兴趣和参与，关联学生生活，渗透学科发展前沿，发展学生高阶思维，这就需要从成人导向转向儿童导向。应该以儿童未来形象规格作为学校培养目标，以培养目标为主要逻辑进行课程结构设计。在横向上，可以考虑将学校课程按照一定的领域标准进行合理分类；在纵向上，可以考虑提供学习需求逐渐提升的分层课程，满足学生的个性化提升需求。从儿童的视角出发，将儿童生活、社会发展变化课程化并纳为课程结构的一部分，优化课程结构。从儿童发展需求出发，从简单到繁杂，从具体到抽象，构建内在连贯、学段衔接的纵向课程结构，让儿童真正成为学校课程的中心。

（5）从静态转向动态。从某种程度上讲，课程结构就是学生素质结构的课程映射。课程结构一旦确立会具有一定的静稳性，学生发展核心素养却不是一成不变的，会随着经济的发展、社会的进步而相应调整，所以，课程结构也要体现动态变化性，要适应课程的与时俱进，在设计时要注意“留白”，为新课程政策的落地提供缓冲区，为社会新发展、学科新进展等提供随时接入的端口。需要明确的是，课程结构的动态性不代表可以随时重构，课程结构是参考综合因素并在学校课程哲学指导下逐步形成的，颠覆性重构会对学校的方方面面产生影响。除却重大教育、课程改革政策出台等新情况，必须进行重构之外，课程结构应始终处于不断微调、优化的过程中，既保持内在的一致性和相对稳定性，又保留对外的敏感度和反应力。

（6）从粗糙转向精致。由于长期受国家课程绝对主导的影响，很多区域和学校对三级课程的认识还比较模糊，在课程结构设计中所秉持的主要是“分而落实观”，即将国家、地方、校本课程分开来建设，根据权力主体划分课程门类，分开来实施，就认为实现了课改的目标。这种设计观导致的结果就是国家课程、地方课程、校本课程一起构成了“课程拼盘”。这样粗糙的课程结构无法与学校培养目标对标，也很难应对学生逐渐分层、多元的发展需求，必须转向将学校课程结构纳入整个学校的发展图景，处理好三级课程之间的关系，力求以学校为主体，将三级课程统整成一个有序、高效的课程体系。这种课程结构应体现出均衡性，学校的课程类型、具体科目和课程内容保持一种恰当、合理的比重，能够体现学校课程的特色，彰显学校课程文化和办学追求。

（7）从纯供转向共建。有些学校的课程结构体现的是“认领”和“搬运”功能，即对上级课程照单全收，再开发几门校本课程，然后向下供应。这种“纯供”功能实际上剥夺了教师和学生的课程权。良好的学校课程结构应该秉持共建思想，在课程结构设计之初就将师生作为利益共同体成员纳入，通过多方视角共同探讨为了达成培养目标，需要设置哪些课程，需要怎样的学习。接下来分析哪些目标是可以通过国家课程、地方课程来完成的，哪些目标需要校本课程来完成的，允许课程开发的教师共建，也允许学生自创课程。共建并不限于校内，还要考虑校外人员对课程结构的可能贡献。

以上的七个转向是一种应然性分析，不同学校可以结合实际情况进行调整。整体来看，学校课程结构设计在当前对大部分学校而言都十分重要，课改后经过各级教育管理部门的管理、检查、督导等，学校目前课程门类齐全，但是对于究竟为什么要开设这些课程，很多学校缺乏清晰的认识，课程之间的关系也比较混乱，缺乏逻辑和功能整合。也可以说当前课程结构要素的完整性问题已经解决，而接下来需要解决的问题就是学校课程内部诸要素之间如何组合以最大限度地发挥其功能[1]，这也是课程结构设计转型的普遍性要求所在。

4. 学校课程结构设计的案例分析

课程结构就像是学校的 DNA，因为带有学校的特殊基因而各不相同。学校课程结构设计的关键不在于拥有的课程数量有多么庞大，门类有多丰富，而在于课程结构体系建构的适切性、合理性与完整性。课程结构设计的难点不在于对每一门课程、每一个模块的精准定位，而在于厘清课程结构体系内部各要素之间的逻辑关系。学校课程因为要适应学生的需求而常常门类众多，特别是有些关注学科前沿的课程定位起来较为困难，对这类课程可以采取折中和模糊的处理方法，保留开放度和课程弹性。

（1）北京大学附属小学的课程结构设计。

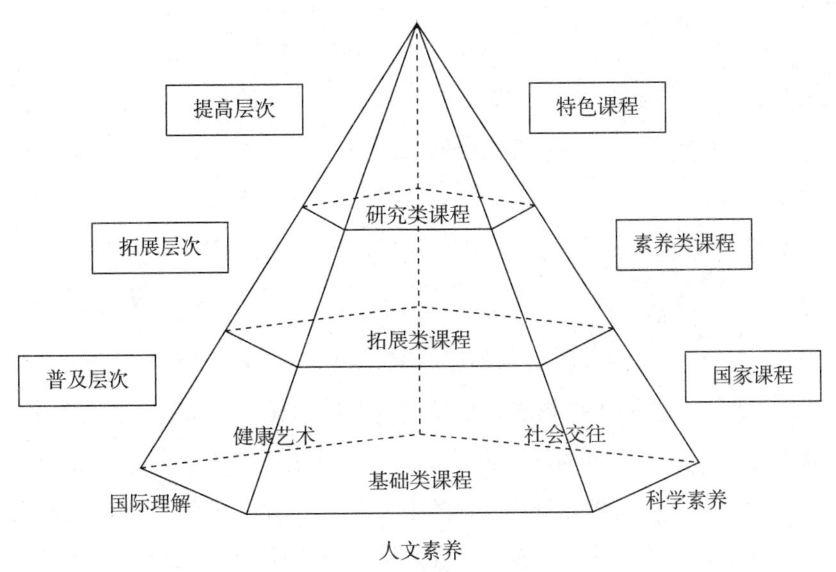

图 6-2　北大附小生命发展课程结构图

[1] 赵文平 . 校长的学校课程结构领导力探析 [J]. 中国教育学刊 2013（5）：48.

依据学校的办学宗旨、办学理念、培养目标和文化特色，北大附小精心设计了“三层五类”的课程模型结构。三个层次分别是：基础类课程、拓展类课程、研究类课程。五个类别分别是：人文素养、科学素养、健康艺术、社会交往、国际理解[1]。

学校课程模型结构依据：根据北大附小自身的办学实践以及未来发展目标确定。“三层”分别是面向全体、面向分层、面向个体，这是学校对课程性质的归类和划分。经过多年的积累，北大附小的课程门类日益丰富，教师的课程创生能力不断增强。在这样的背景下，将课程进行全体、分类/分层、个体的划分，能明确每一门课程的设计定位，更好地实现学校课程结构的优化。

学校课程领域设定依据：学校认为基础教育课程既要满足义务教育阶段课程设置的普遍性要求，也要适应学校自身独特的办学实际和发展定位。如果说人文素养、科学素养、健康艺术体现了前者，那么将社会交往、国际理解两大领域单独提出，并作为学校未来的努力方向，则显示了北大附小对未来教育发展的战略眼光。“社会交往”是针对21世纪终身学习技能中的“协作”“交流”提出的，也是针对当前孩子们亟须培养的社会适应能力提出的；而“国际理解”则是根据北大附小孩子们的诉求以及学校国际交流实践经验提出的。早在2002年，北大附小就为孩子们开设了丰富的游学课程。目前，学校已有2000多名师生远赴国外进行学习交流，学生的足迹遍布40多个国家和地区，教师出国进修、学习的人数达95%以上。

“三层五类”的课程模型作为学校课程的基本架构，在坚持主体意识和特色意识的基础上，整合了学校现有的国家课程、兴趣课程、校本课程，其目标指向“北大少年”的核心素质：具有宽厚基础、健康身心的人；具有人文素养积淀和情怀、社会实践兴趣与能力的人；具有科学知识与精神、创新意识与能力的人；具有正确价值观和社会责任感、善于沟通和合作的人；具有民族文化底蕴和国际视野的人。

可以看出，北大附小的课程结构框架是对学校多年办学经验的系统凝练，“普及—拓展—提高”展现了学校对不同需求层次学生的关注和呼应，以五大领域将国家、地方、校本三类课程进行了扁平化再构，课程结构简约、清晰、直观，其设计属于比较经典的“横纵设计法”。[2] 如果说这种设计方法还有什么缺点的话，那就是学段或年级之间的课程过渡与衔接还缺乏思考和呈现，横向上各领域之间的融合与打通难以体现。

---

[1] 尹超.从课程整合看学校课程体系的构建——北京大学附属小学探索建立“生命发展课程体系”[J].中小学管理，2013（12）：12-14.

[2] 注：横纵设计法是学校进行课程结构设计时常用的一种方式，一般横向以课程领域或者门类展开，纵向上考虑课程的水平和深度，也有的学校在纵向上以学生的不同需求水平来划分。

（2）学校课程结构设计的常见纬度。如上所述，在学校课程系统中，课程结构属于骨架性存在，以现实为起点，考虑未来，以适合的逻辑关系为主线，将学校各课程门类进行系统组合和结构化，形成合理有序、运转高效的框架。

设计课程结构需要确定架构纬度，即以什么为主线进行关系梳理和组织。常见的划分纬度有三类，分别是领域、水平、学段（见图 6–3）。

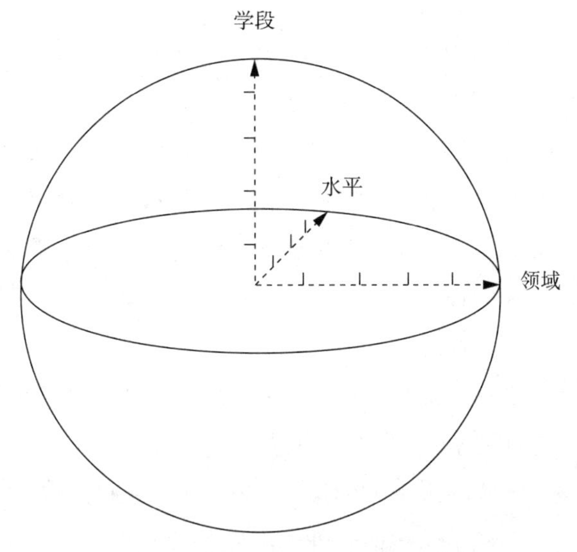

图 6–3　学校课程结构常见划分纬度

纬度一是领域。课程领域是相似或价值相近课程门类的组合，如北大附小所确定的五大课程领域。课程领域是科目组成的，科目之下是各课程模块，所以在纬度一常常按照“领域—科目—模块”来确定领域内的各课程要素。课程领域的分类一般有两种：一种是按照培养目标中的学生素养来划分，比如分为道德素养、人文素养、科技素养等；另一种是按照课程性质来划分，比如分为道德与修养、语言与人文、数学与科技、体育与健康、艺术与审美。以数学与科技为例，数学是其下的科目，数学又包括函数、几何与代数、概率与统计、数学建模与数学探究等模块。

领域常常作为学校课程结构的横向划分纬度，代表着学校课程的广度，不管是按照学生素养还是课程性质去划分，课程领域都代表着学校对课程供给丰富性的考虑和追求。

纬度二是水平。课程是学生发展的载体，因为学生的需求是分层的，所以课程也应该具备选择性，能够实现不同水平的供给。纬度二是对学校课程的深度划分，常分为三个层次：一是基础型课程，面向全体学生，体现国家对所有学生素质发展的基本要求，是一种共性和底线要求，属于必修类；二是拓展类课程，在完成基础型课程要求之上，面向不同层次的学生拓展课程供给水平，满足学生的进一步发展需要，属于选修类；三是研究类课程，面向少数有天赋或兴趣突出的学生个体，以社团课程、项目学习课程等形式，激励学生进行主动学习、深度探索。

纬度三是学段。领域和水平实质上都是参考课程门类本身性质或者价值进行划分的，除此之外，还需要考虑学段（一贯制学校）或年级（非一贯制学校）。纬度三是对课程服务学段的纵向划分，主要研究如何理清课程纵向顺序，即不同年级的课程之间是如何关联的。国家学科课程是按照年级进行教科书编写的，年级之间的衔接性很强，所以这部分课程只需要学校进行微调，设计的重点在地方课程与校本课程，各年级如何能够以上一个年级的课程为基础，不同年级之间的课程衔接如何设计，这些都需要学校认真梳理和研究。

独立课程的学段或年级衔接是相对容易的，比如有的学校开设“食育课程”，其顺序为“1年级：食物认知→2年级：膳食平衡→3年级：饮食习惯→4年级：安全卫士→5年级：食育礼仪与文化→6年级：食育健康”，基于年级跨越、按照学生的认知发展规律进行了较好的纵向设计，让学生通过六年的学习形成健康的饮食习惯。融合课程的学段或年级衔接相较而言要困难一些，因为涉及不同科目、不同融合形式，而且授课方式也往往是“集中+分散”形式，所以需要学校进行专题性研究，做好融合课程的衔接，体现学校的课程设计力和加工力。

综上可见，按照“领域—水平—学段”三个纬度去划分，初步形成了“横—深—纵”的立体课程结构，实现了学校诸多课程要素的关系衔接和组织梳理，并为接下来的课程设置提供了参考。

二、学校课程设置

课程设置主要回答在学校课程结构中“设置什么课程”以及“如何设置课程”这两个问题，其主要的外显形式是学校的总课表。

1.总体设置要求

总体设置要求一般也称为课程设置原则，与学校的课程哲学、课程结构、师资水平、生源状况密切相关，也与学段有直接联系。一般而言主要遵循三个要求。

（1）均衡性。学校应该根据德智体美劳全面发展的要求，均衡设置课程，保持各门课程比例适当，根据不同年龄段儿童成长的需要和认知规律，根据时代发展和社会发展对人才的要求，课程门类由低年级到高年级逐渐增加。

（2）选择性。在保证国家课程门类齐全和地方课程应纳尽纳的前提下，利用国家课程、地方课程所提供各门课程课时的弹性比例和学校自主开发或选用课程的空间，增强课程对学校、学生的适应性。结合学生的实际需要，积极进行社会资源的课程化引入，扩大课程的选择面。

（3）综合性。课程设置的综合性是国家要求，小学开设科学课，基础教育阶段开设艺术课、综合实践活动课程，并形成包括信息技术教育、研究性学习、社区服务与社会实践以及劳动与技术教育等在内的综合体系。学校应该注重学生经验，重视学科知识、社会生活和学生经验的整合，在课程设置中应该给予多种课程整合的课时，以改变课程过于强调学科本位的现象。

2. 学校课时总量

国家课程方案对课时总量有明确要求，既保证学生在校学习时间，又避免增加学生过重课业负担。比如普通高中课时规定为：普通高中学制为三年。每学年 52 周，其中教学时间 40 周，社会实践 1 周，假期（包括寒暑假、节假日和农忙假）11 周。每周 35 课时，每课时按 45 分钟计。18 课时为 1 学分[1]。

地方课程会在国家规定总课时内结合实际进行适当微调，比如北京市义务教育阶段将“课时”调整为“学时”，按照适合学生进行相对完整学习的时间要求进行重新设定：每学年 52 周，其中教学时间 39 周、假期（寒暑假、国家法定节假日等）13 周。39 周的教学时间包括上课 35 周（9 年级第二学期减少 2 周）、复习考试 2 周（9 年级第二学期增加 2 周）、学校机动 2 周（用于安排学校传统活动、文化节、运动会、游学等）。每周按 5 天安排教学，周学时总量见课程设置表，每学时平均为 45 分钟。进一步下放课程自主权到学校，鼓励学校根据学科、课型等积极开展长短课、大小课相结合的课程实验，周总学时时长不得超过相应年级规定的学时总量。[2]。

学校可以在国家和区域课程计划规定的总时间内进行调整，但需要注意的是，国家课程的课时需要切实保障好，可以尝试通过课程整合等多种途径进行探索，在总时间内实现课程的丰富性和可选性。

3. 学校课程设置门类

学校课程设置门类来源有三类，一是国家明确提出的开设科目，比如普通高中开设语文、数学、外语、思想政治、历史、地理、物理、化学、生物学、技术（含信息技术和通用技术）、艺术（或音乐、美术）、体育与健康科目和综合实践活动等国家课程。二是地方课程，比如安全应急与自护、环境与可持续发展等。三是校本课程。国家学科课程一般以独立课型实施，地方课程往往是专题性设计，可以独立设课，也可

[1] 中华人民共和国教育部．教育部关于印发《普通高中课程方案和语文等学科课程标准（2017 年版）》的通知（教材〔2017〕7 号）[EB/OL].http：//www.moe.gov.cn/srcsite/A26/s8001/201801/t20180115_324647.html，2018-01-05/2020-01-08.

[2] 北京市教育委员会．北京市教育委员会关于印发《北京市实施教育部 <义务教育课程设置实验方案> 的课程计划（修订）》的通知 [EB/OL]. http：//jw.beijing.gov.cn/xxgk/zxxxgk/201601/t20160128_1443532.html，2015-07-09/2019-08-09.

以与国家、校本课程进行整合。校本课程往往是学校办学特色的体现，其设置在精不在多，在课程系统设计时要适时根据KISS分析等结果对校本课程进行调整，以保证课程设置门类的合法性与合理性，严禁以校本课程代替国家课程。

4. 课程设置方式

学校课程设置方式与学校课程结构、课程设置要求、课程门类的丰富性以及选择性有密切关系，回答的是“如何设置才能更有效地实现培养目标”这一问题。课程设置方式可以分为两类。

（1）学校层面的整体设置方式。比如有的学校以国家课程方案和课程标准为根本依据，以彰显学校特色和促进学校发展为根本方向，以学校培养目标的实现为根本点，采取了“订餐制”“配餐制”和“自助餐制”相互协调互补的课程设置方式[1]。“订餐制”是针对必修模块而言，要求学生按国家课程方案和课程标准的要求，修齐所有必修模块，修满必修学分，打好共同基础。“配餐制”是针对选择性必修模块而言，即学校根据各科目课程标准提出修习建议和学分要求。“自助餐制”则是针对选修模块而言，学生可根据自己的兴趣爱好和发展需要自由选择，以实现有个性的发展。

（2）学科内部的设置方式。比如有的学校发现学生阅读积累差异较大、阅读感悟各有侧重、写作趋向出现分化、学习方式区别明显、能力范围指向清楚，为了适应学生语文学习的特点和需求的现有差异，将语文课程以“研修班、导修班、自修小组”的形式进行分层设置。自修班以学生自修、教师评价答疑为主；研修班以学生自主探究、教师点拨为主；导修班则以学生合作探究、教师导引为主，除此之外，不同层级的学习内容、学习要求和学科活动也有所不同[2]。

总体而言，在设置方式选择上要体现切实为每个学生的发展服务的意识，在必修课程基础上，灵活设置选修课程，满足课程内在逻辑与学生认知发展规律的匹配性，同时要结合教师的特点，发挥教师的主动性和创造性，发挥集体教研的力量，探索将课程设置方式与学校特色发展有机结合起来。

5. 学校课时分配比例

确定学校课时分配比例既包括课程类型、课程领域的课时比例，也包括课程门类间的课时比例。比如国家明确普通高中必修课程88学分，选择性必修课程42学分，选修课程14学分（含校本课程8学分）。（见表6–1）

[1] 吉万松 . 学校课程设置和学生选课指导的实践与探索 [J]. 新教育，2011（8）：17–18.
[2] 房树洪 . 对分层课程设置与实施的探究 [J]. 中国教师，2016（12）：61–62.

表 6-1　普通高中开设科目与学分表[1]

科目	必修学分	选择性必修学分	选修学分
语文	8	0–6	0–6
数学	8	0–6	0–6
外语	6	0–8	0–6
思想政治	6	0–6	0–4
历史	4	0–6	0–4
地理	4	0–6	0–4
物理	6	0–6	0–4
化学	4	0–6	0–4
生物学	4	0–6	0–4
技术（含信息技术和通用技术）	6	0–18	0–4
艺术（或音乐、美术）	6	0–18	0–4
体育与健康	12	0–18	0–4
综合实践活动	14		
校本课程			≥ 8
合计	88	≥ 42	≥ 14

由上表可见，区域和学校有较多的课时自主权。一般而言，区域在严格执行国家课程计划的同时会给学校留有空间，在规定好周课时数上限的情况下，允许学校进行调整。比如北京市实施教育部《义务教育课程设置实验方案》的课程计划（修订）中提出小学 1–2 年级语文学科每周分配 6–8 课时，这就给学校在语文学科上留有三种分配比例。在国家、区域课时分配的框架中，学校应有效利用课时分配权，调整好各课程门类的课时比例，为课程实施提供有力的时空保障。

第四节　课程实施与课程评价

课程实施标志着课程从静态的、文本性的框架向动态的、实践性的活动转换，是

[1]　中华人民共和国教育部 . 教育部关于印发《普通高中课程方案和语文等学科课程标准（2017 年版）》的通知（教材〔2017〕7 号）[EB/OL]. http：//www.moe.gov.cn/srcsite/A26/s8001/201801/t20180115_324647.html，2018-01-05/2020-01-08.

学校课程蓝图的落实环节。课程实施往往与课程结构分类密切相关，不同的课程板块其实施设计不同。课程评价既包含了对课程本身的评价，也涵括了对课程目标是否达成的检测，是一个综合性命题。

一、学校课程实施

课程实施不只是将事前经过规划设计好的课程加以传递，更是教育愿景的转化实践过程与协商交涉结果[1]。学校课程实施因涉及众多因素而呈现出复杂性与个体特色，因而，正如迈克尔·富兰所言，成功的课程实施经常是缓慢地伴随着学校组织团队的成长与日趋成熟，而逐渐达成课程改革的愿景[2]。

1.课程实施的三种取向

学校课程实施受诸多因素协同影响，由于学校对课程以及课程实施有不同的理解，因而产生课程实施的不同取向，一般而言可以分为三种。

（1）忠实取向，也被称为忠实的课程执行观。这种取向常见于校长权威程度高或者管理政策严格的学校，认为课程需要先行进行严格而周密的设计，这种设计既能够满足学校教育发展的当前需求，也能够对未来教育变革进行展望，还能够克服教师在课程实施时时间不足或能力不足的问题。因此，教师要忠实地执行课程的有关要求，不能私自改编。衡量课程实施品质的标准就是教师实施过程与既定课程要求的吻合度，吻合度越大，实施质量越高，反之则越低。忠实取向将课程视为静态的、需执行的文本，课程实施就是研究如何将固定的、已经设计好的内容内化到学生身上，在实施过程中要注意“防教师化”（Teacher proof），[3] 要保证课程从目标到内容的原汁原味。忠实取向倾向于将课程的设计者与课程的实施者完全分开，互不相干，深信课程设计的优先性与重要性，而且事前经过规划的课程具有示范作用与明确效用，将会被教师毫无疑问地接受。[4]

（2）调试取向，也被称为相互调试观或者协商模式。调试取向认为课程不是简单的静态文本，而是复杂的、涉及多因素的谱系，教师作为实施者并不总是依据理性而行动，所以需要所有实施者之间达成权力平衡与互动调试，才能保证既定课程目标的达成。有效的课程实施过程应该是课程方案与班级或学校实践情境在课程标准、内容、方法、资源、管理和组织模式等方面相互调整与适应的过程，是一个连续的动态发展

[1] 黄光雄，蔡清田 . 核心素养：课程发展与设计新论 [M]. 上海：华东师范大学出版社，2017：221.

[2] 同上：225.

[3] ［美］林恩 · 埃里克森，洛伊斯 · 兰宁 . 以概念为本的课程与教学：培养核心素养的绝佳实践 [M]. 鲁效孔，译 . 上海：华东师范大学出版社，2018：4.

[4] 黄光雄，蔡清田 . 核心素养：课程发展与设计新论 [M]. 上海：华东师范大学出版社，2017：232.

过程。相比于忠实取向，调试取向更注重教师的课程自主权，认为不同的教师会在课程实施中面临不同的状况，必须根据实际状况进行动态调试，在实施过程中，教师有权力根据具体的条件和自己对课程的理解，对课程进行适当调整与改造。

（3）创生取向，也被称为课程创生观。创生取向认为课程是师生联合创造的共同经验，带有强烈的情境化和人格化。课程实施是一个意义与价值不断生成的过程，在这一过程中，师生作为双主体在具体情境中共同合作、创生新的经验。创生取向将课程实施过程看作课程生成过程的一部分，教师和学生的教学共历是修正和完善课程的过程，他们可以根据自己的实际情况来确定新的课程目标与课程内容，可以决定实施进程。创生取向赋予了师生充分的信任和课程自主权，教师和学生变身为积极主动的课程设计者和决策者，将课程化为了鲜活的经验，赋予了课程全新的意义。

三种取向背后是学校的课程哲学在主导，在考虑和布局时要认真分析三种取向的优势与劣势。忠实取向尊重课程系统设计共同体在学校课程变革中的主体作用，力图在实践中体现学校的课程规划与布局，但这种取向将原本复杂的课程变革视为线性的、完全预设的过程，容易使得应该体现生机与活力的课程实施变为机械化、僵化的程序，泯灭师生作为课程变革参与者的权力与价值。创生取向关注师生在具体教育情境中对课程的重新组织，赋予了师生充分的自主权，容易调动师生的主动性与积极性，但是创生取向过于理想化，对师生的课程思考力、理解力、执行力有很高的要求，一般学校很难达到。如果条件不成熟强推的话，容易使学校的课程变革陷入混乱之中。相较而言，调试取向主张对话与协商，带有折衷主义色彩，既赋予师生有限的课程自主权，又尊重既定的课程方案，但是协调的过程往往是曲折漫长的，谁来最后拍板？协商的合理范围应该多大？协商结果如果不能跨年度连续统一，如何保证学生享受统一质量的课程？这些问题都需要考虑。

2. 课程实施中的多主体参与性

课程实施是将课程设计转化成课程实际的过程，教学是课程实施的主体，不是唯一。相应的，课程实施也并不只是师生之间的事，涉及多个主体参与。因受忠实取向的影响，长期以来研究者关注的是课程对教师的单向作用，教师作为忠实的执行者，传达经过专家认可的课程。我国自 20 世纪 50 年代以来逐步形成的“教学计划—教学大纲—教材—教学—考试”[1]，通过考试固化了课程实施的单向化发展。新课程改革后，课程实施的内涵被拓展，课程与教师的双向互动、学生与课程的双向互动以及教师与学生的双向互动凸现，课程被认为是师生共同创作的文本，课程实施则是师生的共同经历。

[1] 夏雪梅，崔允漷．学校课程实施过程互动理论模型的建构 [J]. 教育发展研究，2013（24）：1–5.

课程实施一方面受到学校组织权力结构的制约，另一方面还受到区域教育行政和教研组织的影响。在校内，课程实施的效果与学校现有的组织权力结构有着直接关系。在课程权力结构中，拥有不同地位和身份的人员对于学校课程实施的责任和贡献是不一样的[1]。在课程实施中进行研究是校本教研的重要内容，研究主体是教师、教导主任和校长，研究的基本单位以学科教研组为主。校长和教导主任主要是从全局来把握课程实施，把握课程方案的合理性、教师素质对当前课程的适应性以及学校后勤对课程实施的影响等。教师主要从教学的角度来研究课程实施，因而其研究的问题主要有课程内容的组织、课程的整合、教学方案的设计、学情的诊断等，涉及的问题以学科课程和课堂为主，研究结果一般以案例、反思、报告等方式予以呈现[2]。在校外，教育行政管理者通过教学政策制定与下发、教学督导与管理等途径和方式对学校课程实施产生持续影响，除此之外，教研员不但控制着学科课程实施的方向，还掌握着区域学科命题权，这一具有高利害性的职能决定了区教研员对学校课程实施的重要影响力。

整体来看，学校课程实施既事关政治性决定，比如教育行政部门的文件所传递的自上而下的政治要求，也体现技术观点，比如如何将课程实施与学校课程系统相匹配，按照适合的技术进行课程实施设计，还要体现文化观点，教师的不同文化价值观以及教育信念会对课程实施产生完全不同的效果，除此之外，还深受校内的权力结构影响，与学校的教研组织以及领导体制息息相关。总之，课程实施的多主体参与性导致了课程实施的差异性与复杂性。

3. 课程实施的主要内容

（1）赋予教师专业自主权，切实转变教师角色。专业自主权是指教师参与学校文化、课程、教学、管理、评价等事务时所使用的专业判断能力与基本权限。赋予教师充分的专业自主权是学校课程有效实施的必要条件，没有教师的专业理解与执行，没有师生的互动与共历，课程目标不会自动转化为学生的实际获得。赋予教师专业自主权，主要体现在四个方面：

- 课程实施的设计属于学校课程系统设计的重要组成部分，要将教师纳入课程设计共同体，允许教师发表观点，表达对课程的理解，让教师观点成为学校课程政策的一部分。

- 在具体的课程实施中，赋予教师充分的自主权，允许教师在学校课程方案的基础上进行课程调试，鼓励教师结合学生实际情况进行方式创新，提倡教师丰富课程内

---

[1] 李洪修. 学校课程实施的组织社会学分析——以吉林省 B 学校为例 [D]. 长春：东北师范大学，2010：2–3.
[2] 靳玉乐，董小平. 论学校课程的规划与实施 [J]. 西南大学学报（社会科学版），2007（5）：113–114.

涵，增进师生与课程的互动，提升学生的学习品质。

- 搭建教师专业合作与成长共同体。积极推进校本教研，在本学科内建立研讨机制，拓展课程资源，优化教学方式。鼓励建立跨学科教研制度，促进教师穿越学科边界，建立大学科视野。尝试建立校级或者联片教研制度，推动教师跨校交流、献课研讨。

- 引导教师切实转变角色。一是从教授者转向引导者。“授人以鱼不如授人以渔”，教师的工作不是只专注于传递学科知识，更重要的是引导学生与学科课程展开对话，将所学知识与生活对接，与社会对接。二是从“驱赶者”转向陪伴者，很多教师担心上课讲不完，所以经常会加快步子，“驱赶”着还处于感悟之中的学生抓紧时间往前走。这种教师有进度思维和任务思维，但是缺乏目标思维，也缺乏对学生的理解和关爱。三是从考核者转向激励者。教学评价不仅仅是说明和甄选，更多的是查错与改进，教师应该鼓励学生通过评价查找问题、归因分析，然后改进学习。作为激励者的教师更能促进学生的不断发展。四是从监督者转向促进者。教师为了实施教学要建立教学秩序，为了建立教学秩序常常成为学生是否守纪律的监督者，作为监督者的教师无形中会将自己和学生划分为两个阵营，从而常常导致师生敌对的后果。教师应该成为促进者，促成有意义学习，促进学生的持续发展。

（2）抓住学科本质，深度整合推进。国家课程是学校课程系统的主体，也是教师进行课程实施的主要对象，教师对国家课程的调试和创新代表了国家课程的校本化过程。国家课程校本化的重点在于抓住学科本质，多维度进行整合推进。什么是学科本质？如何认识学科本质？如何回答这两个问题展现了教师进行国家课程校本化的思考和践行水平。

学科本质与知识和概念密不可分，人们在认识自然和社会的过程中，把感知到的事物的共同特点，从感性认识上升到理性认识，然后再抽象出事物的本质属性，从而形成了一系列的概念。概念是一门课程基础知识的重要组成部分，代表了高度组织化的知识群，是一个学科的内核。知识的不断凝练与组织化形成概念，概念的集群化逐步演变成学科。要想把握好学科本质，就必须进行知识形态的加工和优化。知识形态的加工和优化目前最流行的方式是进行课程内容的整合，围绕学科本质的课程整合大多属于学科内整合，主要包括课程核心内容的模块重组、内容合并与删减，前者指向时序调整，后者指向内容优化，比如北京市史家胡同小学进行的小学数学整合探究。

> 学校站在整体把握教材的基础上，重构课程经纬，从四个知识领域梳理教学内容。确定了“点、线、面、体”的数学学科整合路径。“点”：各年级以所学册次数学教材为依据，结合学生的知识基础和生活经验选择3个主题，所选择的主题有书上已有的综合实践活动内容，还有能够凸显培养学生综合能力和实践应用

的主题活动，1–6年级总共有36个主题；“线”：36个主题活动以三大知识领域（图形与几何、数与代数、统计与概率）为脉络，由浅入深串成线。36个主题活动根据学生的生活范围，由小到大串成线；“面”：综合实践课要体现数学内部各分支之间的综合、数学与其他学科的综合、数学与学生日常生活的融合，以及解决问题中学生各种能力和学习方法、学习方式的综合，构成一个二维的平面体系；“体”：通过综合实践活动课程的学习使得学生在数学核心素养、综合能力、核心价值观等方面得到和谐、全面、可持续的发展。

表6–2　史家胡同小学数学课程优化重组表

课程板块	课程内容	课程目标	改革点	课程评价
书本课程（总课时的80%）	国家课程中三个领域的数学知识为主	1. 夯实基础，达成课标要求。注重“四基”与“四能”的培养。 2. 应用所学知识解决实际问题。 3. 在培养学科关键能力的同时，培养核心素养中的“科学精神、学会学习”。	1. 整体把握教材，以条状、块状、条块融合的方式进行知识梳理和整合，综合知识、综合能力。 2. 大问题下的、开放式的教学设计，力求给学生提供探究、思考、质疑、展示的平台。 3. 依托领袖教师的课题研究，关注学科能力，形成专题学习。 4. 重视AB评价指标在课堂上的落实。	1. 单元测验、单项测试、期末区里统一的质量监控，占总权重的90%。 2. 24点成长记录。 3. 期末展示。
综合实践活动课（总课时的20%）	教材已有的和从教材中分离出的综合实践活动课的内容	1. 注重知识的综合，注重参与体验，注重学生创意表达。 2. 实现书本知识与学生生活经验的沟通。 3. 对接核心素养中的“科学精神、学会学习”。	1. 改变教学模式和学习模式，给学生提供开放、自主式的学习平台，从知识、能力等方面反哺80%的基础课程。 2. 培养学生大胆质疑、敢于提问的学习习惯。 3. 关注AB评价指标在课堂上的落实。	1. 关注学生的学习过程，重在参与和体验，注重过程性评价。 2. 纳入每学期的期末综合质量监控，占总权重的10%。
	从国博教材中选择与数学学科相关的主题内容（1–4年级2课时；5–6年级3课时）	1. 注重学生跨学科知识和能力的综合运用。 2. 实现书本知识与学生生命实践的沟通。 3. 对接核心素养中的“文化自信、人文积淀、人文情怀和感悟鉴赏”。	1. 内部突破学生认知边界，外部打破学科知识边界。 2. 突破学生学习场所的边界。	学生能够综合利用已有的知识，设计学习方案、撰写研究小报告、进行生活小实验、解释生活现象。

续　表

课程板块	课程内容	课程目标	改革点	课程评价
	学校整体规划项目 （1–4 年 级 5 课时，5–6 年级 6 课时）	1. 让学生在综合项目的学习探究中，培养独立思考的能力以及小组合作、协调的能力。 2. 与学校整体课程目标对接。3. 对接核心素养中的“科学精神、实践能力”。	打破教材边界、学科边界、学校边界，塑造全面发展的人。	与学校的展示评价整合。

（3）构建包容向上的课堂文化。课堂文化决定着课堂中师生的生存状态，因此也左右着课程实施的效果，其重要性不言而喻。课堂文化是在长期的课堂教学活动中形成并为师生所自觉遵循和奉行的，是学校的价值取向在课堂活动中的体现，是学校文化的一种表达形式，是学校文化的基础载体和重要组成部分[1]。课堂文化是一个多因素共同作用的综合体，其核心是对人的关注，具体来说是对师生状态的关注，其功能是框定师生的互动规范和准则。

什么样的课堂文化才能够激发师生的参与感和上进心？笔者认为包容向上的课堂文化至少应该体现出如下特征：

- 平等。平等应该是课堂文化的第一要义，是课堂教学的底线规范。平等包括师生人格上的平等，师生在课堂体验中参与权利的平等，在师生对话态度、方式上的平等，教师是“平等中的首席”。

- 尊重。师生应该平等相待、互相尊重，学生尊重教师传道授业的辛苦付出和耐心陪伴，尊重教师的教学风格，教师尊重学生既有的学习准备和学习风格，尊重学生犯错的权利，双方共同营造和谐愉悦的课堂氛围。

- 快乐。要让师生在课堂体验到教与学的愉悦，师生双方都能将教与学视为最重要的快乐来源和最大的奖赏。习得新知的快乐、顺畅沟通的快乐、攻克难题的快乐、集体合作的快乐、激烈辩论的快乐……在这样的课堂文化中，学习本身不再只是单纯的手段，也具备了目的的功能。

- 宽容。宽容既包括人格上的宽容，也包括行为上的宽容，还包括学术上的宽容。教师要宽容学生的不足，比如知识储备、课堂配合、学习习惯、课堂纪律等，要宽容学生的无心之失。学生要宽容教师的小过失，学生之间也要相互宽容。

- 批判。教师不将教材视为圣经，不照本宣科，要基于课程标准分析教材和调试教学，培养学生不唯上、不唯书、只唯实的批判精神，引导学生多途径寻找证据进行

[1] 徐学敏 . 课堂文化构建：从理念到实践 [J]. 中国教育学刊，2018（7）：87.

综合思考，善于反思和形成自己的见解。

（4）探索转变教学结构。所谓教学结构，是指教师为了达成特定的教学目标，对于可能影响教学实现的各相关要素，如教学内容、活动方式、时间与空间分配等，进行系统组织与安排后所呈现出的表现形式[1]。瑞士日内瓦大学科学认识论与教学实验室主任安德烈·焦而当等研究发现，在教学领域有三大传统：一是将学习能力视为一种简单、机械的记录，知识的获取是由一个“空白的”、随时待命的大脑进行的，是直接传递的结果；二是建立在训练基础上，通过反复训练促进条件反射形成，最终使得训练上升为原则；三是建构式教学法，从个体自发的需求和“天然”的兴趣出发，倡导每个个体的自由表达与创造，强调自主发现和知识的自主构建[2]。

目前理论界对教学结构的内涵仍有不少争论，但能够基本达成共识的是，“结构”是课堂教学的核心脉络，决定着课堂教学的不同成效，只有最优化、最合理的课堂教学结构，才能保障最优质的教学质量。目前对课堂教学结构进行研究和分析较为深入的有以下三种角度。

- “关键事件”角度。美国教育心理学家加涅在 20 世纪 60 年代提出了广泛应用于计算机教育和多媒体学习领域的教学工程理论，他依据学习者进行学习活动时的内部心理阶段提出了九大教学事件：一是吸引学生的注意力；二是告知学习者学习目标；三是回忆相关的旧知识；四是呈现教学内容；五是向学生提供学习指导；六是引发学生的行为表现；七是给予信息反馈；八是评估行为表现；九是强化保持与迁移。加涅认为上述九大教学事件以线性方式阐述，构成一个完整的教学过程。学习的条件有内外之分。内部条件是学生具有必要的前提性智慧技能和学习动机与预期。学习的外部条件是教学事件。他特别指出，按照以上九个教学事件的顺序展开实施的教学是最合乎逻辑且最可能成功的，但也并非一成不变[3]。

- “变构维度”。安德烈·焦而当基于生物化学的隐喻，提出“变构学习”一词，认为学习是对新知识的炼制，为了实现对知识的炼制，学习者要进行自己我表达、自我对质，还要展开辩论、组织网络。为了进一步厘清教学的有效结构，他尝试建立了变构学习的六个维度（见图 6–4）。“认知”是个体将新信息与自身所调用的概念进行对质；“意向”是指学习开始时所伴随的意图；“情绪”是学习者从学习中感受到的兴趣、意义和情感；“元认知”是指学习者对所获得概念的反思与深化；“潜层认知”是学习者在先期生活与学习中已经形成的内在推理和思维习惯；“感知”是指身体的各种感官从外界接受刺激、获得信息的过程。

[1] 沈书生.从教学结构到学习结构：智慧学习设计方法取向 [J]. 电化教育研究，2017（8）：101–102.
[2] ［法］安德烈·焦而当.变构模型——学习研究的新路径 [M]. 裴新宁，译.北京：教育科学出版社，2010：9–10.
[3] ［美］R·M·加涅. 学习的条件和教学论 [M]. 皮连生，王映学，郑葳等，译.上海：华东师范大学出版社，1999：80.

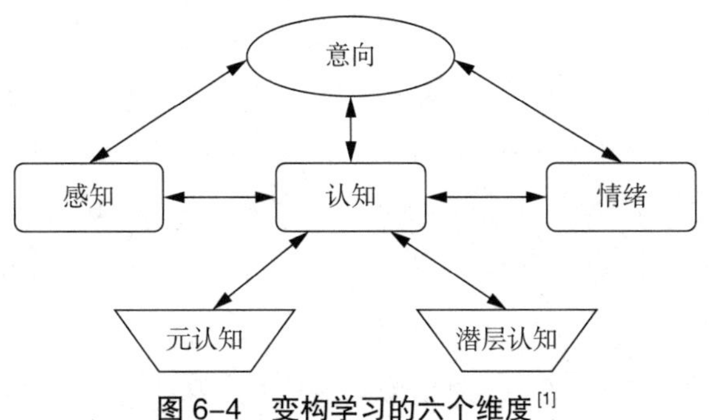

图 6–4　变构学习的六个维度 [1]

在变构学习维度基础上，为了优化教学策略、改进教学结构，焦而当又提出了影响教学环境的各种参数（见图 6–5）。在实践中，教师可以根据具体需要，自己创设适当的教学环境。

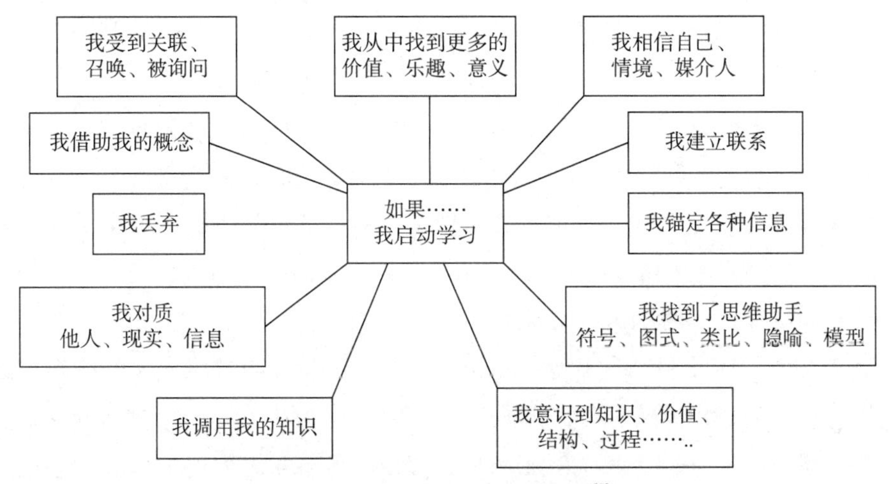

图 6–5　教学环境参数的构成 [2]

- “内在结构”角度。德国著名教育学者希尔伯特·迈尔从结构入手，将优质课堂的特征总结为十点：一是清晰的课堂教学结构。过程明了，目标明确，内容清晰；师生角色分配清楚，师生双方协商好规则、程序及自由空间。二是高比例的有效学习时间。时间安排得当，守时；拔冗去繁，日程安排有节奏。三是促进学习的课堂气氛。互相尊重，互相信任，遵守规则，承担责任，公正，关怀。四是清晰、明确的教学内容。任务设置明确易懂，教学主题的展开合理可信，课堂教学成果能得到明确的保障，保障措施具有约束力。五是多样化的教学方法。丰富的组织技巧，多样化行为模式，教学流程不拘一格，均衡使用多种教学方法。六是创建有意义的师生交流。引导学生

[1] ［法］安德烈·焦而当．变构模型——学习研究的新路径 [M]. 裴新宁，译．北京：教育科学出版社，2010：9–45.

[2] 同上：9–178.

参与课堂规划，营造良好的讨论气氛，举行交流讨论会，鼓励学生写学习日记，征集教学反馈意见。七是促进个体发展。给予学生自主发展的空间，给予学生时间和耐心，对学生进行内部区分和整合，分析个体学习水平，调整个体促进方案，对于风险学生群体给予特别的帮助。八是巧妙地安排练习。帮助学生掌握学习策略，布置明确有效的练习任务，有针对性地提供辅导，创造有助于学生完成练习任务的框架条件。九是对学习成果有明确的期望。学习内容要以教育方针或者教育标准为向导，学习内容要符合学生的学习能力，检查测试学习情况后及时给予反馈，并给予帮助和促进。十是完备的课堂教学环境。教学秩序井然，教学设备和教具均能正常使用[1]。

以上从三个不同的角度对课堂教学结构进行了剖析，对当前的教学结构设计与研究有诸多借鉴之处。但这三种视角及其解释也都存在可商榷之处，比如加涅的九大事件受行为主义心理学的影响，力图通过外部的教学安排刺激来激发学习，偏重于“教”而忽视“学”。焦而当针对学习的本质进行了深入研究，但是真实、完整的学习过程与课堂上固定时间内的学习还存在一些差异，而且变构学习更适合于揭示理科学习，对文科学习的揭示差强人意。迈尔的结构论关注到了课堂内的交流和对话，重视教学氛围的创设，但依然是“教”来主导“学”，难以体现学生的主动性和独立性。

在借鉴和参考以上三种分析角度的基础上，笔者尝试分析我国中小学课堂教学结构。目前对课堂教学结构的内涵界定主要包含两个要素：一是课堂教学的组成部分，二是它们之间的顺序、时间分配等关系。前者是构成课堂教学结构的基本要素，属于常量；后者是关系性要素，属于变量。这样的界定秉持的是技术主义的观点，通过要素的列举与组织勾勒出结构框架，但是未考虑师生作为活生生的人之间的对话、关系等社会性要素，因此笔者认为应该加一个维度，即各要素之间的地位和关系。这样就形成了一个新的课程教学结构分析框架“要素—关系—地位”，以此来分析课堂教学就会发现存在诸多错位，其中突出的问题有三个：

- 知识显性。表现为将教材简单等同于知识，将知识简单等同于教学内容。以教材为纲，以知识为线索，只注重知识性目标的达成。课堂上以完成知识来划分实施阶段，以知识记忆和复现作为评价目标。

- 方法隐性。知识本身难以迁移，而方法可以。有些教师没有关注到可以迁移的方法的重要性，没有围绕学生方法论的形成来展开教学，致使方法在课堂中成为了隐性因素而未受到关注。

- 学生共性。将教学结构中的核心要素确定为教师、学生、内容和媒体，学生就成了教学活动中的一个变量。在教学结构中，学生这一要素实际上只是起到了帮助教

[1] [德] 希尔伯特·迈尔. 怎样上课才最棒：优质课堂教学的十项特征 [M]. 黄雪媛，马媛，译. 上海：华东师范大学出版社，2011：15–98.

师理解学生所处的年级阶段以确立内容的作用，对于某一特定的教师而言，在具体的教学结构中通常以常量的形式在发挥作用。相应地，如果让学生在稳定的教学结构中完成学习过程，就等同于承认他们具有相同的认知特征或认知能力，而回避了学习者存在差异性这一现实[1]。在这种结构里，为了达成统一的目标，教师只能够秉持“五同思维”，即认为所有学生都具有相同的学习能力，在同一个时间内从同一个起点，按照同样的步骤到达同一个终点，采用同样的方式，以体现教育的公平性。在很多学校，个体的天然差异被简单粗暴地理解成学习者存在能力差异，进而通过分数与等级的方式把学生区分开来，却无视因为教学结构的单一性与学生的不适应性而出现的差异。

在以“知识显性”“方法隐性”“学生共性”为特征的教学结构中，真正流动的是知识，常用的手段是传递，学生难以实现对概念的深度理解，难以掌握复杂方法，难以拥有学习的选择性与自主权。这样的课程实施将会消解课程系统设计的良好初衷与阶段努力。如何调整和优化教学结构？笔者认为应该考虑调整知识为线索的教学结构，转变为方法为逻辑的教学结构（见图 6–6）。

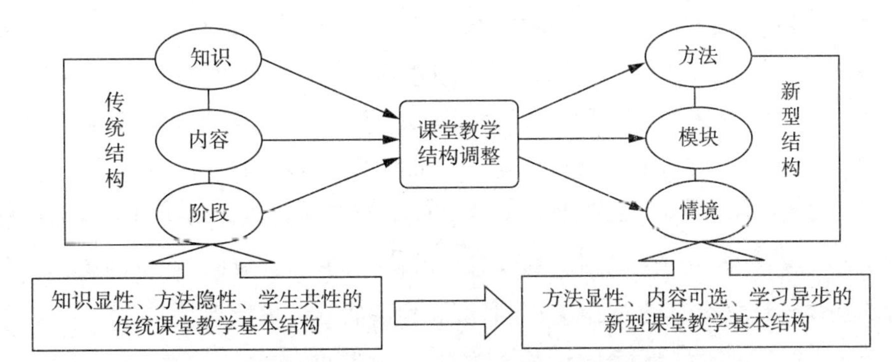

图 6–6 从知识到方法的教学结构调整图

在信息化时代，课堂不能自我封闭，必须张开怀抱拥抱新技术。如图 6–6 右侧的新型结构，带有较强的开放度，需要教师提前系统设计，也需要新技术作为辅助手段进入。知识依然作为载体，但是方法由隐性转为显性，同时创设情境供学生进行即时探究，以及进行课堂内容的模块化设计，不同模块相互嵌合，供学生根据实际选择，努力实现：

- 从单一场景转换到完整情境。完整情境关注学生的整体学习，主要包括多样化情境、多类型知识以及多样态协作学习，通过计算机、网络工具、移动设备以及强大的软件共同创建一个多维的学习空间，在这样的学习环境中，要为学生提供即时性学习工具，比如信息查询、收集、整理、分析的工具，促进交流对话的工具，进行知识

[1] 沈书生 . 从教学结构到学习结构：智慧学习设计方法取向 [J]. 电化教育研究，2017（8）：102–103.

可视化和表达的工具。通过完整情境和任务拓展学习者的智能，借助技术去实现更加复杂和创造性的任务。

- 从同一性转换到用户化。用户化代表技术能够使得学习个性化，满足个人偏好，回应个体的真实需求。鼓励学生采取多样化的学习方法，提供多种手段让学生表达自己的想法，符合每个学生的学习实际、学习偏好以及独特的天赋。

- 从传统灌输转换到及时交互。新媒体技术的引入为改变学习带来了更多可能。交互是一种双向互动的活动过程，技术使得课堂中教师、学生、教学内容、教学媒体之间可以进行多维交互，在互动过程中学生完成知识意义的建构。技术时代的学习要往互动方向发展，交互不仅仅是一种方式，更是一种思维，教师利用技术把交互作为一种基本理念的时候课堂的形态就会发生变化。[1]

新型课程教学结构只是一个还显粗糙的模板，供教师参考，结合学科特征和目标要求，可以派生出不同的教与学流程。比如自主学习流程：明确目标→运用知识→参与过程→选择内容→使用方法→探究难点→自我检查→自我改进。比如合作学习流程：合理分组→研讨目标→成员分工→合作探究→交流分享→适时评价→反思提升。再比如探究学习流程：创设情境→体验过程→分析问题→解决问题→迁移应用。

一言以蔽之，课程实施的过程，就如同课程设计人员事前精心策划的课程蓝图，逐渐转变为教师在课堂教学情境中与学生互动之后，加以调整再付诸教学行动的课程。课程的内容与方法经由师生需求与社会文化价值观的过滤与诠释之后，会不断增加或减少、修正或创新，并因此形成课程实施过程中的实际落差，这从另一方面也展示出了课程实施的丰富面貌与生动活泼的气息，就恰似同一首乐曲，在不同指挥者及不同演奏者的互动诠释之下，呈现出多元且各具特色的实际演出效果[2]。

二、学校课程评价

课程评价是学校课程系统的一个重要环节，但就目前课程评价的设计而言，常常表现出以下几个特点：一是重要但不重视。不少学校懂得课程评价的重要性，但并不重视，未基于学校课程系统进行课程评价整体设计与安排。二是重视课程评价却难有作为。很多学校重视课程评价，但有畏难情绪，专业能力不足，不清楚课程评价的定位、组成、实施、反馈、类型等。三是对课程评价的理解有偏差，导致评价要素不齐，评价功能单一。有的学校将课程评价简单等同于期中、期末考试，以集中统一的终结性纸笔测试作为课程评价的主体，导致课程评价游离于学校课程体系之外。要设计好

---

[1] 王凯．传统课堂教学的内蕴及其技术突破 [J]. 课程·教材·教法，2017（11）：105–106.

[2] 黄光雄，蔡清田．核心素养：课程发展与设计新论 [M]. 上海：华东师范大学出版社，2017：226–227.

学校课程评价，首先需要厘清课程评价的内涵。

1. 学校课程评价内涵

美国学者格朗兰德（N.E.Gronlund）曾用一个公式对评价作了简要的说明：评价 = 测量（量的描述）或非测量（质的描述）+ 价值判断[1]。古巴和林肯（E.G.Guba & Y.S.Lincoln）也认为完整的评价应该包括描述和判断两个部分[2]。他们不约而同地将评价看作是在量或者质的描述的基础上进行价值判断的活动，即评价包括事实判断与价值判断。综上，课程评价主要是针对实施课程的机构或者课程方案本身的评价。

国内关于课程评价也有不同表述。有人认为是测量学生在学业方面目标的达成，有人认为是对学生的学业和课程标准之间的比较，也有人认为是运用教育学、心理学和统计学知识，分析课程实施的过程。从上述几种表述可以看出，课程评价是对课程满足社会和个体需要的程度的价值判断过程，它体现了教育评价体系在课程系统中的具体要求[3]。有的学者将课程评价归为五类：一是将课程评价视为成就表现和特定目标间的符合程度；二是将课程评价视同教育测量和测验；三是将课程评价视同专业人员的判断，对课程的优缺点或价值加以评估；四是将课程评价视为搜集与提供资料，让决策人员从事有效的决策；五是将课程评价视为一种政治活动，不仅利用评价检视课程的效率及管理课程问题，也理解评价所涉及的道德及美学涵义，并探讨谁会从评价中获益。[4]

课程评价之所以难以界定一方面是因为课程本身内涵丰富、解读多元，另一方面课程评价本身也是多要素、多层次组合的。综合理论研究与相关实践可以发现课程评价具备如下特征：一是动态性。课程是一个不断发展的动态过程，相应地，课程评价的主要功能就是对这一动态过程进行审视与反思，依据一定的评价标准通过有效的方式进行系统的数据收集后，对课程的相关问题和过程做出判断并着手改进，所以课程评价也必然具备动态性。二是综合性。课程评价既包括对课程文本的评价，也包括对课程实践的评价，还包括对课程结果的评价，是多层面、综合性的。三是多主体参与性。从课程规划到课程实施，参与者众多，相应地，课程评价的实施也需要多主体参与，集合多种视角，汇集众多判断，才能使评价趋于有效。四是多重受益性。课程评价的改进功能体现在通过对问题的反思、归因，然后进行解决和提升，在这一过程中师生都会从中获益，即有多重受益者。

---

[1] Gronlund，N.E. Measurement and evaluation in teaching[A]. 陈玉琨 . 教育评价学 [M]. 北京：人民教育出版社，2000：8.

[2] Egon G.Guba & Yvonna S.Lincoln.Effective evaluation[M].San Francisco：Josscy-Bass，1983：39.

[3] 薛继红 . 关于对我国基础教育课程评价的探析 [J]. 教育理论与实践，2016（9）：43.

[4] 黄光雄，蔡清田 . 核心素养：课程发展与设计新论 [M]. 上海：华东师范大学出版社，2017：274.

2. 学校课程评价组成

目前对课程评价组成的界定主要有四种划分标准。一是基于课程的阶段性。有的学者认为课程评价不能局限于一隅，要涵盖课程从规划到实施的整个过程，为此，将课程评价划分为：计划阶段的课程评价，实施阶段的课程评价，考核阶段的课程评价，追踪阶段的课程评价[1]。二是基于课程的类型。有的学者将课程体系分为目标课程、文本的课程、实施的课程和课程效果四个类型，根据四个类型分别设计有针对性的课程评价[2]。三是基于课程的内容。有的学者基于课程的内容，将学校课程视为间接经验与直接经验的综合体现，并把课程评价分为四个层次：学校课程内容的文本评价、学校课程实施的过程评价、学校课程建设的特色评价、学校课程建设的主体表达[3]。四是基于评价的要素对象。以评价的要素对象为划分标准，可以将课程评价分为课程改进评价、学生评价、课堂教学评价、教师评价等。

考虑到学校的可把控性与易操作性，笔者倾向于采用第四种划分标准，将学校课程评价分解为课程改进评价（课程系统的持续完善）、学生评价（课程培养目标的达成检测）、教学评价（课程实施过程性评价）。本书后面章节还要就课程群等进行详述，会涉及基于学科的教学评价，故本节重点研究和分析课程改进评价与学生评价。

3. 课程评价的设计

学校课程顶层设计中的课程评价应该体现出其在学校层面的整体部署和安排，也应该体现出与其他课程设计要素的协同。

（1）确立学校课程评价的设计原则。课程评价应该基于什么原则去设计，既取决于学校的课程哲学，也取决于学校对课程评价的基本定位。学校课程的服务对象是学生，课程评价应关注课程实施过程以及学生的实际获得，关注与学校培养目标相匹配的高阶能力与良好品格的养成。课程评价设计应该注重以下原则：

- 融通性。既包括时间的融通，也包括空间的融通。课程评价兼顾过去、当前、未来的发展，要拉长育人时间链条，通过相对充裕的时间去观察和分析课程的实际效能。空间的融通指的是课程评价不只是在课堂上，实验室、图书馆、操场，乃至学校周边社区都可以通过表现性评价更加真实地了解学生的目标达成度。

- 综合性。不能只简单地考察学生的学业水平，还要兼顾非学业水平，如学生体质、情感、价值观等。

---

[1] 黄光雄，蔡清田．核心素养：课程发展与设计新论 [M]. 上海：华东师范大学出版社，2017：276–277.

[2] 王烨晖，边玉芳．课程评价模型的理论建构与实证分析 [J]. 教育学报，2015（10）：81–82.

[3] 李红恩．学校课程评价的意蕴、维度与建议 [J]. 教学与管理，2019（12）：2–4.

- 均衡性。课程评价要兼顾学生的全面发展与个性成长，促进学生的均衡发展。要在评价中关注目标的设定、内容的选择、结构的呈现等有没有体现均衡性。

- 生本性。课程评价是一种检测与改进的方式，不是为了将学生分出一二三等，要坚持以生为本，符合学生认知发展，让学生易于接受和理解。

- 激励性。课程评价在客观真实的前提下，要坚持激励表扬为主、批评惩戒为辅的设计原则，让学生能够在安全、自由的环境中学习和成长。

- 多元性。在评价方法和评价工具选择上要坚持多元性，终结性评价与形成性评价相结合，纸笔性测验与表现性评价相结合，自评与他评相结合，自我反思与小组评价相结合。

- 联动性。坚持多主体参与，多利益相关者联动起来，以学校为主，家庭、社区积极参与，共同营造良好的评价氛围。

（2）确立课程改进评价的基本形式。一般而言，学校课程改进评价的基本形式有六种：一是贯穿于课程规划、开发、实施各环节的课程审议制度；二是着力于实施过程的任课教师定期会议研讨分析；三是针对家长、学生的问卷调查；四是针对课程实施中难点或问题集中点的外部专家指导；五是定期学校课程多主体反思；六是面向每一门课程的 KISS 分析。

这六种形式目前是学校常用的，综合而来的反馈将为学校课程改进提供鲜活而真实的评价信息。以上六种形式并非都需要学校逐一落实，学校可以根据实际情况选择使用，在选择时需要尽可能让相关利益者都成为评价主体，同时评价要尽量涵盖课程的规划、开发与实施各环节，以使评价信息能够完整。

（3）建立课程审议制度。课程审议（curriculum deliberation）是施瓦布（J.J.Schwab）首次提出的课程研究方式。审议一词源自拉丁语 Librare，是比例或衡量之意，引申为依据可选方案与准则，通过共议达成一致。有学者认为，课程审议是指课程开发的主体对具体教育实践情境中的问题反复讨论权衡，以获得一致性的理解与解释，最终作出恰当的、一致的课程变革的决定及相应策略[1]。也有学者将课程审议视为课程主体通过平等对话、协商的方式，对特定的课程现象进行观察、讨论，进而达成“视域融合”，并作出判断与决策的实践过程，具有民主平等性、对话协商性、多元包容性和集体共识性[2]。

综合相关研究可知，课程审议是学校针对具体的课程开发与实践情境中出现的问题进行集中讨论，通过讨论达成一致，找到问题的解决方法，并实施相应的策略。其

---

[1] 张华．课程与教学论 [M]. 上海：上海教育出版社，2000：21–22.

[2] 张家军．论课程审议的内涵、价值取向与过程 [J]. 课程・教材・教法，2012（6）：9–10.

要义在于，课程审议的目的就是为了使学校课程保持良性运行，并能够达成理念共享，构建民主、自由的氛围，使参与课程的利益相关者能够畅所欲言，通过讨论得出统一的意见，最终作出恰当的决定，提高课程开发与实施的效率。其中，教师是参与主体，应该在课程审议制度下主导审议流程与诸环节。

学校需要按照课程审议的一般流程建立常规性制度，以保证课程审议能够日常化和秩序化。施瓦布将课程审议分为四个环节：一是形成备选方案并进行选择。在审议前准备好可供选择的备选方案，以便参与者进行参考、权衡与选择。二是研究课程的真实问题。关注学校课程的真实问题，通过对课程实践个案的研究和分析，明确问题出现的诱因，并着手解决。三是遵循实践情境逻辑。坚持将课程问题放在具体的情境中进行权衡并作出选择，以现实的具体情景为事实依据。四是持续推进群体决策的互动。持续利用群体或者集体的智慧，以互动、交流及讨论的方式对所有方案作出相应决策[1]。也有国外学者提出更为详细的"六阶段模式"，分别为公众共享、聚焦于一致的意见和不一致的意见、解释立场、关注立场的转变、协商共识、采用决议[2]。

可见，课程审议是教师参与主导且具有情境性和灵活性的共研、共建、共治的课程行为，在参考以上分类的基础上，加上课程开发与实施的各个阶段，可以形成如下容易被学校接受和操作的流程：

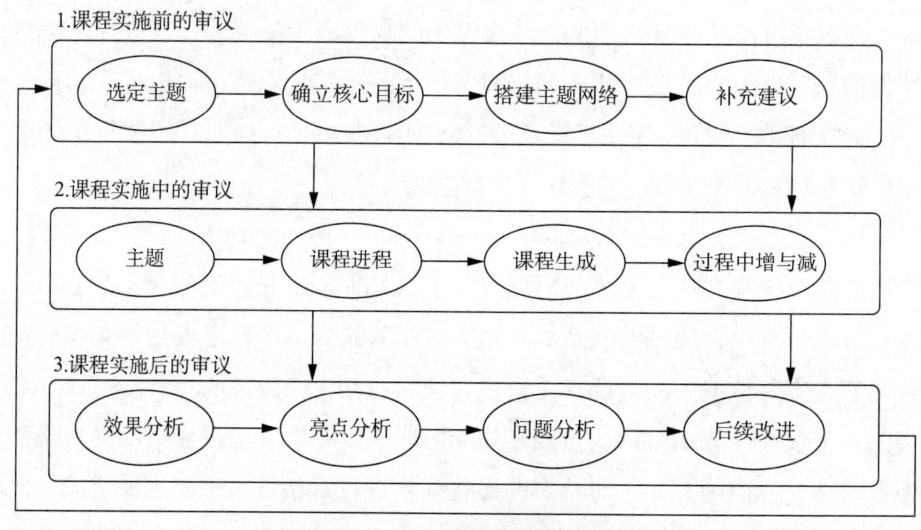

图 6–7　学校课程实施审议流程

（4）关注课程文本分析。外部专家参与的课程改进评价主要是针对课程文本的评价，一般而言，可以进行如下的文本分析：一是学校整体课程方案的完备性与合理性，

---

[1]　张华等 . 课程流派研究 [M]. 济南：山东教育出版社，2000：241.

[2]　[美] 艾伦 · C · 奥恩斯坦，费朗西斯 · 汉金斯 . 课程基础、原理和问题 [M]. 柯森，主译 . 南京：江苏教育出版社，2002：221.

是否与国家、区域教育改革政策相一致；二是学校课程哲学与学校文化的匹配度，学校所秉持课程观的合理性与适切性；三是学校课程目标与学校培养目标的关联度；四是学校课程目标与社会、学校、教师、家长以及学生的契合度；五是课程目标与学生发展核心素养的吻合程度；六是学校课程结构与学校课程系统设计初衷是否违背，是否能够体现学校对课程功能的预期；七是课程内容的选择是否适当、使用是否方便、顺序是否合理、衔接是否得到关注[1]；八是课程体系的设计方面，结构是否完整、建构是否合理；九是相关配套课程资源是否丰富、使用是否便利；十是相关课程配套政策是否合理、健全。

（5）注重学校课程中特色体现的评价。学校课程中的特色体现在三个部分：一是特色学校课程系统；二是学校课程特色；三是学校特色课程。“特色学校课程系统”是指学校在国家、区域课程政策框架下，基于学校办学经验与文化传统，以课程哲学为统领，多利益共同体参与建设形成的学校课程体系。“课程特色”是指与同类学校相比较而言，某一所学校在实施同样课程的过程中，其实施策略、实施手段、实施方式和方法、实施结果的评价等具有有别于其他同类学校的质的差异性和优质性，因而具有课程“特色”。“特色课程”是指一所学校开设的不同于其他同类学校的具有独特性的课程。[2]

针对特色学校课程系统的评价，可以围绕如下问题进行：其一，学校课程系统是否充分响应了国家和地区的课程改革政策；其二，是否继承了学校已有的优良经验；其三，是否与学校文化相适应和匹配；其四，是否与学校师生的特点相适应；其五，是否建立了合理的共同体。

针对学校课程特色的评价，可以围绕如下问题进行：其一，学校在课程实施中是否赋予了教师充分的课程自主权；其二，是否形成了课程开发的有效模式；其三，是否形成了具有可推广性的课程实施策略；其四，是否形成了合理的课程评价与改进框架；其五，课程系统诸要素间是否有效衔接、彼此支撑，并发挥了课程的整体功能。

针对学校特色课程的评价，可以围绕如下问题进行：其一，特色课程建设是否纳入学校课程规划；其二，开发特色课程是否基于对课程需求的深入调研和分析；其三，开发特色课程是否充分利用了专家资源和周边优质教育资源；其四，特色课程是否特点鲜明，是否受学生的欢迎；其五，特色课程的开发与实施是否对学校课程品牌的树立起到了积极的作用。

每一所学校的课程系统都具有独一无二性，都在体现着学校的思考与追求，课程

[1] 李红恩 . 学校课程评价的意蕴、维度与建议 [J]. 教学与管理，2019（12）：3.

[2] 龚海平 . 论特色课程与课程特色建设 [J]. 江苏教育研究，2014（10A）：7–8.

评价针对“特色”的分析，既为学校提供了反思自身课程供给水平的机会，也提供了一条对特色进行总结、提炼和进一步固化的路径。

（6）有效利用多主体反思。课程审议制度建立起来之后，其实施因为需要一定的学科专业水平支撑，所以参与主体主要是学校干部和教师。鉴于此，学校还应该定期召开多方课程评价联席会，邀请专家、教师、学生、家长参加，有效利用多主体反思，实现多视角的评价。

联席会的研讨内容可以围绕以下问题进行：一是学生的实际学习结果与课程目标的差异，包括既定的课程目标、学生在课程学习过程中的表现、学生对课程学习的态度、学生核心素养的培养、不同学习方式的运用、学生对课程的满意程度；二是课程建设与教师的专业发展，包括教师课程领导力的提升、教师参与课程设计能力的提升、教师评价能力的提升、教师共同体的成长、教师对课程方案的满意程度等；三是课程建设与学校发展，包括课程建设是否促进学校的发展、课程建设是否为学校发展带来新的契机、家长对学校课程的满意程度、对教师课程方案总结书面报告的分析、课程评价结果对于学校课程发展的价值等[1]。

4. 推进学生评价

课程的核心是育人，课程评价的核心是学生评价。学生评价是基于促进学生的发展（认知的、情感的、动作技能的）或将学生进行分等级以便甄别等目的而对学生的表现（真实情景中的、模拟情景中的；已有的、正在表现的、可能的）进行判断的活动，是一种事实判断与价值判断的综合。这样的界定实质上确立了学生评价的两个核心，即改善学生的学习和甄别学生。在学校的日常教学中，指向改善学生学习的评价占据主导地位。

学生评价受学校培养目标制约，受课程培养目标影响，被具体的课业目标驱动。由于学校培养目标一般用素养结构来描述，是学校出口时学生形象的描述，学校期望能通过全面的学生评价来判断和说明学校的教育加工力。课程培养目标是课程预设价值的体现，也期望通过综合的学生评价来了解课程价值的体现，以及通过学生评价来改进课程设置与实施。具体的课业目标表现为一个单元或一个学期的学科学习目标，期望通过有针对性的学生评价来了解目标达成情况，发现问题并予以调整和改进。因此，学校内的学生评价对于学校、教研组、教师、学生而言，呈现出不同层次，不同层次的学生评价也体现出不同的功能与价值。在学校课程顶层设计中应该体现出对以上三层次学生评价的关注，尤其要对学生的出口形象评价建立整体模型。

（1）学生评价的整体建模。学生评价的整体建模指的是学校依据培养目标所建立

---

[1] 李红恩 . 学校课程评价的意蕴、维度与建议 [J]. 教学与管理，2019（12）：3-4.

起来的学生完整形象描述和分析的模型。一般而言，分为三个部分。

- 学生课程表现评价。课程表现评价是指学生在学校各层级课程学习中的表现。如果学校将课程分为基础、拓展、研究三个层级，那么学生课程表现评价相应分为：基础课程表现、拓展课程表现、研究课程表现。课程表现评价由各层级课程培养目标驱动和制约，由课程整体表现和课程阶段表现组成。

- 学生实践档案评价。学生实践档案可以按照综合素质评价的基本框架进行设计，也可以根据学校特色化的课程设置进行调整。实践档案评价与课程表现评价互补，后者主要以各类测验为手段，而前者则更多的是实践活动的记录和保存，比如学生的个人爱好及个人完整修习计划；在班队会上的表现、在校内社团活动中的表现、身体素质与体育活动的参与表现；心理健康状况、学生的职业兴趣与生涯意识；志愿者服务表现、劳动意识、责任意识；社会实践、社区服务表现；参与研究小课题的表现、参与研学旅行情况与表现；学生的特长表现及各项获奖证书等。

- 学生个性化评价。如果说课程表现评价倾向于终结性，学生实践档案评价倾向于综合性，那么学生个性化评价则专注于学生发展的个体性与动态性。主要包括：一是学习风格的评价。通过学习风格评价了解学生对课程的感知、注意、思维、记忆、思考与解决问题的方式，了解学生的学习偏好，为学生的课程选择、学习改进提供帮助，也为教师的教学设计调整与优化提供支持。二是特长认定。学校应该重视、呵护并促进学生特长的形成与发展，将学生特长的校内认定纳入评价体系。三是学习潜力评价。从认知、情感、动作技能等领域，结合加德纳的多元智能理论，尝试了解学生的学习潜力。在评价时要注意学习潜力的复杂性，明确学习潜力评价是为了更好地因材施教，坚决杜绝将其用于评优或者升学。四是学习诊断分析评价。根据不同课程的设置与实施安排，及时进行学生的学习诊断，了解学生学习存在的各类问题，及时归因和认真解决。要重视学习诊断的重要性，从某种程度上讲，诊断比治疗更重要，前期及时地了解和介入，会保证学生的学习进程处于正常的轨道，及时消除问题。

（2）建立学校品牌课程的细化能力评价指标。除了对学生评价进行整体建模之外，学校还需要结合办学特色、课程特色、课程品牌建设、学生发展形象等的实际需求，建立细化的能力评价指标，比如北京师范大学第二附属中学研制的学生阅读能力指标。基于评价指标，学校探索采用多种手段和工具推进阅读能力的有效测评。记忆力检测采用“试卷检测”或在课堂提问来考查学生是否掌握阅读书目中的概念、基本观点和重要内容；理解力检测涉及理解阅读内容，提出问题并解决问题，对作者立场的理解和自己立场的表达三个层级；表达力检测包括笔头表达和口头表达，前者如读书笔记、文章和研究报告等，后者主要采取读书会、辩论赛、和老师口头交流的方式进行。

表 6-3 北师大二附中学生阅读能力评价指标

	知识记忆能力	情感交互能力	质疑探究能力	思维创造能力	欣赏鉴别能力	读写转化能力
学生阅读能力评价指标	（1）能够进行学习型阅读中的有意义记忆；（2）能够形成整体感知下的完整记忆；（3）能够形成深刻理解后的"质"的记忆；（4）能够形成个人建构的独特记忆。	（1）能够调动情感、经验去理解文本，与书中之情有碰撞、有交融、形成共鸣；（2）能够让书中之情影响自己、改变自己，使自己的情感更加丰盈充沛；（3）能够在不断交互中，培养阅读者的情怀。	（1）能够在阅读中以质疑为起点，包含对文本的怀疑、好奇和疑惑等；（2）能够提出问题，搜集、整合材料，进行假设、比较、分析、讨论等探究活动。	（1）能够形成个体独特的发现和认识，在旧的认知结构中形成新知；（2）能够理解、归纳、总结文本作者的"见识"，并形成自己的见识。	（1）能够用发展的眼光、辩证的眼光来审视经典；（2）能够运用比较的方法对阅读内容的思想性和艺术性加以甄别和评价。	（1）能够不断深化逐步获得的思想认识，磨砺自己进入书面表达的思维方式；（2）能够形成有一定的学术价值的阅读成果，以此验证阅读效果。

第五节　课程管理与组织保障

一、学校课程管理

学校推进课程管理既是响应国家要求，也是落实各类课程选择性与适应性的必要途径，其重要性不言而喻。但学校课程管理内涵是什么，如何让课程管理落到实处，如何合理安排课时总量和活动总量，如何根据课程目标与课程资源状况对教师教学提出具体要求和合理建议，这些问题都需要在进行课程系统设计时认真考虑和布局。

1. 学校课程管理的内涵与组成

有的专家从运行环节出发去定义课程管理，将课程管理视为有关部门（或机构）对课程的各个运行环节所采取的规划、指导、决策、监督、协调等措施。课程管理涉及课程管理机构、管理制度、管理权限、课程标准、教科书制度等[1]。有的专家侧重于内容的框定，指出课程管理的内容包括课程规划的管理、课程开发的管理、课程审定的管理、课程实施的管理和课程评价的管理等。总之，课程管理是一项系统的工程，要综合考虑课程的各个运行环节和影响因素，对课程的各个方面采取相应的措施，以

[1] 钟启泉．课程论 [M]. 北京：教育科学出版社，2007：240.

提升学校课程的质量[1]。

当前对学校课程管理的定位主要分为两种，一种是广义观，认为课程管理应该是对学校课程整体运作流程和机制的管理，辐射到课程运作的每一个环节；另一种是狭义观，认为课程管理是学校课程运作流程中的一个环节，处于课程实施这一领域中，与课程教学、资源建设相并列。这两种定位对学校而言各有利弊。秉持广义观，能够从学校层面整体进行管理规划，对课程的适应性和选择性进行统筹，但这样一来管理范围过广，二来学校普遍缺少具有课程整体管理能力的干部。秉持狭义观，能明确参与者的角色，但容易弱化管理的功能，无法体现对课程整体的统筹安排与协调。

笔者认为学校课程管理应着力明确四个基本问题："为了谁？""谁来管？""管什么？""怎么管？"

回答第一个问题需要关注学校课程管理虽然具备多重功能性，但归根结底还是带有强烈的学校特征，表现为以学生发展为中心、以学校发展为本位的对校内课程建设的主体管理活动。"谁来管？"的问题涉及学校管理人员的安排以及组织建设。"管什么？"由学校课程管理的基本定位决定，笔者认为学校可以从能够把控且实现管理的角度出发，将学校课程管理分为课程规划管理、课程开发管理、课程实施管理与课程评价管理，其中课程实施管理是重点，主要包括学分管理（主要指高中学段学分认定及模块考核管理）、选课制度、课程资源管理、教学管理等。"怎么管？"则指向学校为了实现管理功能而明确的制度和机制。

2. 学校课程管理存在的主要问题分析

明确了课程管理的四个基本问题，即"为了谁？""谁来管？""管什么？""怎么管？"，学校课程管理存在的问题也可以与其对标。

"为了谁？"——受传统"大一统"的课程模式影响，部分学校对课程管理的价值和功能认识不清。简单将课程管理行政化，当作忠实执行国家、地方课程的规范要求，没有意识到课程管理对于学校课程系统逐步完善的重要性，缺乏对学校课程管理的价值认同。

"谁来管？"——许多学校表现出并没有形成课程管理的主体意识，没有深入理解国家实行的三级课程管理体制，面对国家赋予学校的课程管理自主权不知道该如何把握。在不理解学校课程管理涵义和内容的情况下，就更谈不上以校为本开展课程管理组织建设工作了[2]。

"管什么？"——缺乏顶层规划与协商机制，导致对课程管理的对象和内容认识不

---

[1] 王婵、王本陆．基于学校课程体系文本分析的学校课程管理组织建设现状研究——以京、川、浙三地 58 所学校为例 [J]. 当代教育科学，2016（24）：19.

[2] 同上。

清，左右摇摆，前后不一。对象和内容的不明确对于管理者而言则会因指向不明而难以落实。

“怎么管？”——存在问题较多。一是偏重于通过制度来“约束”，而非通过价值来“引领”。只关注了管理制度的刚性，缺乏通过价值认同来引领管理服务实践改进[1]。二是管理制度不健全，缺乏对管理内容和对象的全面统筹与设计。三是简单移用传统的教学管理模式，主要表现在以教学管理机构来履行课程管理的职责，把课程管理简单看作课程实施和学生学习评价，而没有意识到课程管理是一项复杂的系统工程。四是缺乏管理能力，学校课程管理队伍建设较为滞后，缺少懂得课程理论的管理人员，教师也缺乏课程管理的理论知识和实践经验，不能很好地行使管理职能。对课程改革的新命题把握不准，导致在管理实践中出现明显偏差。下面以高中课程改革明确的学分管理为例进行说明。

《普通高中课程方案（2017 版）》明确本次高中课程改革在重塑高中教育定位、优化课程结构、凝练学科核心素养、更新教学内容、研制学业质量标准的基础上，沿用了上一轮改革的学分管理制度。目前，普通高中学分分为三类：必修学分、选择性必修学分和选修学分。学生毕业学分最低要求为 144 学分。其中，必修课程 88 学分，选择性必修课程 42 学分，选修课程 14 学分（含校本课程 8 学分）。但仍有很多学校的管理者与教师对学分、学分管理不甚明了，甚至理解错误，主要表现为以下几方面：

（1）学分认定过于随意。一是学分认定的权重赋值随意。绝大多数学校采用“模块考试＋平时表现”来认定学分，但对两者所占权重却有不同的做法，如，模块考试与平时表现分别占 60% 和 40%，或分别占 70% 和 30%，也有学校规定平时表现占 60% ~70%，而模块考试只占 40% ~30%，只要两者综合达到合格，即予以认定学分。还有的学校要求模块考试、平时表现双合格，才能认定学分。二是因情感、态度和价值观等较难评价，需要精心策划，采用多种过程性评价方式进行评价，费时费力，因此有些学校和教师完全不进行过程性评价，仅凭主观印象给学生一个分数。

（2）学分沦为奖惩手段。有的学校设立所谓能体现学生“个性特长”的奖励学分，规定凡参加竞赛获市级或市级以上一、二等奖的，按该学科学年学分值给予等值的奖励学分，参加社会各级资格证书考核合格的成绩、在德智体美劳某一方面具有的特长等也统统折算成奖励学分。还有学校推出所谓“德育学分”，给每一位高一新生“分配”基本学分，学生如果违反中学生行为规范或校规校纪，扣 0.5 分到 5 分，学生如果被评为市级优秀学生等，最高能获得 10 分的奖励学分。高中实施新课程改革后，学生的学分认定权归学校，而学校由于对学分的本质、学分管理的含义认识不清，竟使学分成为可以随意认定的奖惩筹码，不能不说是学校对学分认定权力的一种滥用。其实，

[1] 蒋敏杰．学校课程实施与管理制度创新的思考 [J]. 教学与管理，2017（7）：20–22.

学生学习成绩特别优秀，或者在某一方面表现特别突出，或者表现欠佳，学校完全可以在学生成长记录和学籍管理卡的相应栏目内予以记录。

（3）允许学分互借。有些学校允许学生将同一模块考核中的平时表现成绩与模块考核成绩互借，从而达到学校可以认定学分的水平。之所以如此，主要是学校为了便于管理而开方便之门，如果不允许“互借”，势必造成一些学生无法获得学分，需要重考甚至重修。重考，意味着学校又要出两套试卷；重修，意味着该学生很有可能在同一时间内需修习两门课程，进而影响学业。鉴于此，有些学校利用掌握学分认定权的便利，允许部分学生学分互借，从而达到人人能获得学分的“皆大欢喜”的目的。

（4）多模块统一认定学分。有些学校由于模块考试时间难以安排，或者出于减轻学生考试负担的目的，在一个模块的教学结束后，并不立即进行模块考试和学分认定，而是打通学段，实行多模块统一考试、统一认定学分。较常见的两种做法是：期中考试与模块测试叠加在一起，以期中考试替代两个模块测试；将一个半模块或两个模块合在一起在期末组织模块测试。学校尝试如此做法主要是为了打通学段、扩展到学期后，学校可以较为灵活地安排考试时间，也可以通过测试整合两个模块的基本内容，而且学生减少了一次集中测试，可以把原定于模块测试的一周用作教学时间。但是，这样的做法值得商榷。因为打通了学段，学习周期又回归到原来的学期、学年，模块教学、测试、认定学分的独立性不复存在；减少一次测试虽然减轻了学生的考试负担，但也同样减少了检测模块学习状况的一次机会，如果多模块统一考试认定学分时发现学生的上一个模块修习状况不佳，补考甚至重修的时间将更难安排[1]。

3. 学校课程管理的水平提升

在“为了谁？”这个问题上，学校要树立学校课程管理的主体意识，要明确课程管理对于学校课程建设以及其他工作的重要性，努力通过树立共同的课程价值来引领课程管理，通过价值认同促进课程管理人员明确方向、达成共识。在“谁来管？”这个问题上，学校必须作为管理的主体调动人力资源，形成管理共同体，为实现课程的选择性、适应性以及品质提升共同努力。在“管什么？”这个问题上，学校应明确课程管理的内涵和内容，让课程管理人员明确对象与目标。在“怎么管？”这个问题上，要加强课程管理组织人员培训，提高学校课程管理能力。要针对课程管理中的主要问题，比如制度漏洞、国家课程改革文件理解不清等，进行有针对性的业务培训，让管理者明确改革中的制度内涵。

比如前文提及的学分管理制度，很多学校之所以出现很多误区，是因为没有理解和认清制度要义。什么是学分？学分是学生成功地完成某门课程的学习所获得的分值

[1] 王凯．高中模块考试与学分认定中的操作误区及初步归因 [J]. 教育科学研究，2009（7）：42–43.

单位，用于表明学生获得某种证书、文凭或达到某个级别所需要的学习量。修完一个模块获得两个学分的含义是学生在该模块三维教学目标上均衡达标，即在知识与技能，过程与方法，情感、态度与价值观上均衡达标。在认定学分时，绝大多数学校采用一种“要素分析互补法”，即获得学分＝模块考试＋过程性评价＋修习时间，各要素之间不可相互替代，每一要素都达到最低标准，方可认定学分。那种将三者按照一定权重赋分，综合起来只要达到标准线就予以认定学分的做法是对学分的一种误解。

什么是学分管理？现在实行的是不是学分制？先回答后一个问题：现在实行的不是学分制。学分制以学分计量学生的学习量，学生可自主选择，在不同的时间内以不同进度学习各自的内容，达到不同的要求，以整个高中阶段为单位，统筹计算学生修习的学分，在规定年限允许提前或推迟毕业；没有年级之分，只有第几年之别，其主要特点是弹性和多元。学分制的核心是选课制，尊重学生的个性和选择，没有升、留级，实行免修、重修。课程改革之前，高中实施的是学年制。学年制以学时和修业年限计量学生的学习量，所有学生按同样的时间、同样的进度学习同样的内容，达到同样的要求，其特点是刚性和统一。目前，高中阶段仍然是三年学制，尚不允许已经修完学分的学生提前参加高考，所以当前的管理体制是一种“学年学分管理制”，它保留原有的学习年限，规定学生每学期所修习学分数的上、下限，规定学生毕业需要取得的最低学分总数及其中的必修课学分数、限制性选修课学分数，在一定范围内给予学生学习的选择权、主动权，这是当前教育工作者常提的学分管理的本质所在。明确了这一点，就很容易对某些学校增设附加学分、奖励学分的做法作出判断，奖励学分是高校绩点学分制的做法，而非学年学分制的特色，应该将学生获奖列入学生模块修习的过程表现范围，不能单凭获奖就给予学分奖励。

提升学校课程管理水平是一项长期任务，对于从约束到激励，从制约到服务，不断优化学校课程运行机制而言，意义长远。

二、学校课程建设的组织保障

1. 课程组织保障的内涵与存在问题

所谓“组织”，是指在具体情境中，为了达到特定的目的，对参与者的职责及其之间关系做出精心安排的社会互动系统，一般包括组织建设的目的、人员构成、职能与分工、人员之间的关系、组织与外部环境的关系等。在学校课程系统中，因为要明确保障课程顺利实施的人、事、财、时间、空间、资源等，从而形成一定的组织保障、制度保障、经费保障，其中组织保障是最为关键的。简言之，所谓课程组织保障就是为了顺利达成既定的课程目标，实现学校课程系统的良性运转，由学校根据实际情况成立的有关组织。学校建立相应制度来明确组织的运行规则和成员关系与职能，使得组织与课程的运作相适应。

新课程改革强调实施三级管理体制，学校被赋予了一定的课程管理权和开发权，这种变化改变了学校作为国家课程执行者的角色，使学校成为课程开发、管理与运作的中心。那么相应的课程保障工作是分配到原来的组织机构中，还是需要成立新的部门来专门负责？[1]

传统的学校组织结构大致由四个层级组成：最顶层级是校级组织，包括作为学校课程领导者的校长等；第二层级是一些中层组织，如学生处、教务处、教研处和政教处等；第三层级是以年级组、教研组及班主任为主的基层组织单位；最后一个层级是教师与学生，组织任务的具体执行者与实施者。像这样通过层级化与结构化分工而形成的组织结构，通常意义上被称为科层体制，这是一种典型的紧密耦合组织[2]。这种组织结构形式对教师发展、教师职业生命价值的实现有诸多的不适宜和弊端[3]。

除紧密耦合组织外，有的学者认为学校组织应该是一种松散耦合系统（loosely coupled system）。松散耦合系统的概念是美国学者维克（Karl E. Weick）在 20 世纪 70 年代提出的，他指出学校组织成员之间，彼此的关系虽然互相联结，但却保持各自的独立性[4]。在这样的组织中，教师彼此间、教师与行政人员间以及师生间，在课程、教学、行政与学习等事务上均有极高的自主性。新课程改革启动后，有些学校为了适应新的课程规划、开发与实施，进行了校内组织的变革，将原本的科层体制进行了松散化设计，如有的学校就成立了专门的课程改革办公室，统筹学校课程方案的执行；还有的学校建立了领导联系年级制度、推门听课制度、课程设计沙龙制度、教师跨学科联动制度等。

其实，松散结合的组织也存在明显的缺陷。由于松散结合组织的“耦合”特征，导致此类组织的效率很难保证，成员之间时常有扯皮推诿发生，很多地域、学校的课程改革落实不力甚至南辕北辙往往与参与者的抵触有关。所以，有的学者尝试提出构建混合型学校组织结构。混合型学校组织结构在逻辑上将松散耦合型与紧密耦合型两种显性化的学校组织结构看作一个整体，从形式上规范学校课程行为，明确学校管理者的权责，使学校组织成员的行为有矩可循，提高管理效率。同时，不设置永久的固定职位和职能界限严格确定的部门，学校每个成员有权根据自己的技能和所掌握的信息决定应该采取的行为，成员之间直接的横向及斜向的沟通和协调，取代纵向沟通

---

[1] 尹超 . 基于学生立场的学校组织变革研究 [D]. 天津：天津师范大学，2018：2.

[2] 梁玉珍 . 对课程变革的再思考：基于学校组织的重构 [J]. 教育理论与实践，2014（26）：45.

[3] 蒋园园 . 对教育变革再思考：一种新的混合型学校组织结构的视角 [J]. 现代教育管理，2009（2）：47.

[4] Weick K.E. Educational organizations as loosely coupled systems[J]. Administrative Science Quarterly，1976，21（1）：1–2.

和层级控制而成为实现目标的主要手段，学校组织的变革就会有较高的适应性和创新性[1]。

2. 课程组织保障的扁平化设计

上述的混合式组织结构因为摒弃了一元论，尝试通过互补融通的方式实现了组织重构。当前学校课程的组织保障面临诸多新挑战：一是课程整合的持续推进与深化。国家明确要求小学课程以综合化为主，初中课程采用学科与综合并重的方式，客观上要求学校课程系统中各课程要素体现综合化，在体现综合化的道路上课程整合是常用的主要方式，包括学科内整合、跨学科整合、超学科整合等。二是课程多样性与选择性的进一步提高。以学生为中心的课程设计模式为了满足学生的多元需求，会增加课程的多样性，日趋丰富的课程系统客观上需要升级组织保障。三是课程定制化的需求。随着课改的深入推进，学生的个性课程需求愈发受到关注。为有特殊教育需求的学生定制课程以体现课程为人人的理念，越来越被学校认可。定制课程植入学校课程系统后如何管理、如何组织和实施，需要学校的保障系统随之升级。

有学者提出应该变革层级科层制，优化生成路径、优化制度形成，推动课程深化实施。学校首先变革层级式的科层设置，实现学校课程管理与创新制度设计的责任权下放，建立一个各级机构、各种主体各司其职、各负其责的新型组织平台，即课程研发中心与课程创新项目组。课程研发中心集聚高校专家、教育科研部门专家及学校创新型教师，整合相关理论与实践资源，形成学校课程改革发展的总体设计，落实课程教师的培训等；课程创新项目组则根据学校课程规划，分项落实，形成年段、年级实施方案，分解、完善课程内容，形成具体操作指南，主动反馈课程实施中的问题，推动课程方案的动态调整[2]。

有些学校根据改革态势与自身实际进行了卓有成效的组织变革，如史家胡同小学进行了校内组织重构，首先成立了学校课程管理委员会，由校长牵头。管理委员会吸纳校内外课程专家共同组成，主要负责学校以及学校集团课程的顶层设计，对接国内外教育改革的理念，审批课程增减以及课程设置与课时安排，并定期召开集团课程发展专题研讨会。其下是课程组织三大中心，学生发展中心、品牌发展中心、教师发展中心，这三个中心负责学校课程的统筹与监控，但工作重点有所不同。学生发展中心主要负责国家课程的整合与补充，品牌发展中心主要负责品牌课程及项目的策划与开发，教师发展中心主要负责教师专业素养的提升，重点培养教师的课程理解力与执行力。三大中心下是八个部门：语文部、数学部、外语部、体育部、人文与科技部、艺

---

[1] 蒋园园. 对教育变革再思考：一种新的混合型学校组织结构的视角 [J]. 现代教育管理，2009（2）：48.
[2] 蒋敏杰. 学校课程实施与管理制度创新的思考 [J]. 教学与管理，2017（7）：20–22.

术与生活部、课程资源部、德育部。这八个部门主要负责课程的开发与评价，以任务为导向，以特定的课程建设为目标，通过扁平化的管理促进信息共享、理念互换、相互协调，有效促进跨学科、多部门的高效合作。处于基层的是六个年级组，年级组是课程实施与反馈的主体，各年级牵头探索具有年级特色的课程实施方式和教育教学模式，并负责课程实施的动态跟踪与反馈。通过学校课程组织的重构，为学校的课程改革定方向、定标准、定重点，提升了课程的科学化、系统化、模式化水平，优化了课程研究、申报、审批、推进、落实、效果反馈的管理流程和方式，有完整的课程评价体系和学生课程学习的学业评价体系，保证了课程实施的科学、严谨、有序、有效。

三、学校课程管理与组织协同变革的案例

在学校里，课程管理与组织保障是彼此协同、难分彼此的。在多年的基础教育课程改革推进中，涌现出特色鲜明的经验，有的学校进行了扁平化设计，消除了科层体系的弊端，有的进行了组织增容，保障了新设课程的实施，也有的学校创造性地将理念、人员、资源、时间、空间、班级等因素进行了协同改造，尝试全新的课程组织方式，北京市海淀区中关村第三小学（以下简称中关村三小）就是其中的佼佼者。

1. 基于真实发生的课程，提出“班组群”新模式

中关村三小认为课程是在教育现场，随着师生互动展开，不断生成与建构的学生真实的生命经验的总和。它不仅仅是固定和静态的课程文本，也是充满活力的生命活动，是在丰富多样的教育载体中实现的。基于以上思考，学校提出“真实的学习”，并将其作为学校课程建设的价值取向和实践主线。“真实的学习”就是让学生在真实的学习情境中，学习解决真实世界的问题，在解决真实世界问题的过程中养成积极行为，习得知识，获得能力，丰富交往，形成品格。基于学校的办学理念与培养目标，以学与教方式的转变为核心，实现课程体系的整体性、系统性架构，创新课程设计形式以及多样时间的组合方式，设计开放、共享的空间支持，形成“班组群”的新型教育组织形式，推动支持课程实践的学校组织创新。

2. 针对传统问题，进行组织的时空再造

传统的分科教学过于强调单一学科知识的逻辑，忽略了知识与知识、知识与现实世界的有机联系，在某种程度上偏离了学生学习的真实过程，不利于学生形成对真实世界的整体认知。传统的教学中，教师多是单兵作战，很难建立全面发展的教育观，学生个性差异难以获得充分尊重。单一形态的班级授课制，难以创造更加多样的学习

关系。传统的学校空间格局是以满足班级授课制的需要而设计的，强调整齐划一和效率，强调分割和固定，强调管理者的便捷，忽略学习者的多样需求，缺乏对学生间及师生间的人际交往、综合性和跨学科学习等多样需求的支持。

基于这些思考，学校首先从时空维度上寻求突破，实现超越，从而撬动学校课程的实施。第一，超越班级授课制，将三个不同年级的班级重组成“班组群”，形成全新的教育组织形态，以支持积极多样的学习关系，促进师生的社会性和专业发展。第二，超越一节一节课时，用“板块学时”建构起一个全时空的学校生活，让学习和生活有机相融，让学习能够更真实地发生。第三，超越“教室 + 走廊 + 操场”的学校设计固化模式，重新定位并重组学校各样空间的形态和功能，将学校的空间彼此联通，多样组合，实现共享。超越学校的围墙所限，学习不再仅仅发生在教室之内、围墙之中，将真实世界的丰富资源纳入到课程内容之中，延展学习的广度和深度。

3. 班组群的内涵及时空的变革

（1）班组群的内涵。班组群由来自三个连续年级的班级学生和教师组成一个师生家庭式的学习基地。在这里，学生不仅与班级内同龄伙伴共同学习，同时也根据自己的整体发展需要，与组群内其他年龄段学生共同进行跨龄、跨学科学习。来自不同学科的七八位教师组成“家庭式合作团队”，共同负责一个班组群一百多名学生的日常教育和管理，与家长密切合作，共同做好校内外的学生教育和发展工作。在教学上突破了分科教学和个人包班教学的“两极思维”模式。这样既保持了我国分科教学的系统和深度，又避免了单一分科背景下容易产生的学生全面发展的局限；同时实现学科组内以及跨学科的教研活动，规避了西方教师“包班”背景下专业成长的孤独。在班组群日常生活中，实行“班主任 + 导师”共育的方式，使教师的教育力得到最大程度的解放。

从组织形式上看，班组群突破了原来以单一班级为单位的刚性组织形式，发展成了不同年级灵活组合的多元、柔性的组织形式。这是一种面向未来的新型教育组织形态，也是一种新型的课程组织形式。通过各种空间重组和多样生态关系的建构，为丰富、立体的人际关系发生创造了多种可能，为学生更加真实的学习创造了机会和资源。

为学生创造丰富的学习关系，是班组群的重要任务，因为真实的世界包含多元、立体的关系。在班组群中，学生不仅与同龄孩子在一起学习、成长，还与上下两个不同年龄段的孩子共同学习成长。在这样丰富的“家”的关系里，学生不仅可以有多样的成长楷模和同伴，同时也可以成为其他孩子的楷模和伙伴。学生不但受惠于语文、数学等主要学科教师，也与其他学科、学校管理者关系密切。“班主任 + 导师”的教师团队，使教师眼中有了更多的学生，学生受惠于更多教师。班组群为孩子的发展搭建了生生之间、师生之间多元立体的关系，多维度的学习关系里也蕴藏着更多样的成长机会。

（2）支持班组群的可调节空间设计。当学习走向更多的真实问题解决和实践，当课程走向个性化、广泛联结和跨学科学习时，有限的学校空间如何满足师生的教与学需求？这就需要对空间进行整体建构，形成一个动态、开放的学习生态环境，灵活、多样、可调节，因教与学的需求而变化，能促进师生、生生之间的互动与协作，多样的学习方式也就自然发生。

中关村三小在保留传统的教室空间基础上，班组群将三间相连又互通的教室组合在一起，再加上同等大小的公共空间，组成一个“三室一厅”。教室之间可通过活动隔断板折叠或展开，根据学习内容和形式的需要，两个或三个班级自由组合，为小组合作、团队探究以及不同年龄的学生共同学习提供多样的学习空间。

可组合的空间，是从学习的需求出发设计的，为独立学习、合作探索、资料查询、成果分享提供了空间保障。在这个环境中，学生不再被限制在固定的座位上，而是可以走动、讨论、动手、表达、展示，独立思考、小组讨论、班级分享等多种学习方式的转换变得更加灵活自如，多样的学习模式变成一种常态。

可调节的空间设计促成了更深度的连结，扩展了学校的公共空间，打破了固定空间功能的思维框架，促进了空间资源之间相互转化，实现了不同功能空间的深度连结。手动操作的实验区与传统教室相连接，阅读和书写活动与体育活动场所相结合，多样的学习方式成为一种常态。

中关村三小从50幅中外名画中抽取了色彩搭配，构成各楼层的主色调，实现简单大气的格调浸染与美学熏陶。在建筑的基础架构中，铺设智慧化的“神经网络”，使学习空间数字化；建筑中的一部分设备管道和管线暴露出来，让学生们直接了解建筑物的“神经系统”；学校场地的风、光、热采用智能控制系统，生成可视化分析。除了科学、美术、音乐等专业教室，还拓展共享学习创造区域，设计了如“戏剧厅”、中国传统优秀文化习得的“礼乐厅”、信息技术融合的“梦工厂”、动手工程实践的“工匠坊”，以及支持展示、研讨和表演的“成学会堂”等空间，鼓励学生像艺术家一样感受律动，像科学家一样思考问题，像工程师一样解决问题。空间成为师生生活的所在，又是学习的有形课程。

（3）基于班组群的板块学时设计。当越来越多的课程形态不断出现，如何实现教学方式与课程内容、形态、时间的有机联动？中关村三小尝试着设计一种更为灵活的板块学时。将以往40分钟一课时，转变为时长90分钟的学习板块，这期间没有上下课铃声，由两个或多个学科的教师自主协商，实现不同时间段的多种组合，满足学习的多样化需要，为老师留出了教学内容安排的灵活空间，也为跨学科学习提供了实践创新的可能。将一天的学习时间整合为3个板块时间和2个班组群活动时间。每个板块学时为90分钟，班组群活动时间上下午各1个，包括积极健康的身体活动、群组活动、午餐、广播等。

课表的编排方式也按“三层六类”课程结构进行有机排列。在自主排课时，尽量将同一个课程群的学科安排在同一个板块当中，为跨学科合作创造机会和条件。

4. 班组群撬动的学校治理变革

在班组群的撬动下，学校的治理架构与管理方式也随着课改的深入而不断调整。学校基于五个“有利于”——有利于明确责任，确保学校的战略目标实现；有利于简化程序，快速响应师生的需求；有利于提高协作效率，降低管理成本；有利于有效的交流沟通，促进每一位成员的进步成长；有利于教与学流程和工作流程的创新——逐步形成了多元参与的学校共治的治理架构，包括课程发展委员会、教代会、家校委员会、行政团队、党组织、少先队等组织，防止因决策失误或某一方面权力失去控制而影响学校发展。各治理主体坚持对话沟通，共同寻找促进学校发展的最佳方案。

学校的基本管理单元由单个班级过渡到以班组群为单位，同时，构建了以“校中校”为核心的组织结构，形成了支持学校课程实施的组织架构。每四个“班组群”组成一个“校中校”，形成一个数百人的小型学校的架构，这是一个相对独立但内部开放融通的教育共同体，学校安排一位主任专门负责其日常工作。每个校区规模为四个校中校。“班组群”与“校中校”为师生提供了便于获得归属感的社会人文环境，便于不同年龄或背景的学生交往的社会环境，以及便于开展合作学习的教育生态环境。在这样的组织结构中，校中校、班组群成为管理架构的核心，课程部、教师部、学生部等组织单位，为班组群、校中校更好地实践“真实的学习”创造行政和专业支持。

在行政架构之外，还有学术组织——课程发展委员会，为班组群、校中校教师的专业发展提供学术支持和专业引领。课程发展委员会由学校不同学科（语文、数学、英语、艺术、体育、科学等）的具有一级及以上专业技术职务的人员组成。课程发展委员会总人数为单数，与学校的学科教师相匹配（各学科按照 5%～8% 的比例）。其中担任学校中层领导的委员，不超过委员总人数的四分之一。

中关村三小通过矩阵式管理组织架构和分布式的领导机制，让更多的人参与学校的发展事务，积累全局思考的经验，减少了学校管理层级或管理幅度过宽带来的信息衰减或决策滞后。

第七章　课程群建设

> 课程群既要承接顶层课程设计的下落，又要营造基于教研组、年级组的课程生态，在对这两种功能进行系统审视、把握和履行中，逐步形成课程群特有的价值链条。

基于学校顶层课程设计进行课程群建设，通过课程群建设与实施改变教研组工作常规，激发课程的变革活力，是教研组或年级组层面直接参与学校课程系统设计的主要切入点。课程群的质量高低是学校课程系统能否体现扎根性与长脚性的决定性因素。

课程群，有时候也被称为“课群”或者“课程群落”，是系统论思想在学校课程系统设计中的直观体现。当前学校的课程群一般包括两类：一类是学科课程群，一类是综合课程群。前者关注的是学科逻辑，基本构成是学科单元，是对学科本质的思考和分析；后者关注的是主题逻辑，基本构成是系列活动。随着改革的持续推进，课程群设计日益受到学校重视，但就现状而言，学校对课程群的内涵认识、设计策略等均存在模糊之处，需要进一步厘清，以使学校课程群建设走上合理化之路。

第一节　课程群概念与价值分析

一、课程群概念辨析

1. 课程群概念由来与发展

课程群这一概念出现于 20 世纪 90 年代。1990 年，北京理工大学率先提出在课程建设中应当以教学计划的整体优化为目标，注重课群的研究与建设这个命题。1993 年，进一步提出在课程体系改革中以课群建设为重点，并明确所谓课群是以现代教育思想和理论为指导，对教学计划中相互影响、互动、有序、原本独立完整的教学内容体系的相关课程，进行重新规划、设计、构建的整合性课程的有机集群。它秉承并体现教学计划的总体培养目标，具有明确的整体教育目标和教学任务，运用现代课程编制理论和设计方法，由若干个经科学划分的课程组成，各课程具有相应的教育分目标以及整合化、综合化的教学内容体系[1]。

之后，一些高校陆续围绕课程群开展诸多内涵分析和实践落地工作，所形成的较有影响的内涵分析主要有以下四种：（1）课程群是以一门以上的单门课程为基础，由三门以上的性质相关或相近的单门课程组成的一个结构合理、层次清晰、课程间相互连接、相互配合、相互照应的连环式的课程群体。（2）课程群是指若干门彼此独立而相互密切联系的课程。（3）课程群是在内容上具有密切相关、相承、渗透、互补性的几门系列课程组合而成的有机整体，并配备相应的教学素质，按大课程框架进行课程建设，进而获得整体优势，打造学科优势。（4）课程群是指从属于某个学科、相互之间有着合理分工、能满足不同专业教学要求的系统化的课程群体[2]。可以看出在高等教育领域，课程群的定义主要体现为三个关键词：多门、关联、整体。

在基础教育领域，课程群作为独立研究概念提出要晚一些。随着基础教育课程改革以及课程自主权的重新分配，学校开始有意识地进行课程结构和内容调整。为了解决课程门类增多与课时不够之间的矛盾，开始通过课程整合打通相关课程的边界，随着课程整合的推进，课程群作为正式概念开始在基础教育领域出现，并受到学校的关注。

课程群一开始并未与学校课程系统的整体设计建立联系，主要是从学科或者某一领域出发进行课程群探索。比如有的学者提出通过德育课程群构建和推进来解决德育工作虚化、空化问题，提出有效的德育课程不能是单一的教学科目，而应成为多种课程组成的课程群。这一课程群必须有一种合理的体系，科学地发挥着各自的功能，才能有效地去实现学校的整体德育目标[3]。也有的研究者通过语文校本信息库的建设打造语文校本课程群，把相对稳定的、普适性的、滞后的国家课程，与丰富的日益变化的社会生活联系起来；把有限的语文课堂，与无限的语文信息、语言世界联系起来；把单一的抽象的语言文字学习，与多学科学习内容联系起来[4]，从而改变学校中语文课程的基本格局，形成新的学科育人气象。

---

[1] 王嘉才，杨式毅，于倩，李灵 . 课程集群化建设的研究与实践 [J]. 北京理工大学学报（社会科学版），2001（2）：72.

[2] 李慧仙 . 高校课程群的建设及评审体系 [J]. 理工高教研究，2006（5）：124.

[3] 李学农 . 现代学校德育课程群及其建设 [J]. 江苏教育学院学报（社会科学版），2000（4）：15.

[4] 郑桂华 . 走向新的综合——基于网络的语文校本课程群的建设构想 [J]. 上海师范大学学报（哲学社会科学 · 基础教育版），2004（9）：46.

与课程群诸多实践相得益彰的是理论研究的发展，逐渐形成了三种定义方式。

一是“素养说”，认为课程群是以完善学生特定的素养结构为目标，围绕同一研究主题或学科，由性质相关或相近的单门课程组成的一个相互联系、整合优化、结构合理、层次清晰的课程集群。随着课程改革的深入开展，课程建设中出现“碎片化”“大杂烩”等问题。课程群建设试图消除这些弊端，进一步优化课程设计，突出教学特色和品牌，培养学生的核心素养[1]。

二是“组群说”，认为课程群是与单门课程对应的一种课程建设模式，即把具有相关性或一定目的的不同课程编排到一起，组成一个“群”，进行系统的教授和学习。课程群是为完善同一施教对象的认知结构，将课程方案中若干门在知识、方法、问题等方面有逻辑联系的课程加以整合而成的系列课程。课程群建设是一个课程融合与分解的过程，把诸多相关课程集中到一起，对课程内容进行整合，合并同类项，删除重复和过时的内容，使课程建设站在更高的起点，最终实现课程建设的群落化[2]。

三是“途径说”，认为课程群是以培养学生为主线、以课程的逻辑联系为纽带、以教师团队合作为支撑、以质量效益为抓手、以深化教学改革为动力的新型课程建设模式，是中小学校深化课程教学改革、优化课程设计的一种有效途径[3]。

与高等教育领域的研究与实践相比，基础教育领域课程群建设在继承了“关联”与“整体”外，还关注“素养”。此外，基础教育领域并未过分关注“多门”，没有将“三门以上”视为课程群建设的必要条件。增加学生关怀、减少门类限制的做法体现了基础教育与高等教育的不同之处。结合上述研究与分析，笔者尝试对基础教育领域的课程群作如下定义：在学校课程框架下，以促进学生核心素养的达成为目标，应用学校的课程自主权，通过将具有关联性的学科或课程模块进行重新组织，形成结构合理、衔接有序的课程组织，实现课程整体育人价值。

2. 课程群与相近概念的辨析

（1）课程群与课程领域。从当前各学校课程方案来看，将国家课程、地方课程、校本课程进行重新结构化后，一般采用“课程领域”或“学习领域”来呈现。比如某初中学校的课程体系由五大课程领域组成，其中的人文与社会领域，主要包括道德与法治、地理、历史、专题教育。2003 年版《普通高中课程方案》中曾明确，高中课程结构由学习领域、科目、模块三个层次构成，其中学习领域有八个，以“语言与文学”学习领域为例，包含语文、外语两类课程。

---

[1] 钟恒炳，苗露娜，陈世明．基于课题研究引领的学校课程群建设 [J]. 基础教育参考，2019（19）：34.

[2] 郑霖．小学课程群建设的实践与思考 [J]. 新课程研究，2019（7）：3.

[3] 蒋雄超．从“让学生适合教育”走向“让教育适合学生”——谈学校课程群的构建与实施 [J]. 教学月刊・小学版，2017（10）：3.

课程群与课程领域不同。前者是一种实体化建设，是对课程内部及课程间要素的拆分和重组，形成的是一种新的课程组织。后者是一种分类方法，领域内的各课程保持独立，只是内容相近的课程的简单线性组合。

（2）课程群与课程整合。课程群建设与课程整合在学校中容易混为一谈。课程整合的概念有多种，在此不一一赘述，笔者尝试简化地从广义和狭义两个层面去定义。从广义上讲，是针对课程系统中各学科课程存在的重复、割裂、对立等问题，将两种或两种以上的学科，融入到课程整体中去，通过多学科的知识互动，改变课程内容和结构，体现学校办学特色，促进师生协同发展。广义的课程整合涉及课程的结构、内容、资源以及实施等方面的重新组织，是一种课程整体意义上的变革。有的学者基于广义定义提出了课程整合后的五种"新型课程形态"：相邻知识系列的整合；性质相近学科的整合；为解决社会问题进行的人文、自然和社会学科的整合；教育内容变化与文化发展间的整合；针对儿童需要的被漠视，教育内容的割裂带来的儿童片面发展，要实现儿童与文化的整合[1]。从狭义上讲，课程整合主要指的是课程实施的整合，是将两种或两种以上学科，融合在一堂课中进行教学。可见，狭义的课程整合类似于多学科教学或跨学科教学。

广义的课程整合相比于课程群建设而言，是一个更上位的概念，是指采用各种有效整合方式，将学校课程系统中关联度不大或者已经分化了的各要素及其各成分之间形成有机联系的过程。涉及课程目标、内容、实施的重塑，也涉及校内外的课程领域统整、学生学习时间的重新规划以及不同科目之间的水平或垂直组织[2]。

综上可见，课程群建设隶属于广义的课程整合，课程群是课程整合后的结果之一。笔者认为，学校进行课程整合规划时应将课程群建设视为重要组成部分，在实施中应以课程群建设为桥梁，调动教研组、年级组的积极性，这样的课程整合才不至于散落为各自的偶发实践活动，才不至于流于形式。

（3）课程群与学科建设。课程群建设与学科建设也是一对容易被混淆的概念，可以从两个方面进行区分：一是对象不同。课程群建设的对象既包括国家课程，也包括地方和校本课程，是对学校所有课程要素的调整，而学科建设主要针对的是国家课程的各门学科。二是包含要素不同。课程群建设主要包括课程目标、内容、结构和评价等的横向整合，而学科建设一般包括师资队伍建设、学科研究平台搭建、学科资源拓展开发、学科教研制度建设等。

---

[1] 黄甫全. 整合课程与课程整合论 [J]. 课程·教材·教法，1996（10）：6-11.

[2] 黄光雄，蔡清田. 课程设计——理论与实际 [M]. 南京：南京师范大学出版社，2005：115-117.

二、课程群的价值

课程群建设的价值主要体现在六个方面：

- 体现学科优势。国家课程方案、课程标准、教材作为学科的核心文本，既带有强制性和规范性，也带有普适性和笼统性，但缺乏对学校、学生个体的需求关注。课程群建设是对用于同一批课程受体而且内容具有一定相关性和重复性的课程群体的建设，它既关注单门课程的系统性，又重视课程间的价值共通之处与独特之处，是一个课程融合与分解的过程。

- 弥补学科不足，体现学科的适应性。课程群建设是学科课程的校本化过程，学校发挥主动性，删除重复、过时的内容，增加新的前沿内容、彰显地域优势特色的内容，根据教育实际进行适当的调整，弥补学科课程固化、更新慢的不足。

- 体现学校对学科的贡献值。课程群建设是学校有效利用手中课程自主权的标志，学校组织教师团队在专家引导下，通过建设新课程群，使内容更新，更切合社会需要，更符合学校培养目标。课程群建设体现了学校对学科的应有加工力和贡献值，彰显了学校办学特色。

- 增加学科深研与跨学科教研，提升教师课程理解力和执行力。传统的学科教研过分专注于如何有效落实学科内容，缺乏对学科本质的研究，缺乏对学科价值与学校教育实际的思考。在课程群建设中首先需要教师对学科本质进行深度研究，然后基于学科本质分析科目间的关联，进行跨学科联动、跨学科教研，对于提升教师课程理解力与执行力是一个很好的机遇。

- 拓展学生的课程视野，促进核心素养的落实。学生是课程群建设的落脚点，着眼于学生必备品格、关键能力和价值观念的培养并不是借助某一门课程就能实现的，尤其当我们在每一门课程上都大力强调其系统性、完整性时，课时如何分配，学科交叉如何实施，如何破解分科教学独自为战，是不可回避的矛盾且必须解决的问题[1]。课程群的落地打破了学科间的壁垒，营造了相对完整的教育情境，让学生可以在综合任务中系统运用各种知识、技能、方法，既开阔了视野，也促进了核心素养的达成。

- 优化校内资源配置。当前学校已经基本接受课程成为学校育人的核心载体，应该基于课程来配置学校教育资源，根据课程的门类、特色、建设需要来决定教育资源的投向与比例，但这种投向往往是点对点的，分散而凌乱的。以课程群来重新配置资源，可以将人、财、物等在课程网络中进行整体思考，体现出资源配置的整体性与层次性，提升资源的利用效率。

---

[1] 郑霖．小学课程群建设的实践与思考 [J]. 新课程研究，2019（7）：3.

一言以蔽之，课程群的建设在保持单门课程个体价值的前提下，强化了课程间的联系，通过横纵联系实现了课程群整合优化，突出了课程整体育人的价值。

第二节　学科课程群建设

主要以学科形态存在的国家课程是学校课程系统的核心要素，相应的，学科课程群也就成为学校课程群建设的主要对象。

一、学科课程独立建设存在的问题

分科是人类认识逐步深入与分化的自然结果，其承载的间接经验容量较大、逻辑清晰、体系完整，有利于学校系统传承人类文化遗产。但传递人类知识并非学校的唯一职责，关注与呵护每个学生的成长，尊重和支持每个学生的发展需求，实现每个学生完整而有个性的发展，同样是学校的本质追求。学科课程在学校中独立存在、独立建设，并不能完整实现学校的追求，还存在以下问题：

（1）课程内容的“窄化”。从课程内容上看，传统的分科课程以分化的学科为基本组成单位，在内容上过于关注学科知识，以系统知识的习得与认知训练为线索，对方法、情感、态度、价值观等重要目标关注较少。如果将学科知识视为课程内容的全部，势必会造成课程内容的窄化。窄化的课程内容无法建构起学生进行丰富体验的场景。

（2）课程结构的“固化”。从课程结构上看，学科课程因为遵循严密的经验体系，常常以抽象的学理性世界为基本原型，注重对过去人类认识过程和方法的高度凝炼，强调通过学科特殊性和独立性来体现学科的价值。学科课程结构往往会体现科学共同体的共同规范，一旦形成容易固化，容易忽视生活世界的变动性和鲜活性。

（3）课程实施的“浅化”。专注于学科课程本身的建设容易陷入学科的圈子中耕耘，课程实施容易因为没有关注学科关系、学生关系等而走向浅化。以语文为例，笔者由多年的课堂教学观察发现，语文课程实施存在如下问题：一是泛经典取向。语文教材的编写，精选每一篇文章，能做到篇篇经典，但是在实施中过分抬高经典，让学生和教师只能仰望和观赏，却无可能超越——如何解决经典篇目的儿童现实意义？二是碎片化取向。语文教材中的篇目几乎都是节选而来，脱离了文本的母体与背景，加上教师常用的逐字逐句的文本处理方式，使得碎片愈碎——如何还原文本背后的完整背景，以及如何突破碎片化文本带来的片面思维？三是成人化取向。在课程实施中常以成人的视角和价值观来判断和决定——如何尊重不同孩子对同一文本的不同解读？四是浅层化取向。语文教学多专注于记忆、理解，忽视深度体验、完整感知以及批判与反思——如何有效发展学生的思维？五是课程实施中的任务性取向。很多教师常常具有较强的进度思维或者任务思维，常常担心如果课上讲不完怎么办，普遍缺乏目标性思维——如何以目标达成来驱动多样化语文课堂？六是验证性取向。教师常常预设了问题及答案，让学生通过阅读来查找答案，或者通过阅读进行验证——如何突破学科的单纯验证走向多元理解？

（4）课程功能的“弱化”。学科核心素养率先在高中课程标准中出现，客观上倒逼着高中课程功能的调整。从核心素养的本质来看，是个体面对复杂情境所展现出来的关键能力、品格、价值观念等的综合行为，具有鲜明的跨学科性和跨情境迁移性。单一学科的建设客观上因为无法构建跨学科情境，而致使学科课程的功能被弱化。

二、当前学科课程优化的主要趋势

很多学校已经认识到课程落实在不同的学校教育情境中应该进行相应的调试和优化，以更好地发挥学科课程的优势。目前常见的优化方式主要有两种（见图 7-1）。一种是综合化设计，即在课程系统框架下，在教研组或年级组层面，着手学科课程群建设，以突破学科课程独立推进的弊端；另一种是课程实施复现性设计，通过将学科间接知识进行部分复现设计，让学生重新经历知识产生过程，以填补固定知识与鲜活生活之间的裂缝。

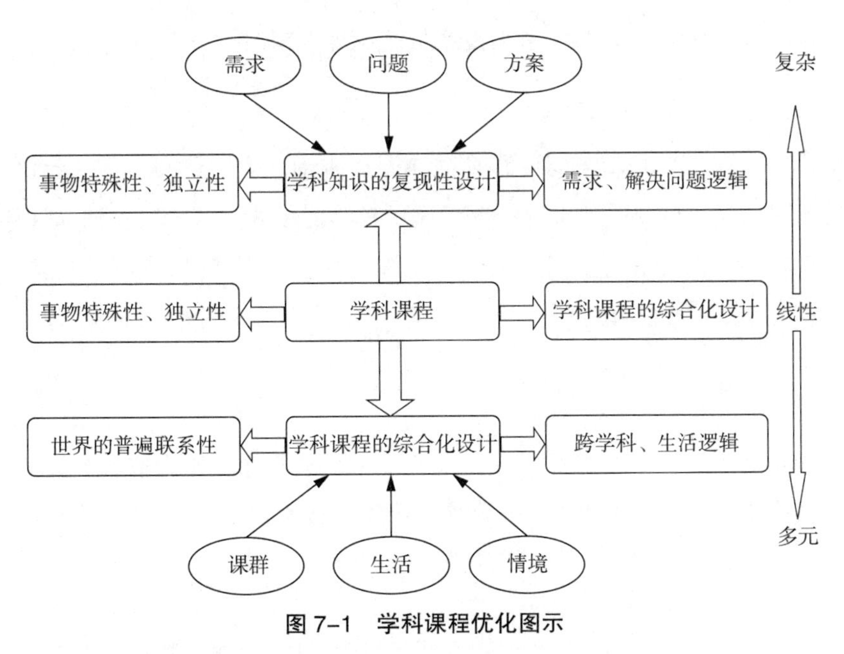

图 7-1 学科课程优化图示

三、学科课程群的类型

从实践来看，以下两种学科课程群较为常见：一是横向组合的统整式学科课程群；二是纵向衔接的阶梯式学科课程群。这两种课程群的建设初衷有所不同：横向组合的课程群，一般是为了建立相邻或相近学科之间的实质性联系，打破常出现的学科孤岛现象，解决学科的独立建制倾向和过分追求学科特殊性与独立性的问题；而纵向衔接的课程群，一般采用的是一门国家学科课程附带几门活动类的地方或校本课程，其本意是进一步增容和提升国家学科课程品质，同时也通过阶梯性活动课程的衔接，增强学科课程的适应性。

1. 横向组合的统整式课程群

横向组合的统整式课程群由两门（常见）或两门以上（极少）学科课程根据学科逻辑性和相关性进行融合而成。其中，不同的课程并无主次之分，在保留学科价值和基本体系的前提下，通过横向统整解决单独设科所带来的片面性和碎片性问题，提供给学生相对较为完整的学科体验（见图 7–2）。

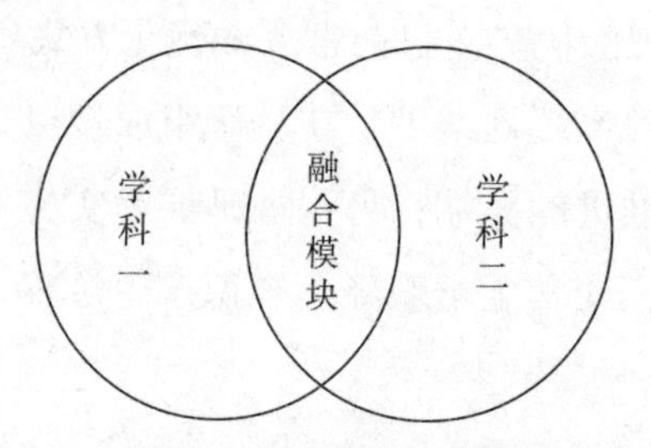

图 7–2　横向组合的统整式课程群示意图

横向组合的统整式课程群的组织方式一般可以采用平行并列组建模式[1]。即在组织中对各学科一视同仁，基于每门课程都需均衡、协调发展的目的，不区分核心与非核心，每门课程在人才培养中地位都相等、作用都等值。尊重各学科的独立性和价值性，将与其他学科关联部分进行逻辑重整，或精炼内容，节省课时；或衔接内容，促进理解；或提升内容，达成迁移。

2. 纵向衔接的阶梯式课程群

设计纵向衔接的阶梯式课程群首先要确认一门学科课程作为基础与核心，再附加与之有关联的其他非学科课程（一般是地方课程、校本课程），形成一个层次明晰、结

[1]　欧阳丽. 从课程到课程群：高职课程组织形态与组织方式的变革 [J]. 佳木斯教育学院学报，2013（9）：240.

构合理、相互衔接的课程群。这里的纵向是指课程类型之间的纵向关系，比如国家、地方、校本课程的纵向结构。纵向结构相互衔接形成了阶梯式课程群。

纵向衔接的阶梯式课程群是以某个学科课程为核心开发系列关联课程、以深化育人功能为重点的焦点式课程群。其中，各课程之间有主次之分，其立足点是促进主体课程的实施，进一步发挥主体课程的效能。其他相关课程的存在，一方面丰富学生的体验，另一方面拓展和完善学生在主体课程上的知识结构和能力结构[1]。

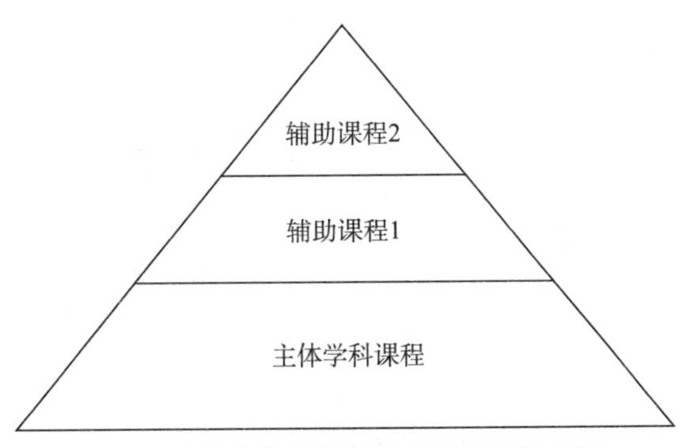

图 7–3　纵向衔接的阶梯式课程群示意图

纵向衔接的阶梯式课程群的组织方式一般采取“主体 + 辅助”模式。该模式在运作时一般会有两种思路：一是主体丰富思路，即设定一门国家学科课程作为主体课程，基于本学科的本质、目标、内容、实施途径等的统筹考虑，明确学科在目标深化、内容拓展、资源链接、情境创设等方面的需求，通过附加相应的辅助课程来丰富学科内涵，满足学科发展的需求，形成具有较高品质的学科课程群；二是主体辐射思路，即发挥主体学科在学术逻辑、知识体系、影响力等方面的优势，辐射并引领学校的相关课程，带动相关课程的发展，并逐步形成内部协调、衔接有序的学科课程群，增强学校课程的渗透性和活力。

四、学科课程群的设计

学科课程群设计不管是横向组合还是纵向衔接，都需要对学科课程进行系统梳理和分析。因此，笔者将学科课程群设计划分为两个层次（见图 7–4）。

---

[1]　路光远 . 学科课程群建设：课程品质提升的一种路径 [J]. 上海教育科研，2019（8）：67.

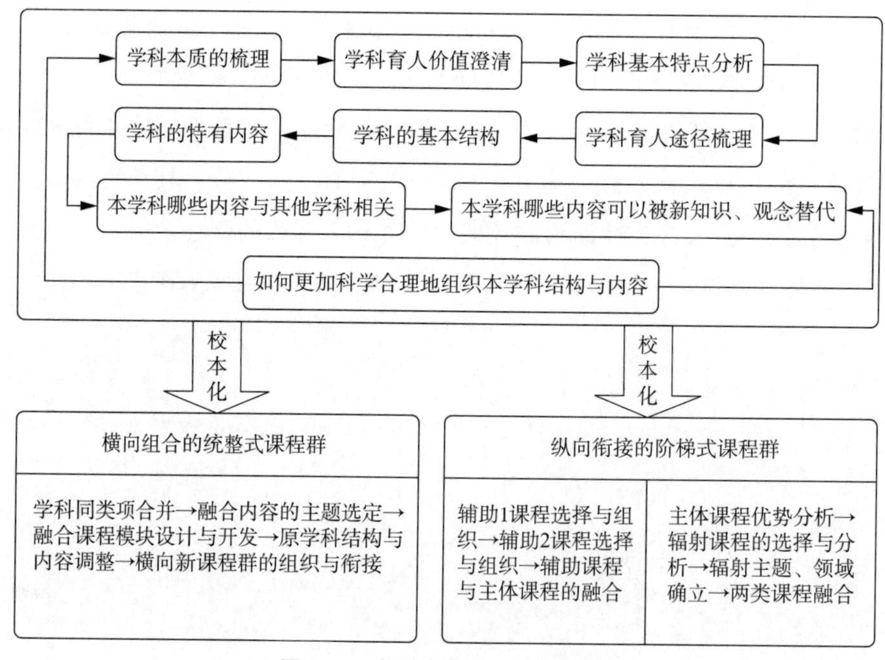

图 7–4　学科课程群设计流程图

1. 学科课程系统梳理与分析的九个环节

学科课程的系统梳理与分析是学科课程群设计的基础性工作，主要包括九个环节，各环节相联通，并形成循环闭环。

（1）对学科本质的思考与梳理。学科课程群建设绝不是为了简单地节省课时与资源，更不是为了颠覆学科，而是为了增加学科课程的学校适应性以及体现学科的价值与优势，因此课程群设计者首先需要对学科本质进行深入分析，以把握好学科需要传承的价值优势。学科是知识形态、活动形态和组织形态组成的统一体。其中，知识形态是学科的核心，活动形态是学科的基础，组织形态是学科的表现形式。知识形态是学科的本质之所在，学科的本质并不体现在学科活动的人身上，而体现在学科活动的人所创立的知识形态上[1]。进一步梳理关涉学科内涵及外延的相关学理，在学科内涵建构上，学科形成源于"知识发现—知识挖掘—研究对象领域的确立—知识谱系构建—知识体系成熟"这一线性过程，而学科能够形成范式，其路径依赖于学科组织在规训制度统领下进一步对知识体系进行推广及优化[2]。可见知识的发现与存在形态构成了学科的本质所在。《普通高中语文课程标准（2017 年版）》明确提出，语言文字是人类社会最重要的交际工具和信息载体，是人类文化的重要组成部分。语言文字的运用，包

[1]　孙绵涛，朱晓黎 . 关于学科本质的再认识 [J]. 教育研究，2007（12）：31–32.
[2]　申天恩 . 论学科本质及其三态表现形式 [J]. 中国高教研究，2013（10）：69.

括生活、工作和学习中的听说读写活动以及文学活动，存在于人类社会的各个领域。“语文课程是一门学习祖国语言文字运用的综合性、实践性课程。工具性与人文性的统一，是语文课程的基本特点”，可以看出语文的本质是以语言文字为知识形态，以多样化运用实现工具性和人文性的统一。

（2）学科的育人价值澄清。学科的育人价值指学科对学生发展的价值，主要体现在学科课程目标上。以高中语文课程为例，其价值在于使全体学生在义务教育的基础上，进一步提高语文素养，形成良好的思想道德修养和科学人文修养，为终身学习和全面而有个性的发展奠定基础，为传承和发展中华文化、增强民族凝聚力和创造力发挥应有的作用。在课程标准中，育人价值的具体化体现在学科核心素养上，语文学科核心素养是学生在积极的语言实践活动中积累与构建起来，并在真实的语言运用情境中表现出来的语言能力及其品质；是学生在语文学习中获得的语言知识与语言能力、思维方法与思维品质，以及情感、态度与价值观的综合体现。主要包括“语言建构与运用”“思维发展与提升”“审美鉴赏与创造”“文化传承与理解”四个方面。

（3）学科的基本特点分析。学科本质是学科的根本属性，学科特征的外在表现就构成了学科的基本特点，特点与本质一外一内共同形成了学科的属性框架。以语文课程为例，其基本特点一是“语用”，即以语言文字为载体，引导学生在习得的基础上，将之运用于真实的语言情境；二是“情怀”，语文课程重视通过学生自主的语言实践活动，积累言语经验，把握祖国语言文字的特点和运用规律，加深对祖国语言文字的理解与热爱，培养高尚的审美情趣；三是“文化”，在培养学生熟练运用祖国语言文字的同时，培育其社会主义核心价值观，积累丰厚的文化底蕴，促进学生进一步理解文化的多样性。

（4）学科育人途径梳理。学科育人途径与学科特点环环相扣，育人途径的选择、布局和落实必须考虑学科的独特性。仍以语文课程为例进行说明。听、说、读、写、思是语文学科学习的基本路径，让学生通过体验来习得多彩的语言文字，积累丰富的语文素材，激发学生对美好人生的追求，探索生命的本真以及对家国责任的担当。《高中语文课程标准（2017 年版）》从语文的特点和高中生学习语文的规律出发，以语文学科核心素养为纲，以学生的语文实践为主线，设计了全新的“语文学习任务群”。以任务为导向，以学习项目为载体，整合学习情境、内容、方法和资源，引导学生在运用语言的过程中提升语文素养。学习任务群的设计着眼于培养语言文字运用基础能力，充分顾及问题导向、跨文化、自主合作、个性化、创造性等因素，并关注语言文字运用的新现象和跨媒介运用的新特点，形成了语文学科课程独特的育人途径和方式。

（5）明确学科的基本结构。学科的基本结构决定学科的功能。学科的基本结构指的是学科内部各内容、要素之间的组织形式和层次关系。这种结构是学科按照一定的规则所形成的较为稳定的相互关系，所参照的规则一般为三种逻辑的综合：社会逻辑、知识逻辑、心理逻辑，即要综合考虑社会发展需要、学科知识逻辑以及学生的心理发展规律和特点。目前来看，学科的基本结构呈现出均衡性、综合性和选择性。当然义务教育阶段与高中阶段存在差别，义务教育阶段强调均衡性与综合性，而高中阶段追求选择性，目前采用的是必修、选择性必修、选修三类结构。

在梳理课程基本结构时，可以按照三种标准进行：一是内容的主次性，即按照学科的主要内容，比如核心概念、公理定理、重要主题，以及学科的次要内容，比如略读篇目或者补充阅读篇目等，进行结构分析。二是课时的比例，即按照课程标准、教材、教师指导用书中对不同内容的不同课时安排进行结构划分。三是重难点安排，即按照与课程目标相对应的重点、难点内容进行结构分析。需要注意的是不同学科进行结构划分和分析时要采用一致的标准，这样才能使结构具备横向比较性。

（6）明确学科的特有内容。学科特有内容指的是能体现学科本质特征的、独有的、与其他学科没有关联的内容，这部分内容是捍卫学科特殊性的表征符号。学科课程群的设计基于对学科特殊性的完整分析，一般而言，具有共同特征的学科概念、原理及情境案例属于学科的特殊性表述，是学科内部范畴的组成部分，是学科的特有内容。以高中语文学科为例，在每类课程中以中华优秀传统文化、革命文化和社会主义先进文化方面的内容为主线，安排必修课程七个："整本书阅读与研讨""当代文化参与""跨媒介阅读与交流""语言积累、梳理与探究""文学阅读与写作""思辨性阅读与表达""实用性阅读与交流"，其中的阅读、语言积累等都属于语文学科课程的特有内容。

学科特有内容支撑着学科的特殊功能和价值，在学科课程群建设时一般需要保留这部分内容。

（7）明确本学科哪些内容与其他学科相关。各学科课程有着其相对严密的知识体系和独立价值，但部分学科内容与其他学科内容有着相近性或者相关性。相近性指的是不同学科的部分内容选择与组织相似，相关性则指的是不同学科内容之间有着衔接性或者关联性。相似或相关内容为学科课程群设计提供了知识载体，比如语文学科的某些篇目和道德与法治学科的选用案例有着相似性，这就为这两门学科进行合并同类项提供了条件。进行相关内容梳理时一般先选定类型相近的学科，再依据课程标准和所使用的教材进行内容分类梳理和对比，形成不同学科相似内容的清单。

（8）明确本学科哪些内容可以被新知识、观念替代或补充。相似内容清单是跨学科知识对比的结果，其后还有一个研究步骤非常重要，即学科内容的时效性分析。课程标准自颁布至修订有一个周期，教科书的出版也是如此，这使得学科在传承人类精选知识的同时会因其修订周期而忽视新知识和新观念。在学科课程群建设初期需要认真研究和分析，哪些知识需要更新，哪些内容需要因地制宜进行调试和置换。需要特别注意的是，学科知识的更新和替换须谨慎有加，决不能打着调试的旗号任意更换学科内容。除替代与更换之外，还存在一种情况，即学科内容不能满足学生或者学生无法仅仅通过学科的相关内容掌握某种概念或者原理，这时一般采用的是学科内容补充。经过学科新知识、新观念替代或补充分析后，学校应该形成针对学科的知识更新与补充建议。

（9）科学合理地组织本学科结构与内容。经过以上八个基本步骤，学校对学科及不同学科之间的关系形成了较为完整、深入的分析，物化了很多书面初步成果，比如相似内容清单、学科知识更新建议等。在此基础上，学校、年级组或者教研组需要结合学校实际情况进行权衡与思考，如何更加科学合理地组织、调试学科结构与内容，是打通学科壁垒，基于相似内容进行横向的统整式课程群设计？还是进行几门学科课程的横向联通？或是基于某一门学科进行纵向衔接的阶梯式课程群建设？如果采取纵向联通，那么哪些校本课程与主体学科有衔接基础？整体来看，第九步是学科课程系统分析的决策性环节，也是学科系统分析与课程群分类设计的分水岭。

需要阐明的是以上九个步骤并非是一蹴而就的，需要学校在一定改革实验周期后基于沉淀的经验进行深入分析。九个步骤首尾相连，是一个对学科不断深化思考和认识的过程，共同构成了学科课程群分类设计的前置性研究。

2. 横向组合的统整式课程群设计的五个步骤

如果经过上述分析发现学科间类似或有关联的内容多，按部就班分头推进容易造成内容重复或者难以形成深度理解，那么，围绕相关学科进行横向组合的统整式课程群设计就成了一个解决上述问题的良策。

横向组合的统整式课程群设计一般包括五个步骤：

（1）学科知识同类项合并。按照学期为基本时间单位，将相关学科的相似内容从学科教材中抽取出来，了解这些内容所承载的学科目标，以及这些内容在原课程计划中所安排的具体课时数，进行目标、内容与课时的合并。

（2）合并后的新主题选定。基于来自不同学科的目标、内容与课时合并，根据学校的师生状况、资源条件，选择并确定统领合并后内容的新主题。

（3）基于新主题，进行融合课程模块设计与开发。依据新主题，使用上述内容、课时、目标进行新课课程模块设计与开发，这部分模块在未来的实施中将承载着合并后的学科目标达成。

（4）原学科结构与内容调整。抽取出相似的内容后，学科原来的顺序与内容体系会因此而变化，处理不好的话很容易产生知识断层，所以在进行融合模块设计的同时，也需要对学科的结构和内容进行相应调整，既不至于破坏原学科逻辑，也为后续融合课程模块与本学科的衔接做好铺垫。

（5）横向新课程群的组织与衔接。这本质上是原学科课程与合并后融合课程模块的重新组装，使之形成既相互独立又有内在联系的新课程群。

横向组合的统整式课程群设计需要不同教研组之间的通力合作，打破学科壁垒的同时，教研组之间的壁垒也被打破。常态化的跨学科教研是横向组合的统整式课程群能够有效实施的有力保障，既能通过合作提升教师的跨学科能力，也能通过联通开阔学生的学科综合视野。

3. 纵向衔接的阶梯式课程群设计的两种模式

如果一部分学科少有相似内容，或者有不少需要更新、补充内容，就需要按照纵向衔接的阶梯式课程群方式去设计。纵向衔接的阶梯式课程群设计有两种常见模式。

（1）主体丰富模式。该模式的本质是利用地方、校本课程来弥补国家学科课程的不足，或者进一步丰富学科课程的内涵，是对国家学科的一种强化。在纵向衔接上一般会选择两种辅助课程，与学科课程一起形成三阶课程群（见图 7–3）。主体丰富模式包括三个基本步骤：一是辅助 1 课程选择与组织。在学科更新与补充建议的基础上，选择或者开发与其能够紧密关联的校内课程或者模块。辅助 1 课程一般是知识更新式的，其目标是完成学校需要更新内容的替换。二是辅助 2 课程选择与组织。辅助 2 课程一般是知识补充式的，是对学科课程的再拓展。三是辅助课程与主体课程的融合。辅助课程选定或开发后，需要与学科课程进行纵向衔接和融合。在融合过程中，学科的主体内容保持不变，但容量和难度有所提升，体现了学校对学科的内涵附加（后续将通过案例进行说明）。

需要说明的是，在主体丰富模式中，很少有与主体学科课程严丝合缝衔接的地方或者校本课程，一般都需要进行已有课程的调整，或者进行新课程的开发。

（2）主体辐射模式。该模式的本意在于通过发挥学科课程的既有优势，带动学校其他课程的发展。主体辐射模式包括四个基本步骤：一是主体课程优势分析。所选的主体学科课程一般是学校的优势学科，分析主体学科课程的主要优势所在，为后续进行辐射和联动发展作好铺垫。二是辐射课程的选择与分析。在选择辐射课程时，一般会选择那些与主体学科有类似之处（目标、内容、结构或实施方式等）且能体现学校办学特色的课程，选择的课程数量不宜过多，一般以 2~3 门为宜。选定之后要进行相关的改进需求分析，为后续学科课程的辐射切入点等作好准备。三是确立辐射主题、领域、联动方式。根据学科课程优势以及相关辐射课程的分析，研究确定辐射主题、领域以及联动的主要方式。四是各类课程融合。采用新的课程编排或者课时打通、教学衔接等途径，将主体课程与辐射课程进行融合，形成新的课程群。

主体辐射模式一般用作扶持和发展学校特色课程，在融合中主体课程也会因此受益。如果把主体课程比作大树，那么辐射课程就如同大树上的藤蔓，顺着大树不断攀援生长，并与大树一起形成新的生态景观。

五、学科课程群设计案例分析：BEE 英语课程群

从实践效果来看，学科课程群的设计与实施，既有效地减少了国家学科向学校落地过程中的衰减，又附加了学校特色、增容了学科内容、提升了学科的实际价值。下面以北京第二外国语学院附属小学的英语课程群设计为例进行简析。

1. BEE 英语课程群由来

英语教研组在学校的统一安排下围绕课程标准，认真分析了基础教育阶段英语课程的性质与功能，明确其主要功能在于让学生掌握一定的英语基础知识和听、说、读、写技能，形成一定的综合语言运用能力，激发和培养学生学习英语的兴趣，使学生树立自信心，养成良好的学习习惯和形成有效的学习策略，发展自主学习的能力和合作精神。强调英语课程从学生的学习兴趣、生活经验和认知水平出发，倡导体验、实践、参与、合作与交流的学习方式以及任务型的教学途径，使语言学习的过程成为学生形成积极的情感态度、主动思维、大胆实践、提高跨文化意识和形成自主学习能力的过程。在经过认真的结构分析、内容梳理和问题反思后，学校将“智慧”教育的理念融入英语学科课程，以符合学生身心发展规律的课程设置激发学生学习兴趣，以促进学生思维发展的教学方法创设文化与情感互动交融的英语环境，赋予整体英语学科以“智慧”发展的核心内涵，形成 BEE 英语课程群（见图 7–5）。

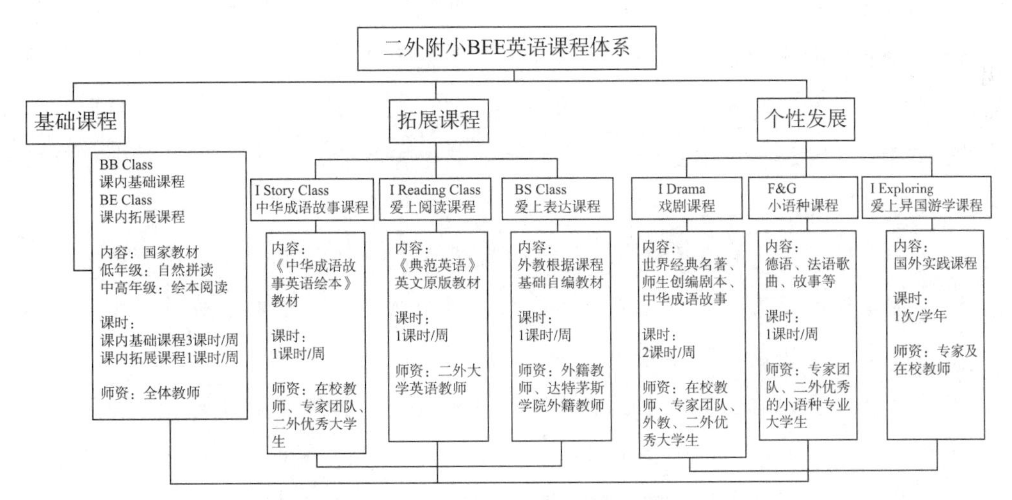

图 7–5　BEE 英语课程体系图

2. BEE 英语课程群内涵解读

BEE 英语课程群具体解读如下：“B”代表“basic”，表示基础的意思，意为国家学科课程是基础，是根基。学校所有其他英语课程都是在此基础之上开设的。

第一个“E”代表“extend”，表示拓展、延伸的意思，意为在国家课程基础之上所开设的具有二外附小特色的英语课程。第二个“E”代表“enjoy”，表示享受、喜欢，意为学习过程是快乐的、愉悦的。学生能够体会到英语学习是一种乐趣，学生个性可以得到充分发展。

BEE英语课程群包含三类课程，一是基础课程，二是拓展课程，三是个性发展课程。在基础课程中，以国家教材的课内基础内容为抓手，扎实开展低年级自然拼读以及中、高年级绘本阅读的课内拓展课程。在拓展课程中，学校设立了分别基于《中华传统故事校本教材》《典范英语》以及外教自编教材的“中华成语故事”课程、“爱上阅读”课程以及“爱上表达”课程。个性发展课程中，以用英语讲述中华优秀传统故事为核心的“爱上表演”课程，德语、法语等小语种课程，以及“异国游学”课程都体现出英语智慧课堂的个性化特色。同时，BEE英语课程群也重点进行了对评价系统的研究，包含个人发展性小档案、多元评价以及英语特色课程评价与文化节展示相结合的协同评价标准，积极推进即时考查与阶段考核并重、自我评价与互相评价结合、口试与笔试并举的“三位一体”多元评价体系。

3. BEE英语课程群中的拓展课程

拓展课程中以“I story”中华成语故事课程最显特色。之所以取名为“I story”，其一，因为它是“idiom story”的简称；其二，字母“I”又与“爱”发音相似，意味着这是孩子们喜爱的故事。“I story”课程以北京第二外国语学院主编的《中华成语故事英语绘本》为依托。中华优秀传统文化凝聚着中华民族普遍认同和广泛接受的道德规范、思想品格和价值取向，为孩子们道德品质的提升和理想人格的培育提供了丰富资源。学校将成语故事学习融于常规英语课中，鼓励学生灵活运用英语讲述中华成语故事，传播中华优秀传统文化。

高校专家以及学校英语老师结合学生实情，精选了90个经典的成语故事，并逐一翻译成地道的英语，并请专业团队为每个故事配上形象生动的图片，编辑出版了《中华成语故事英语绘本》教材，这套教材符合学生认知水平，图文并茂，深受学生喜爱。通过讲故事、演故事、编故事培养了学生学习英语的兴趣，提升了学生的英语思维和英语语言能力。学生通过学习，不仅丰富了中华优秀传统文化的英文表达，同时也感受着中国成语故事所蕴含的民族精神与民族品质。

4. BEE英语课程群中的个性课程

“I Drama”是BEE课程体系个性发展课程中的戏剧课程。“I Drama”即“I Love Drama”。其中，“I”代表“我”，同时，“I”与中文“爱”发音相似，因此，“I Drama”可以理解为“我爱戏剧”。“I Drama”课程旨在通过英语戏剧课程学习，让学生体验戏剧艺术的独特魅力，提升英语综合运用能力，并且帮助学生更深入、全面地认识自我，认识他人，从而以此种方式培养学生形成健全的人格。

（1）“I stories Club”课程。这是一门通过教育戏剧学习中华成语故事的课程。该课程由英语任课教师与外教联合授课，通过“读故事—讲故事—写剧本—演剧本”一系列的学习与训练，培养学生阅读习惯，提高阅读能力、写作能力和表演能力，同时，发展学生的思维及想象力，培养团队合作能力。

（2）“BEE Drama Workshop”课程。这是面向2–5年级学生开设的英文戏剧社团，团员均由专业外教选拔而来。外教是来自英国戏剧艺术协会（Drama UK）的教师团队。他们从戏剧的角度出发，为学生设计专属课程，课程教学内容分为声乐、舞蹈和表演三大部分，课程的最终成果是社团结合学生的特点与学校的教育教学理念，排演出一部带有二外附小校园文化特色的原创英文戏剧。课程实施中，主要采取体验式教学，让学生从实践和经验中学习，而不是简单地了解和记忆书本知识。通过体验式教学锻炼学生的观察力、理解力、表演力，增强学生的领导力、协作力和沟通力，可谓一举多得。

英语戏剧课程是学校英语课程群中的一大亮点。戏剧教育作为一种综合的艺术形式，除具有审美功能外，还具有教育功能。戏剧教育不仅为学生使用英语进行交际提供了真实的情景，激发了学生的学习兴趣，提高了学生的英语口语表达能力，还通过对戏剧作品的不断演练，让学生对不同作品有了不同的观点，他们往往感到有话要说，交流欲望强烈。戏剧教育对学生的健全人格和健康审美情趣也有着积极的影响，通过对一些经典作品的演绎，让学生对不同的故事、人物有所理解和把握，提高了他们对生活的感知，培养了热爱祖国、热爱生活、尊敬师长、勤奋好学等良好的道德品质。

第三节　综合课程群建设

学科课程群建设是在学科逻辑基础上的整合探索，而综合课程群建设则覆盖了国家、地方、校本课程各层级，以综合性主题为线索串起各课程板块，使之通过协同组合发挥整体效应。学科课程群建设体现的是基础与刚需，综合课程群建设展现的则是特色与多元，两者的协同建设共同承接了学校顶层课程设计的逐步落地。

一、综合课程群的概念辨析与基本类型

相比于学科课程群，综合课程群无论是在类型上还是内容结构上都显得庞杂得多。

综合课程群体现的是学校对自主课程权的实际运用，因为常常与学校特色资源、特色课程有密切关联，有时也被称为“特色课程”，被认为是根据学校特点、学生发展需求而建设的、富有特色的促进学生个性发展和学校特色发展的拓展性课程群[1]。如此定义关注到了综合课程群对特色的“厚爱”，但仅仅依靠特色还支撑不起综合课程群的框架。

1. 综合课程群的概念辨析

首先，综合课程群的出现是对当前地方、校本课程建设所存在问题的系统反思和尝试解决。国家、地方、学校三级课程管理制度确立后，区域和学校热情高涨地开发了不少地方课程与校本课程，随之碎片化、割裂化、松散化现象开始出现，各门课程在追求独立价值的同时，导致了课程之间壁垒的出现。而且，课程门类的增加客观上造成了课时的不足。有的课程因为带有学科拓展性，可以并入学科课程群，但有更多的课程因无法并入而处于日趋尴尬的境况。鉴于此，综合课程群致力于解决碎片化、割裂化与松散化问题，通过提取共同要素或者以新的大主题为线索，将分散的课程进行有机整合。

其次，除碎片化、割裂化、松散化之外，许多校本课程还存在“粗框架”与“弱关联”问题。粗框架与弱关联使得一批校本课程呈现出“上不来，下不去”的窘状，既无法形成学校品牌课程，又不能沉到教学一线，化作学生的鲜活发展。针对这批课程，可以通过综合课程群进行剥茧抽丝、横纵整合、结构优化，在联动中实现课程品质的提升，进而促进学生的个性发展。

再次，众多地方、校本课程门类如何进行归类、衔接与设置也是一个突出问题。在课程开发之初，学校很少进行该课程在学校课程体系中的位置、地位和作用的系统思考，在课程设置上常常采用并行推出的策略，将选择权完全交给学生。这种缺乏对课程进行时序的整体思考放大了学生选择的盲目性。因为缺乏时序思考，课程的顺序、衔接、关系、搭配就会不清，课程之间的重复、脱节、错位自然难免。综合课程群旨在改变这种时序不清、并行扎堆、脱节错位的现象，通过明确和调整课程开设先后顺序、课程内容衔接等，进行课程间的关系梳理和组合搭配，形成新的课程群。

综上可见，综合课程群关注不同课程整体设置上的时序性，交叉部分的统整性，内容板块之间的衔接性，致力于学生素养提升的发展性。综合课程群以来自生活、社会、经济等领域的话题或主题为统领，综合分析学校的各类课程，所形成的课程群中各课程板块灵活、有弹性。综合课程群的基本构成是系列活动和体验，体现的是对社会、生活等领域主题的剖析与认识，是对学校松散型活动课程的改进。鉴于此，笔者

[1] 孙寅. 基于初中生多样发展的特色课程群建设的范式研究 [J]. 基础教育参考，2018（16）：20.

尝试对综合课程群作如下定义：以学生特定的素养结构为目标，以发展理念为统领，以综合主题为线索，对性质相近或者关联的课程进行整合、优化、重组，体现课程的整体育人价值，所形成的结构清晰、内在一致、彼此衔接的课程组群。

2.综合课程群的基本类型

在综合课程群的类型划分上有不同观点，比如可以按照课程的内容划分，将综合课程群可以分为知识型课程群、方法型课程群和技能性课程群。也可以按各课程板块的时序安排进行划分，将综合课程群划分为前端课程、中间课程与后续课程。以上划分虽标准不一，但都有其合理之处，只是在学校实践中不太容易把握，比如知识与方法在课程中难以区分开来，课程的时序也会出现调整，前端课程与中间课程可能因此而颠倒顺序。从利于学校把握和操作角度讲，笔者倾向于按照组合对象进行划分，主要包括以下三类。

（1）作为国家课程的综合实践活动的综合化建设。从课程性质上讲，综合实践活动是从学生的真实生活和发展需要出发，从生活情境中发现问题并转化为活动主题，通过探究、服务、制作、体验等方式，培养学生综合素质的跨学科实践性课程。该课程由地方统筹管理和指导，具体内容以学校开发为主。从课程目标上看，综合实践活动旨在让学生能从个体生活、社会生活及与大自然的接触中获得丰富的实践经验，形成并逐步提升对自然、社会和自我之内在联系的整体认识，具有价值体认、责任担当、问题解决、创意物化等方面的意识和能力。从活动方式上看，主要包括考察探究、社会服务、设计制作、职业体验、党团活动等。《中小学综合实践活动课程指导纲要》（教材〔2017〕4号）指出，学校可以将有关专题教育，如优秀传统文化教育、革命传统教育、国家安全教育、心理健康教育、环境教育、法治教育、知识产权教育等，转化为学生感兴趣的综合实践活动主题，让学生通过亲历感悟、实践体验、行动反思等方式实现专题教育的目标，但要防止将专题教育简单等同于综合实践活动课程。学校要落实国家要求，就必须按照区域规划，结合学校的办学实际，对综合实践活动课程进行整体设计。首先要融入办学理念、办学特色、培养目标、教育内容等，让综合实践活动课程具有鲜明的学校特性；其次要依据校内外可利用的优质教育资源，对综合实践活动课程进行统筹考虑，形成与不同活动方式相匹配的课程板块；再次，尝试建立各板块之间的连接，形成学年和学期纵向衔接、校内和校外有效过渡的课程群。

（2）地方课程、校本课程的优化整合与体系化建构。地方课程的管理权限在省级教育行政部门，从改革进程来看发挥了积极作用，将国家要求、地域特征与学校文化进行了关联与融合，但也存在诸多问题，比如在内容选择方面有两种不够妥当的做法：一是“疏于设防”，主要表现在将本地域历史、地理、经济等内容一股脑儿“搬进”地方课程中，导致内容庞杂，地方课程成了当地的社会发展百科全书；二是“过当设防”，行政部门严格把关，要求将能体现政府业绩的内容纳入课程，导致了颂扬之词满天飞，地方课程变身为当地行政部门的宣传手册和政绩报告[1]。这样的地方课程进入学校就必须与校本课程进行重新组合、彼此镶嵌，形成目标适当、结构合理、内容精炼、途径明晰、评价聚焦的综合课程群。

（3）基于校本课程的聚类建设。有的校本课程因为与国家学科课程有相似或者关联，可以纳入学科课程群，承担新的使命。但更多的无法融入学科课程群的校本课程怎么办？一种解决方式是追求品质提升和独立价值，利用独立课时、独立课型，逐步成长为学校的特色品牌课程；另一种解决思路就是抱团取暖，彼此优化整合，形成优势共振。从实践来看，基于校本课程的聚类建设一般是各校本课程间的聚类建设、重新组合，有时也会与相关的国家学科课程进行某些联动，使课程从单一走向协同，既消除了不同课程间的壁垒，让学生的选择不至于过分零散，又规避了课时短缺的问题，通过合并优化、打通课时，提升了课程实施效率。

二、综合课程群设计的五种模式

因为综合课程群的逻辑主线选择面广泛，组合对象众多，所以综合课程群的设计模式较多。就目前的实践而言，主要有以下几种：

1. 理念统领模式

以理念进行统领是学校进行综合课程群设计时常采用的模式，一般在年级组进行整体课程梳理与重组时运用。其优点是所设计的综合课程群与学校办学理念相匹配，与学校课程系统能衔接，减少了课程效能随着管理层级的增加而出现的损耗。其成败的关键在于课程设计者能否清晰合理地分解学校办学理念，梳理与办学理念有关联的课程。

北京市朝阳区呼家楼中心小学的PDC课程群设计就是运用理念统领模式的一个很好的案例。PDC是英文“project”（项目）“drive”（驱动）“create”（生成）的简写，是指以项目为课程形态，驱动学生欲望和兴趣，促进学生的实践和体验，优化思维和意识，生成经验与技能以及情感、态度与价值观。学校在结合国家对人才全面发展要求的基础上，融入“创设适合每一个学生发展的教育，成就每一个学生与众不同的精彩”的办学理念及育人目标，并围绕办学理念的内涵分解出满足全面发展的“生存能力、基础能力、生活能力、创新能力”四大能力。PDC项目课程将生命成长按“发现自我”“了解自然”“探秘科学”“解读人文”“回归生活”“体验社会”六个领域进行横纵双向建构，以弥补原有课程的不足，同时综

[1] 王凯．地方课程发展困境的文化学审视及可能突破[J]. 教育发展研究，2011（10）：43.

合课程群突显了实践性和探究性。

学校既将PDC视为与学校办学理念一脉相承的观念，强调通过课程群建设实现育人观念的转变，又作为综合课程群的线索，通过项目驱动方式达成育人目标，让孩子完成对生活和世界的价值建构，成为一个具有生存和生活能力的幸福的人。

2. 内容关联模式

内容关联模式是通过不同课程之间相似或者有关联内容的查找、分析、组合、优化进行综合课程群设计的方式。主要通过雷同内容的合并、相关内容的联通、不同内容的衔接等手段，形成结构良好、内容精炼的新课程群。

有的学校通过分析与3D打印技术相关的课程，探究基于3D打印综合应用的产品设计课程群建设，形成新的课程群：（1）Solid Works课程。主要包括：通过软件教学，完成造型设计并掌握模型设计的要领与技法，为3D打印快速成型综合应用奠定基础。（2）3D打印快速成型课程模块。主要包括：掌握3D打印的基本理论，完成3D打印项目实践，掌握3D打印所对应的材料性质、成型设备原理与构造、工艺处理等。（3）产品设计专题Ⅱ。主要包括：独立或协作完成项目设计实践，掌握3D打印与对应产品设计的技巧，熟练3D打印的流程等。（4）拓展实践。主要包括：实践基地实训，以增强学生实践与应用能力；开发、提升学生创造力等。通过课程群开发与实施，将理论学习与完整的材料制造技术通过课程实践融合在一起，提升了学生的综合设计能力[1]。

3. 问题解决模式

问题解决模式也是学校普遍采用的一种设计方式，其优点是能够针对学校课程建设存在的实际问题，有较强的现实意义。其成败的关键在于能否梳理和发现真正有价值的问题，能否区分清楚哪些问题只是暂时性的，会随着改革推进而自然消失，哪些问题是课程本身存在且会较长时间存在的，哪些问题事关学生的课程实际获得。

上海外国语大学附属外国语学校早在2004年就创建了学校的模联社团，随着模联等外语特色社团建设的不断成熟，学生越来越走向国际，也面临着越来越大的挑战：在国际平台上，学生需要更娴熟的语言技能来表达自己，辩驳对手；需要更厚实的文化底蕴去理解和沟通来自多元文化背景的伙伴；需要更开阔的视野和角度来分析、思考需要解决的问题；需要更全面的专业知识和技能来提高问题

[1] 张春庆，李晓辉，范芸．基于3D打印综合应用的产品设计专业课程群建设[J]. 美术教育研究，2018（2）：132.

解决过程中的独创能力。正是基于对上述问题的发掘与分析，引领学校走进了外语特色学生社团支持课程群建设的探索，以创建与社团主题相匹配的支持课程群，拓展社团成员的胜任素养，以此推动社团建设与时俱进，进而推动以社团建设为切入口的人才培养模式的形成[1]。

4. 学生发展主导模式

学生发展主导模式是指基于学生多样化发展需要或者学校特有的学生发展目标所进行的课程联动设计。其主要特征在于以学生的完整发展或者某一部分特质发展为目标，引领综合课程群的设计。其优点在于以学生发展为中心，使得课程设计更倾向于学生的发展需要，引导教师将研究和实践重点从内容转向学生主体。其成败关键在于能否对学生素养发展目标进行清晰而合理的界定。

浙江省杭州市采荷中学，学校的课程群建设理念是“多元发展，个性培养”，即尊重学生的主体地位，构建以学生发展为本的特色课程，让每一位学生自主选择，满足其学习需求，通过创设真实的学习情境，开展丰富多彩的学习活动，鼓励学生多元发展，提高学生的素养。学校抓住特色课程群建设这个核心，按照“基于实际顶层设计—特色课程群开发—课程实施管理—课程评价反思—课程优化再实施”的技术路线设计开发了以优势学科“趣味营”、社团活动“个性坊”、实践基地“拓展部落”三大载体为依托，在文学审美、科学探究、社会广闻、才艺个性、实践拓展五个领域设计若干彼此关联的特色课程群[2]。

5. 学段衔接式模式

学段衔接模式一般常见于九年或十二年一贯制学校。采用学段衔接模式的优点在于有利于解决各学段、各年级之间课程的割裂问题，使学生有机会进行纵深、完整课程的修习，获得来自此类课程群的持续滋养。此模式的主要问题是课程之间虽然进行了衔接，但是修习课程的学生因为升学政策等并不能一以贯之。

北京第二外国语学院附属中学是一所十二年一贯制的学校，基于一贯制整体实践研究，提出了“塑造品格　激发梦想”生涯课程群建设命题。通过对小学、初中、高中三个阶段因分离造成的“断层”进行了融合尝试，重视课程发展的连续性，尝试打破高、中、小学段界限，构建十二年一贯制“塑造品格　激发梦想”生涯课程群：（1）明确了课程目标与性质（见表 7–1）。通过学校一贯制生

[1] 陈烨君，章正言，杨艳 . 外语特色学生社团支持学校课程群建设的探索——以模拟联合国社团为例 [J]. 教育参考，2019（3）：75–76.

[2] 孙寅 . 基于初中生多样发展的特色课程群建设的范式研究 [J]. 基础教育参考，2018（16）：20–21.

涯课程建设与实施，引导学生形成正确的人生观和价值观，成为一名具有自我认知、自我发展、自我管理与规划能力的个体。（2）形成了满足不同层次学习需求的“必修＋选修＋研修”课程结构与标准。（3）固化了理论课程、实践课程教材、师资等实施保障。（4）探索出课程计划精细化、理论学习专业化、学科课程渗透与整合多元化、综合实践活动主题化的课程实施模式，形成与德育课程融合的实施路径。（5）确立校内外课程资源整合途径。在校内挖掘隐形课程资源，在校外则与多家社会单位合作建设专业课程实施团队、开发专业课程、固化实践基地。（6）规范课程管理与评价机制，包括校本课程开发、实施与资源整合方式规范，对授课教师的管理规范；科学评价教学效果，关注学生实际接受效果，创新学生评价原则，即基础性评价和发展性评价相结合。

表 7–1　二外附中一贯制生涯课程群培养目标

阶段	小学	初中	高中
认识自我	帮助学生初步了解自我，发现自己的优点及长处；初步形成有关自我的概念与意识；初步了解自我的兴趣、情绪、意志与性向；初步了解自己的能力与特质所适合的发展方向。	能够客观、合理地认识自我，评价自我，树立正确的学习观。	学习了解生涯发展理论，能够正确使用测量工作评测自己的性格特点、兴趣类型、价值观、能力等；并能科学地利用测评结果，更全面地了解自己。
认识环境	了解并熟悉身边人的职业、工作内容；知晓身边人的职业。学习适应小学到初中的环境变化，提前适应初中生活。	初步了解职业世界，认识常见的职业形态、种类与分工；了解职业分工和相关职业群的基本形态；掌握部分职业的工作流程；认识各种职业群所必备的能力与技能；认识职业与未来社会发展的密切关系；了解社会发展对产业结构及职业变化带来的影响；掌握未来不同岗位的不同职业需求，形成就业的基本意识与初步选择。初步掌握科学的角色过程，意识到生涯发展的不确定性，合理调整、平衡各种角色。	进一步了解职业世界，明确学业与职业发展的重要关系；了解大学、专业等知识。
学业管理	帮助学生建立规划的起点，有意识地制订学习与生活计划，意识到合理安排时间的重要性；培养勤奋的学习态度；初步具备思考生涯发展的能力。	掌握有效的学习方法并扩大自己的知识面；制定符合自己特点的学习和生活目标。	做好基于学业水平和职业目标的学科选课、选考、选专业，制订高中学业规划。

续 表

阶段	小学	初中	高中
生涯能力	使学生初步形成责任感及良好行为；培养学生的自我责任心、他人责任心和社会责任心；培养主人翁意识，激发积极配合、团结协作的良好情感，培养诚实守信、遵守公德、遵纪守法、实事求是、热爱劳动的品格；初步培养出不断解决生涯问题的自信和能力。	培养学生适应生存和发展的基本能力；培养学生具有积极的心理品格；理解学习与劳动的意义；理解职业精神的实质，形成初步的职业意识，培养责任心；具有与人分享、与人沟通的意识和能力；具有适应学习环境和初步适应社会环境的能力。	培养学生具有生涯规划、自主管理的能力；形成生涯规划正确价值观；拥有适应未来社会与职业变化需要的科学规划、学会学习、责任担当、实践创新等核心能力。

综合课程群不管采用哪种设计模式，都需要体现时序性、统整性、衔接性与发展性。从实践案例来看，绝大部分课程设计都是在学校已有课程建设基础上进行的提升行动，是在学校已经开发形成了众多相对散乱的课程门类前提下进行的后期整合、凝练行为。也有一部分新建学校拥有课程建设的后发优势，可以跨越各类课程的普遍开发期，先进行课程群的顶层设计，根据顶层框架有选择性地开发课程，彼此衔接、共同推进，形成课程的整体育人格局。

三、综合课程群设计案例分析

1. 以问题解决模式开发的葫芦课程群

北京市怀柔区宝山小学基于农村学校的地域优势，开发了葫芦校本课程，按照“初步认识葫芦→葫芦种类→葫芦的果实→校园里的葫芦→葫芦选种与育种→葫芦移栽→葫芦种植管理→葫芦写生→葫芦采摘→葫芦彩绘与雕刻”的基本体例编写了校本教材。围绕“葫芦”进行了较为系统的介绍，让学生对葫芦有整体印象和概念，通过学习葫芦的种植、养植、管理方法，以及葫芦的艺术创作，让孩子们在劳动中接受教育，在葫芦上进行艺术创作，学会欣赏美、创造美，此外，还尝试将葫芦与地域文化进行连通，引导孩子熟悉、悦纳、传承地域文化。

1. 葫芦课程存在问题的梳理

随着宝山小学葫芦课程的持续推进，各种问题开始出现：一是由于缺乏将“葫芦”与各学科课程进行适当关联，缺乏从学科视角进行观察和分析，致使葫芦课程缺乏来自学科知识的支撑而变为日趋孤立的一门校本课程。二是学校只是将葫芦课程定为“校本课程”，缺乏与学校课程体系的衔接与过渡。由于没有将葫芦课程的定位、目标、内容、实施、评价等内嵌入学校课程系统中，没有与其他课程建立关系，致使葫芦课程因定位不清和位置不明，而缺乏持续发展的动力。三是总体而言，葫芦课程的内容较为浅显，未深入考虑学生几乎家家栽种了葫芦，对葫芦早已耳熟能详，浅显的内容、浅显的体验无法真正激发学生的兴趣。四是葫芦课程与其他校本课程、地方课程之间在课程目标设定以及实施渠道和方式上有类似之处，但是未进行整合。五是课时不足成为制约葫芦课程有效推进的重要因素。学校课表中一周大约安排 1~2 节的校本课时，在有限的课时中如何权衡开设各门校本课程成为难题。由于葫芦课程本身带有较强的实践性，需要较长的课内外时间来支撑，使得本来就不足的校本课时更显得捉襟见肘。

2. 葫芦课程群的新结构图

宝山小学在课程专家引领下，围绕问题进行归因分析和研讨解决，初步形成了新的葫芦课程群，结构图参见图 7–6。

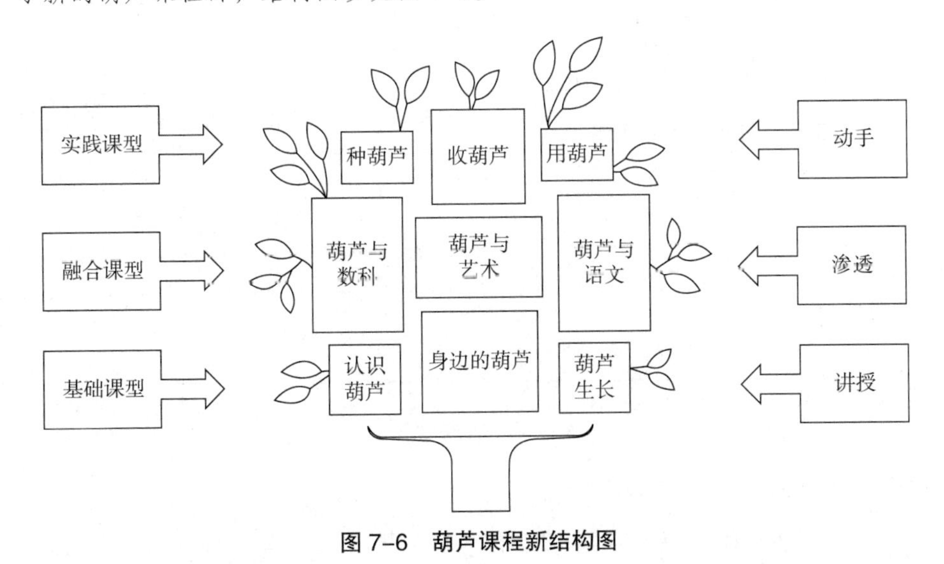

图 7–6　葫芦课程新结构图

- 基础课型。基础课型适合于 1、2 年级学生，通过独立校本课程来呈现。课程内容：认识葫芦（2 课时）（样子、种类、分布等）；身边的葫芦（2 课时）（村庄、校园、家庭中的葫芦等）；葫芦的生长（3 课时）（是如何生长的）。

课程意义：宝山小学的孩子全部来自农村家庭，而大部分学生对农业种植、养殖以及科学管理方面的知识真正懂的很少。从认识葫芦基础课程开始，给农村孩子们提供更广阔的天地，让他们从小就亲近自然，了解农业科技知识，为将来建设社会主义新农村打下良好的基础。

- 融合课型。融合课型适合于 3、4 年级学生，通过与国家学科课程融合并打通共用课时来呈现。课程内容见表 7–3~ 表 7–6。

表 7-3　葫芦与科学

课型	科学融合课	备注
融合内容	葫芦形状、葫芦质地、葫芦生长周期	
课时	2 课时	
学习方式	观察、思考、实验、总结	

表 7-4　葫芦与数学

课型	数学学科融合课	备注
融合内容	葫芦分类、葫芦产量估算、葫芦产品与价值、葫芦与图形	
课时	4 课时	
学习方式	观察、计算、思考、总结	

表 7-5　葫芦与艺术

课型	艺术（音乐、美术）学科融合课	备注
融合内容	葫芦素描、彩绘葫芦、葫芦丝、葫芦装饰、葫芦文化	可以通过给学生介绍彩绘葫芦的历史传说以及神话传说，让学生在故事的有效激发下，提高对彩绘葫芦的兴趣，引导学生认识彩绘葫芦的意义，创设生动活泼的课堂氛围。
课时	4 课时	
学习方式	观察、设计、制作、反思、领悟	

表 7-6　葫芦与语文

课型	语文学科融合课	备注
融合内容	葫芦生长日记、葫芦文学、葫芦与传统文化、葫芦娃	可以跟《我要的是葫芦》等篇目融合；也可以给学生增加与葫芦相关的拓展阅读篇目。
课时	4 课时	
学习方式	观察、阅读、写作、反思、领悟	

- 实践课型。实践课型适合于 5、6 年级学生，通过与综合实践活动融合并打通共用课时来呈现。课程内容主要包括：通过实践课型的“种葫芦”来培养高年级孩子的种植与管理能力；通过“收葫芦”来培养其劳动意识与成果意识；通过“用葫芦”，比如彩绘、锯割与组装、烙烫和装饰、雕刻与镂空等提升葫芦自身价值，也探索葫芦的应用前景。

表 7–7　种葫芦

课型	综合实践活动课	备注
主要内容	葫芦的选种及实验育种、葫芦苗的移栽、葫芦的中期管理	可以选用校园的公共空间或者在家中选地种植
课时	6 课时	
学习方式	动手、观察、思考	

表 7–8　收葫芦

课型	综合实践活动课	备注
主要内容	葫芦采摘方法、葫芦的保存方法	建议教师带领学生集中进行葫芦采摘，边采摘边学习正确的方式与采摘的适合时机
课时	1 课时	
学习方式	动手、观察、思考	

表 7–9　用葫芦

课型	综合实践活动课	备注
主要内容	设计葫芦储物盒、葫芦茶叶罐、葫芦功夫小茶壶	将切割、彩绘、组装的方式融入课程实施中
课时	7 课时	
学习方式	动手、观察、思考	

学校的葫芦校本课程重构后分年级按层次实施。1–2 年级学习如何认识葫芦，从身边的葫芦看起，通过“看、闻、听、说、摸”了解其构成、习性、用途等；3–4 年级葫芦课程与学科课程进行深度融合，打通课时，通过“听、问、思、说、比”，进行课程整合；5–6 年级通过“种、养、观、思”系统了解和体验科学种植与养殖，在收获葫芦的基础上，通过彩绘、切割造型、艺术烙烫，进行葫芦的装饰、雕刻、镂空等艺术创作。

2. 以理念统领模式开发的“走进诗韵”综合课程群

北京市朝阳师范学校附属小学从学校文化、办学理念出发，历经数年进行基于人文底蕴提升的综合课程群开发与实施研究，逐步形成了以特色校本课程为主干，以学科渗透为关联，以校园物质文化为支持，以社团活动为突破，包含实践性、体验性、创新性的“走进诗韵”综合性课程体系。

1.“走进诗韵”综合课程群建设的四个阶段

第一阶段：2008—2009年，是以物质环境文化中古诗词外显为基本标志的阶段。2008年学校以“悦文化”为引领，进行校园文化建设，打造“诗韵飘香”的校园文化。通过“诗歌的起源、诗篇的精华、诗人的伟岸、经典童诗”主题的楼道文化，展示诗词的发展脉络，介绍名家名篇。拾阶而上，每一层台阶上都有一篇经典诗作，全校各楼层共有16篇，学生课余看一看、背一背、赏一赏，通过物质环境感受到古诗词的魅力，初步形成“走进诗韵”课程。

“走进诗韵”课程目标是从环境文化入手，让学生在诗词浸润中习得知识，培养性格，树立品质，但对于到底培养学生哪方面的性格和品质没有深入的思考，课程对于学生全面发展产生何种影响也认识不清楚。课程目标空泛，使得原有的物质环境文化在时空、内容上不能满足学生的需求，表现在：学习时间为课下时间，课上不能学习；学习空间仅仅是在学校，不能在家里学习；校园文化的内容不具备灵活性，不能随时更新或改变。

第二阶段：2010—2011年，是学科渗透、社团活动并行，互为支撑的阶段。学校挖掘语文、品德、美术、音乐等学科中的教学内容，进行学科渗透，开展多学科联动。同时，组建经典诵读、诗歌创作、戏剧表演等多样化社团，把诗词积累与展示合二为一，学科渗透、社团活动并行。主题活动使“走进诗韵”课程处于浅层次实践的状态，没有整体构建，课程内容常常以德育活动、通知要求为主，零碎、分散，不系统。

“走进诗韵”课程通过学科渗透、社团活动有了一定的积累，但顶层设计不足，致使课程的实施形式单一，参与人员随意，评价虚无，如何体现学生在课程中的习得和浸染，提升学生人文底蕴，成为学校需要深入思考的问题。

第三阶段：2012—2014年，是以古诗考级激励体系作为学生习得标志的阶段。学校开发古诗考级激励体系，设立了古诗考级考评诗词库，建立考评标准，把每个等级进行细化，形成了一套覆盖所有学生、拓展合适篇目的考评激励体系。随着课程的深入开展，原有的方式分散、随机，已经不能完全满足学生和学校的内在需求，不利于“走进诗韵”课程的持续推进。学校发现课程内容越丰富，越体现出其体系的不完整，课程目标、内容、实施、评价急需进行梳理和统整。

第四阶段：2015—2018年，是以校本课程组合为主干，兼具多元实施方式的综合性课程群建设阶段。学校进行“走进诗韵”课程综合化的研究，发现“走进诗韵课程的实施，外在体现是传承中华优秀传统文化，内在更指向学生的发展——人文素养的提升”。为此，课程开发也更关注以人为本、以物质环境文化为代表的课程形态，强调与学科课程的融合与渗透，研发了校本课程“走进诗韵”，设计了不同的社团课程，通过横纵组合形成包含实践性、体验性、创新性的综合化实践课程群。

2.“走进诗韵”综合课程群建设的主要成果

● 建立指向学生人文底蕴提升的目标体系。“走进诗韵”课程以培养学生人文底蕴为核心，通过诗词歌赋的知识积累、思想启迪，形成以人为本的意识，通过优秀文化的熏陶感染，使学生提高思想道德修养和审美情趣，逐步形成良好的个性和健全的人格，培养语言美、意境美、身心美的中国少年。具体目标如下：一是物质环境文化课程目标。通过“诗歌的起源、诗篇的精华、诗人的伟岸、经典童诗”为主题的楼道文化，让学生简单了解不同历史时期诗歌的特点、名家名篇，感受语言的优美，感受诗歌情感。二是学科渗透课程目标。诵读诗词、积累诗词歌赋的知识，进行诗歌创作，感受诗词的语调、韵律、节奏，感受语言的优美，体味诗词的内容和情感。三是社团课程目标。在诵读、创作过程中，积累素材，大声朗读，感悟诗情，了解故事，培养学生形象思维、想象力和创造力等能力。在诵读、创作、表演过程中，培养学生积极的心理、与人合作的能力，提高思想认识和审美情趣。四是独立课程目标。详细了解不同历史时期诗词发展脉络，重点学习唐诗、宋词、元曲等诗词知识，学习诵读古诗的技巧，通过诵读礼仪、配乐、创作的学习，感受诗词的魅力、创作的妙趣，提升学生的人文底蕴。

● 构建满足学生需求的多层次课程内容体系。“走进诗韵”课程内容是根据不同课型，选择与之相匹配的教学内容，每个课型的课程内容各有侧重点，同时也存在联系，充分挖掘和利用校内外资源，形成互相关联、功能不同的内容体系。一是物质环境文化课程内容。楼道文化：“诗歌的起源、诗篇的精华、诗人的伟岸、经典童诗”；诗韵台阶：小学生必备古诗重点复现；学生诗词互动墙：学生分享、交流的平台；悦诗舞台：学生展现学习收获、展示课程成果的舞台；古诗考级活动室：学生积累诗词、创作诗词的空间；开放式空间：选取诗词相关的书籍，供学生阅读。二是学科渗透内容。通过和语文、道德与法治、音乐等科目进行联动，打造跨学科的诗词赏析。三是社团类课程内容。通过经典诵读、诗词创作、戏剧表演等课程板块进一步丰富课程群内容。四是充分挖掘和利用社会大课堂资源，走进社区，走进博物馆、体验基地，拓展延伸学习内容。

● 形成开放所有感官的多元化课程群实施模式。“走进诗韵”是综合课程群，具有多面、多点、多体系、多标准、多层次的特点，这就决定了课程的实施方式是多元的，让学生眼睛看得见，耳朵听得到，嘴巴说得出，脑子能思考，内心会赏析。“看背思赏”的实施模式，把不同的感官调动起来，全方位地提升人文底蕴。

将“走进诗韵”课程纳入课表，每班每周一节课。同时成立课程研究核心团队，每两周开展一次活动，进行教学研讨，每学期向全校开展一次诗词教学公开课，形成“一主线、一感悟、两提高”的教学实施模式。

- 形成课内外相结合的多样化评价机制。课程针对学生诵读、积累、创作、表演等方面进行多样化评价，采取“以考代评、以奖代评、以赛代评”的评价方式。以考代评，制定古诗考级评价标准。学校编辑《诗韵飘香》古诗考级手册，将古诗考级分为九个水平等级，每个水平等级的内容依次叠加，逐级参与考评，不能跳级。以奖代评，开展校内诗韵展示活动。学校设计“诗韵飘香优秀班级奖”和“最美小诗人个人奖”，引导学生积极参与学校举办的展示活动。全方位、多主体、多形态的展示增进了课程效果，提升了学生的人文底蕴。以赛代评，积极搭建校外竞赛平台。一是请进来：借助学校经典诵读的优势，积极承办市、区级比赛活动，为学生搭建各种校外竞赛平台；二是送出去：积极参与各级比赛，为在诗韵课程中表现优秀的学生提供向上通道。

第八章　课程单元与新课案设计

课程单元与新课案上联学校课程群，下接学校课堂，是教师课程理解力与执行力的直观表征与体现，也是学校课程建设从教师排除（Teacher-proof）转向教师参与（Teacher-involve）的关键环节。

课程群设计属于课程中观层次的建设工作，但课程群并不能直接落在课堂上，化为学生的实际获得，还需要教师群体基于年级组或教研组的课程设计思路，发挥课程理解力与执行力，进行课程的单元化分层设计，并在此基础上，研制与课堂教学密切关联的新课案，减少课程衰减，丰富课程内涵，让学校课程系统具备扎根性与长脚性。

表 8-1　学校课程系统设计框架表

学校课程系统设计				
设计步骤	向内行动	向内行动意义	向外行动	向外行动意义
第一阶段	行动一 课程建设意义赋予	明确课程在本校内的存在样态、价值、功能和意义，从而在校内达成建设课程的共识，形成参与课程系统设计的合力。	行动二 大背景分析	将学校的课程建设镶嵌在社会发展与教育改革系统之中，以保证其合理性和引领性。
第二阶段	行动三 课程系统设计内涵理解	明确学校课程应该成为一个完整系统并承担学校核心育人功能，理解课程设计的必要性以及应体现学校哪些特征、特色。	行动四 SWOT 分析	SWOT 分析是内外联动的课程设计基础研究活动，通过内部的优势、劣势以及外部的挑战、机遇分析，为课程系统设计提供合理的方向与策略。

续表

<table>
<tr><td colspan="6">学校课程系统设计</td></tr>
<tr><td>设计步骤</td><td colspan="5">从第三阶段开始进入内部课程梳理、分析与设计</td></tr>
<tr><td rowspan="2">第三阶段</td><td colspan="2">行动五</td><td rowspan="2">国家要求、区域规定以及学校的教育理念与追求等需要内化成学校课程哲学，作为学校课程系统设计的标杆和加工主线，实现学校课程系统的不断升级。</td><td>行动六</td><td rowspan="2">依据学校的课程哲学，以及学校既有课程体系的框架、结构、实施状况等，对要保留、改进、终止以及需要新开发的课程要素做出合理判断。</td></tr>
<tr><td colspan="2">课程哲学梳理与确立</td><td>KISS 分析</td></tr>
<tr><td rowspan="3">第四阶段</td><td colspan="5">行动七</td></tr>
<tr><td colspan="2">学校课程顶层设计</td><td colspan="3">课程建设背景 → 指导思想 → 基本原则 → 课程目标 → 课程内容
↑ ↓
管理与组织保障 ← 课程评价 ← 课程实施 ← 课程设置 ← 课程结构</td></tr>
<tr><td colspan="2">行动意义</td><td colspan="3">学校课程顶层设计不是单向、封闭的，而是一个动态变化、不断发展的过程。基于翔实可靠的分析，进行学校课程全局性、战略性、系统性设计，使学校课程诸要素能够实现协同，形成科学、合理的学校课程方案，确定学校课程未来发展的方向、路径、策略与方式。</td></tr>
<tr><td rowspan="3">第五阶段</td><td colspan="5">行动八</td></tr>
<tr><td colspan="2">学科类</td><td>学科课程群设计</td><td>非学科类</td><td>综合课程群设计</td></tr>
<tr><td colspan="2">行动意义</td><td>学科课程群关注的是学科逻辑，以学科逻辑为主线索，纳入附加或补充性内容、活动，形成内容更为丰富、结构更为多元的课程子系统。学科课程群建设体现的是教研组对学科本质的认识，以及基于实际的优化。</td><td>行动意义</td><td>综合课程群一般关注的是主题逻辑，以来自于生活、社会、经济等领域的话题或主题为统领，所形成的课程子系统结构松散但各板块灵活有弹性。综合课程群的基本构成是系列活动和体验，体现的是对社会、生活等领域主题的剖析与认识，是对学校松散型活动课程的改进。</td></tr>
<tr><td rowspan="2">第六阶段</td><td colspan="2">行动九</td><td>行动意义</td><td>行动十</td><td>行动意义</td></tr>
<tr><td>课程单元设计</td><td>学科单元设计</td><td>学科单元设计与学科课程群一脉相承，一般遵循学科逻辑，作为学科框架内的模块式学习内容来组织，采用“结构分析 - 目标界定 - 活动设计 - 实施评价”方式进行设计，其价值在于实现核心概念的建构与迁移，达成学科核心素养目标。</td><td>新课案设计</td><td>是课程单元之下，以学习的个体构建为起点，以学时为单位，既具有相对独立性又与单元内其他学时相互衔接的教与学设计方案。新课案的设计根据目标和内容以及学时的长短，呈现出较强的灵活性，一般而言，新课案主要包括如下要素：（1）学时主题；（2）学时类型；（3）学习目标；（4）评</td></tr>
</table>

续 表

学校课程系统设计					
设计步骤	行动九		行动意义	行动十	行动意义
第六阶段	课程单元设计	综合单元设计	综合单元设计与综合课程群一脉相承，一般遵循学生的经验逻辑，作为儿童自身经验活动的模块来组织，采用“主题选取 – 探究设计 – 表现评价”方式进行设计，其价值在于通过综合主题、真实场景、复杂问题，促进学生开展协同性、主动性学习，涵养个性，实现主动成长。	新课案设计	价任务；（5）学习过程；（6）检测与反思；（7）学习延伸与衔接。秉持学生立场，以如何让每一个学生都能学会为最终目标，通过思考和回应“哪些教学内容用怎样的课堂教学方式与策略更能促进学生达到和超过预期的认知及心理状态？”，弥补教与学的分离，形成教学合力。

第一节　课程单元与单元设计的内涵

单元与单元设计在我国基础教育领域尤其是学校教育教学环节存在已久。以语文学科为例，若干篇选文按文体或人文主题组成一个单元，是我国百年来语文教材的主流[1]。一些学校早已尝试过单元设计，为学科建设提供了诸多鲜活的经验。但整体而言，单元设计几乎都是囿于学科课程之内，未形成整体优势，更没有与学校课程整体设计以及课程群建设联动起来，形成一个要素齐全、彼此衔接的有效系统。

一、课程单元的内涵分析

对课程单元进行内涵界定首先需要厘清与之相近的几个概念，比如单元、教材单元、教学单元、学习单元等。

单元作为课程设计的基本要素可追溯至 19 世纪赫尔巴特学派戚勒（T.Ziller）倡导的五阶段教授法。戚勒以方法论单元作为教材单位，改变了以题材作为教材单位的传统。其后美国基于戚勒的方法论单元，进一步发展了基于思维过程的教材单元编制原理，并开发了项目式、问题式、课题式等多类单元[2]。在国内，传统意义上的单元常常指教材中固定的单元，学科课程历来强调知识的系统性，因此单元的本质就是围绕知

[1] 林荣凑 . 单元设计的价值、视点与尝试性模板 [J]. 语文建设，2019（7）：34.

[2] 钟启泉 . 学会“单元设计”[N].2015\06\12，第 009 版 .

识的逻辑来编排教学内容，单元之间的边界清晰明了。随着基础教育改革的推进，单元的内涵发生了改变。当前，单元被视为基于一定目标、主题、内容所构成的经验模块，是各类课程中相对独立、不可或缺的基本组成部分。可见，单元已经突破了作为教材编制的结果呈现，更多地指向以教材为基础，通过基于某种内在关联进行分析、再构而形成的新组织。在教学实践中以及一些文献里，单元常常与教学单元、学习单元等混用。

相较而言，教材单元的概念更为清晰，主要指在编制教材时，依据学科知识的逻辑体系、社会发展要求以及学生的心理发展顺序，把性质相同或有内在联系的内容组织在一起所形成的相对固定的知识单元。教材单元的设置有助于学校整体安排课时，连续而完整地进行知识传授和能力培养。

教学单元主要指向课程实施环节，是教学活动的基本单位。教学单元既遵从教材单元内容，也有跨教材各单元内容的提炼、重组，甚至是跨年级的纵向衔接与跨学科的横向打通。教学单元的出现和推广与课程整合的理论研究以及学校教学基础研究的转型密切相关，当前越来越多的学校、教研组开始要求教师从以往的单一课时研究逐渐转向一个单元、一个学期、一个学年甚至整个学科内容的纵向结构研究。从传统的课时研究转向教学单元研究，有助于教师对所教内容进行系统总结和分析。

学习单元同样指向课程实施环节，但与教学单元不同，学习单元是以学科核心素养及其进阶为目标，对相关内容进行整合，强调学习目标、学习情境、学习任务、学习活动和学习评价的一致性。学习单元常常以主题为中心，一个学习单元通常需要若干课时完成。学习单元是包含教学意图、教学情境和学生学习活动方式的动态学习单元，是为学生主动、多样化的学习活动展开和发展而设计的有内在结构的单元，在组织上是整体的、结构化的[1]。由此可见，学习单元是以学习为中心的、彼此关联的、结构化的系列学习活动，关注学生的知识进阶，注重学生核心素养的形成。

课程单元从内涵上讲与学习单元更为相近，都关注学科特征、知识进阶与素养达成，因此课程单元常常被视为一种学习单元。有专家曾提出一个单元就是一个学习事件、一个完整的学习故事，因此，一个单元就是一个微课程[2]。课程单元与学习单元也存在一些差异，主要表现在两个方面：一是相比于学习单元，课程单元更关注与课程的衔接性。学习单元的选定一般主要考虑教材、学情、素养，而课程单元除了考虑这三者外，还关注与学校课程系统其他层级要素的逻辑关系，比如要考虑是单一学科课程的延伸，还是学科课程群或者综合课程群的下位设计。二是学习单元关注学习活动的完整性，而课程单元更关注“课程—教学—评价”的一致性。学习单元追求的是学习适应性，常常以结构化的、适合学生学习的方式来呈现具有关联性的内容。通过学

[1] 郭华. 如何理解“深度学习”[J]. 四川师范大学学报（社会科学版），2020（1）：90–92.
[2] 崔允漷. 如何开展指向学科核心素养的大单元设计[J]. 北京教育（普教版），2019（2）：11–12.

习单元，学生应能够体会这一学科的基本思想和基本方法[1]。课程单元则应体现课程属性，思考哪些内容可以进行结构重组，既要体现学科的整体框架和基本思想，又要展现学校课程系统所赋予的本校特色。

二、课程单元的分类与确定

课程单元的本质是更容易操作、更符合学生学习的微课程，它具备课程的基本要素，上接学校课程群，下联教学、评价。鉴于此，笔者尝试将课程单元划分为两大类：一类是匹配学科课程群的学科单元，另一类是匹配综合课程群的综合单元。

学科单元有其内在逻辑主线：课程标准→学科教材→学科课程群→学科单元。

对于纵向衔接的阶梯式课程群而言，考虑到主体学科课程的优势以及辐射课程的特色，一般会有两种单元确定方式：一是基于教材的自然单元。这类单元忠于课程标准，依据教材逻辑，沿用教材单元的编制特点，注重教材中同一章、同一类知识内容之间的内在逻辑关系，体现出整体性和递进性。二是基于课程衔接的内容重组单元。考虑到在学科课程群中需要利用地方、校本课程来弥补国家学科课程的不足，或者进一步丰富学科课程的内涵，单一的学科逻辑难以实现全面统领功能，因此基于学科课程与其他类课程衔接后的内容重组单元开始崭露头角。在内容重组单元中既存在彼此之间有内在联系的知识，又有来自其他课程的补充内容，交织在一起共同构成了新的带有学校改进特征的单元。

对于横向组合的统整式课程群而言，由于涉及不同学科知识同类项合并以及合并后的新主题选定等，一般会有两种单元确定方式：一是基于学科同类项的主题合并单元，即将课程群中不同学科教材所呈现的相似或有关联的同类主题内容进行归并与细化，形成新的单元。主题合并单元将课程群中的单元主题进一步细化和结构化，体现出整体性和可操作性，将课程群中的原则性要求转化为参考学校实际进行重新设计的活动单元。二是面向学科差异的独立创编单元。独立创编单元是学科独立价值部分如何进行校本化适应的一种解决方案，是在整体考虑学科教学内容独立价值、内在关联、现实意义、基本特征、教师水准和学生需求等相关因素下进行的独立创编。这种创编既可以采用原来的教材单元主题，附加一些学校的特色内容或者目标，也可以采用全新的主题。

与学科单元相比，综合单元的流程更为开放与多元：特色目标→特色主题→课程模块→综合单元。

因为综合课程群往往是地域特征、学校特色的表征和体现，而且没有像课程标准

---

[1] 郭华.如何理解“深度学习”[J].四川师范大学学报（社会科学版），2020（1）：91.

这样的刚性依据，因此在确立课程单元时往往首先考虑要达到的特色目标，根据目标形成特色的主题，再根据主题分析课程群中的模块内容，通过模块的可操作化设计形成一个个彼此关联又各有特色的综合单元。因为综合课程群一般没有学科课程那样严密的知识体系和逻辑框架，所以要尽量避免以知识体系为主题、按照学科章节形式进行单元构建。可以选取课程群中有关联的内容作为主题来源，也可以将生活中与之有关联的问题、情境作为主题，提供给学生真实、复杂的问题场域和有挑战性的现实问题，打破学科界限，促进学生知识的运用与迁移，从而实现综合素养的达成。

三、单元整体设计的内涵与价值梳理

1. 单元整体设计的内涵特征

（1）整体性。单元整体设计是为了更好地实现既定的课程目标，对课程板块中的各相关要素进行整合，形成一个完整的、可实施的活动单元，使各相关要素在发挥最大功能的基础上，达成教学过程的最优化。可见，单元整体设计增强了设计的科学性、完整性，并体现出整体效应。

（2）目标性。单元整体设计需要根据既定目标来确定主题，根据主题类型选择和组织与目标适合的内容。目标既是一种驱动力，也是一种指向，能够保证单元整体设计始终聚焦。

（3）结构性。结构对于单元设计而言至关重要，可以说“无结构不单元”。独立的知识点是知识结构中最小的独立单元，知识点既可以是某一个概念，也可以是某一种规则，还可以是一种存在的事实。但从课程实施角度看，独立、散乱的知识点不能成为课程内容，不能实现课程的有效实施。从结构性角度看，单元整体设计的基本路径是：把握单元知识核心元素及其内在关联，形成单元知识的意义关联结构[1]。在形成意义结构的过程中不断积累活动经验，将单元方法策略进行统整并在其他情境中迁移应用，逐步使学生形成关键能力、必备品格与价值观念。可见，结构性体现在将独立的知识点组合成单元知识结构，进而搭建起单元知识结构整体设计框架。单元整体设计需要从优化教材结构和通盘设计着手，宏观审视教材完整的贯穿过程，发现教材之间、教学之间相互关系和互为补充的内在关联，运用系统的整体原理编排教材，沟通教材之间的联系，以加强教学的整体性、系统性和有效性[2]。

（4）适应性。适应性有三层含义：一是通过单元整体设计实现各类课程的课堂教学适应性；二是适应教师的课程重组和实施能力；三是适应学生对课程的多样化需求。

[1] 席爱勇，吴玉国．基于结构化视角的单元整体设计路径 [J]. 基础教育课程，2019（5 上）：35.
[2] 潘建芬．大单元教学设计初探——以体育课程为例 [J]. 基础教育课程，2018.10（上）：40.

（5）进阶性。单元整体设计需要体现进阶性，首先要关注各单元之间的衔接与进阶，整体设计所形成的单元不能各自封闭，需要形成连贯进阶的单元群；其次要注重学生的知识进阶，促进核心概念的建构，按照一定目标或主题所构成的学习经验模块，运用系统理论整体编排内容、整体设计、组织教学，将原本孤立的知识变为“知识链”，通过单元设计与实施实现学生学业水平的有序进阶。

综上，笔者认为，单元整体设计的本质是基于单元的课程微型化。它的依托是学校课程群，起点是学生的认知基础，框架是课程的形态，驱动是既定的目标，策略是多元整合与不断优化，途径是集体教研与个体创新，终点是核心素养的有效落实。

2. 单元设计的价值分析

从课程群到课程单元意味着学校课程系统的逐步下移，单元设计有助于减少课程的逐级损耗，体现了教研组、教师的主动性与创造性，对于学校发展有着诸多价值。

其一，有助于核心素养的有效落地。核心素养是个体在解决复杂的、不确定性问题过程中表现出来的综合品质，这种综合品质的培养需要稍大的主题、项目、任务才可能承载，单一学科的一个个知识点很难与核心素养建立全面关联，因此课程内容需要依据学生的发展需求进行单元整体架构，引导学生建立起知识、情境与生活的联结[1]。单元整体设计对于课程群而言是具体下位的落实设计，对于课堂教学而言，是要赋予其整体视野，将学科教学的重点从知识传授转向能力培养，有效促进学生学习能力与必备品格的形成。

其二，突破管理导向的课时主义。长期以来固定课时作为教师、教学管理的基本制度，逐渐形成了基于课时的课程设置与教学安排，并由此强化了教师的课时意识。目前来看，教师的课时意识远强过单元意识，以课时作为课程内容的划分标准致使学科知识被分割成碎片。单元整体设计促进教师从整体上把握课程，突出内容、过程的连贯性与整体性。突破管理导向的课时主义，将推动教师在对某一课时的内容进行处理时，学会站在单元整体层面进行前后逻辑关系的梳理，而并非对教学内容进行碎片化处理，重点是要模块化、系统化地组织开展单元教学[2]。突破课时主义，就释放了教师的课程创新能力，让教师学会根据章节或单元中不同知识点的需要，综合利用各种教学形式和教学策略，让学生完成相对完整的知识单元的学习而形成合理的知识体系。

其三，有助于实现知识的整合与学科的联通。如前所述，学科单元在关注教材单元的基础上，进行教材内容拓展与整合，关注以主题为核心进行跨学科设计，打破知识点相对散乱的状况，关注学科内外的知识整合。学科内，可以围绕某一概念将学科知识形成一个相互关联的整体，通过学科大观念的理解和运用，形成系统的学科整体

---

[1] 程菊．重构学习单元，促进核心素养落地 [J]. 基础教育课程，2019（4 上）：42.

[2] 李宏彦．基于单元整体教学理念下的整式教学设计 [J]. 数学学习与研究，2019（8）：44.

思维。跨学科，可以围绕某一主题实现多学科的融合，创设跨学科情境，帮助学生从不同的视角综合运用多学科知识理解主题，强化知识间的联合应用，打破学科边界，实现学科间的融合。

其四，以单元为基础联通学校、家庭与社会。学校教育不能只考虑学生在知识、技能方面的学业成就，更要关心学生在实际生活中分析问题、解决问题的能力，以适应现在和未来的社会生活。单元教学往往是依靠情境展开的，情境中存在真实性问题，这些问题关乎学生的自我选择和社会判断，需要学生综合运用自己所学的知识去理解问题、批判性地思考问题和创造性地解决问题[1]。课堂不等于学校的教室，综合单元中很多主题都来自学生的生活、社会热点或者周边的社区，当这些发生在学校围墙以外的事件变为学校课程单元的主题后，学校的围墙就被打开，单元作为基础将学校、家庭、社会进行了联通，真实问题、综合情境、多元价值、复杂交互，为每个孩子铺就了多彩成长之路。

第二节　课程单元设计流程与模式

课程单元设计主要采用两种模式，一是正向设计法，常常参照“ADDIE 模型”；二是逆向设计法，从到哪里去开始追问，然后研究实现目标的主要标志，再通过设计活动研究如何实现目标。

一、基于“ADDIE 模型”的设计法

所谓“ADDIE 模型”即分析（Analysis）、设计（Design）、开发（Development）、实施（Implement）、评价（Evaluation），是 1975 年由美国陆军佛罗里达州立大学的教育技术中心创建的。需要说明的是，这五个部分并非各自独立，而是一个非线性的多重闭环，各阶段相互影响、相互依存，而且无论哪个阶段既可以随时进入评估阶段，又可以从评估阶段走向其他阶段[2]。分析即分析学习者特性、前提条件（准备性）和教学内容，明确目标。设计即进行教材研究，编制教学内容的可视图。开发即梳理单元计划、教学流程，准备教材与学习环境。实施即根据教案，运用准备好的教材，展开课堂教学。评价即借助教学后的研讨展开教学反思[3]。

---

[1] 李磊，安桂清 . 以单元为单位进行整体教学设计 [J]. 人民教育，2019（1）：52–53.

[2] 胡丹 . 基于 ADDIE 模型的 PLC 课程混合式教学设计研究 [J]. 教育现代化，2019（12）：236.

[3] 钟启泉 . 学会“单元设计”[N].2015 年 6 月 12 日，第 009 版 .

1. 分析环节

分析环节是“ADDIE 模型”的设计起点，是设计者对所确立的单元以及相关要素进行综合性学理分析的过程。首先，需要厘清课程单元的核心要素，通过核心要素与其他要素之间的关系梳理，实现单元核心知识跨课时学习的横纵联系与融通。其次，需要深入分析学生的综合学习准备，根据学生实际状况，或者尝试搭建桥梁，或者尝试跨年段、跨领域的融合。通过单元的整体学理分析，教师能够深入理解课程标准、教材编排结构、学生知识储备。

综上，单元分析就是要从学习者特征和学习任务两个方面入手，立足学习者认知发展水平和已有的学习能力，根据课程目标和学科素养内涵，结合单元知识在学科、教材中的地位与作用，对单元内部知识的衔接进行类比研究，最终确定单元教学的内容与组织形态[1]。

（1）明确基于大观念的单元知识结构。学习任务的分析重点在于找到单元的核心要素，通过核心要素的横纵联系确立单元知识结构。单元知识结构是单元的内在学科知识、基本原理、思想方法及其与相关内容和领域的关联，既强调学科知识之间的内在联系，也关注以此为基础，建立单元知识与其他学科、领域或者学生生活的外在关联。当然，这种关联不是肤浅的关系或者随心所欲的联系，往往需要核心组织要素，目前这种核心组织要素选择较多的是大观念（Big idea）。大观念最初由科学教育领域提出，并逐渐演化成单元设计的核心要素。

一般说来，大观念代表的是课程或学科的核心概念或者关键特质，是课程内在逻辑的重要概念要点。有的学者从地位、功能、性质、范围四个层面对大观念进行了界定：从地位上讲，大观念处于学科的中心位置，集中体现了学科课程特有的思想；从功能上看，大观念有助于设计内在一致的课程，有助于学生学习的迁移；在性质上，大观念具有概括性、永恒性、普遍性和抽象性；在范围上，大观念主要指那些适用范围较大的概念[2]。

要想明确单元知识结构，就要做到高站位，以大观念统领课程标准、教材、教师用书以及配套课程资源。好的大观念应该满足如下要求：应能覆盖整个单元；应服务于整个单元；应简短、重要且综合；应是所有子观念的焦点所在；在教学与评价实施过程，它应能为教师指导学生提供便利；应具有原创性并容易识记[3]。以大观念为核心要素，通过比较、选择、改编、重组乃至重构单元知识结构，建立学科领域知识的内在联系。

---

[1] 朱昌宝．基于“ADDIE”模型的数学单元教学设计的实践与思考——以人教版教材“分式”为例 [J]. 江苏教育，2019（35）：42.

[2] 邵朝友，崔允漷．指向核心素养的教学方案设计：大观念的视角 [J]. 全球教育展望，2017（6）：13-21.

[3] 邵朝友，韩文杰，张雨强．试论以大观念为中心的单元设计——基于两种单元设计思路的考察 [J]. 全球教育展望，2019（6）：78-79.

基于大观念设计单元知识结构可以参考三种方式：一是遵循式，即参照所选学科教材的单元编排内容，从中遴选大观念，围绕大观念进行单元内的微调；二是调整式，即依据但不限于所学教材单元，利用有兼顾性的大观念进行组织；三是重构式，即进行跨单元甚至是跨学科的统整，以所选定的大观念为内核，进行内容的删减、新增及优化组合。

（2）厘清学生单元学习准备。单元整体设计归根结底是为学生的学习服务的，单元知识结构需要与学生的单元学习准备相匹配，才能有效达成既定的目标。对学生单元学习准备的分析一方面需要言之有据，从学习科学研究进展、发展心理学研究成果或者教育心理学获得理论支持，另一方面要关注实际，尊重教师的经验认识和实践理解。

现代学习科学研究认为有三组脑网络合作参与学生的学习，第一组是“识别网络”，主要用于觉察学习者所观察到的模式，并为其分配意义。这样能够使学习者辨别并且理解信息、观点和概念，即“学什么”。第二组是“策略网络”，主要与学习的执行功能有关，专门用于产生并监督心智和动作的模式，能够使学习者规划、执行并管理行为和技能，即“如何学”。第三组是“情感网络”，主要用于评价模式并为它们分配情感意义，使学习者能够将心智和策略投入到任务中、学习中以及周边的环境中，即“为何学”。在学生的学习中，这三组网络时刻密切协同[1]。由此观之，单元学习准备主要包括学习知识准备、心理发展水平、认知风格、情感准备等。

下面以初中地理的等高线地形图认识为例进行说明。初一地理学科等高线地形图认识作为主题主要覆盖四类内容：针对海拔的相对高度估算；通过等高线间距的疏密去判别坡度的陡缓；针对等高线的形状以及数值变化，识别峰、脊、谷、崖；等高线地形图与实际的地貌景观的对应关系建立等。初一学生的空间想象能力、思维能力还有待发展，在尚未系统学习二维平面几何的情况下，直接面对比三维立体图形更复杂的等高线地形图，还要把二者有机地联系起来，实现平面二维图形与三维立体地形的相互转化，这样的内容对大多数学生而言较为困难，需要教师在后续设计中增加背景知识以及调低目标难度。

2. 设计环节

这是“ADDIE 模型”的关键部分，是教师在教研组或年级组的支持下，对所确定的单元进行内容梳理、分析与重新布局，剖析教材内容，明确学习重点以及设计策略，形成单元教学大致框架的过程。

单元活动设计所形成的框架要体现程序化、细节化和规范化，需要提前对在单元活动实施中可能影响教学有效性的各要素进行细致化处理。比如上海市静安区闸北实验小学在实践中形成了五种设计模型：一是反思生成型。其一般活动流程为明确目标、

[1] [美]Tracey E. Hall，Anne Meyer，David H.Rose. 学习的通用设计：课堂应用[M]. 裴新宁，陈舒，主译. 上海：华东师范大学出版社，2019：3.

了解前提、创设情境、探索发现、产生问题、实践操作、反思生成、改进行为。二是探究发现型。其一般活动流程为创设情境、发现问题、解决问题和归纳总结。三是应用探究型。其一般活动流程为提出问题、寻找方法、获得认识、发展探索、发现兴趣。四是任务驱动型。其活动流程为理解任务定义目标、确定策略制订计划、定位来源搜索信息、分析信息、筛选信息、综合信息得出结论、完成作品、评价反思。五是驱动并进型。活动分为体验性活动、表现性活动与创造性活动。体验性活动一般流程为整体感知、特征体验和个性化表达；表现性活动一般流程为感受效果、学习技能和运用表现；创造性活动一般流程为整体感知、探索实践和形式表达[1]。

3. 开发环节

开发是在设计环节的基础上，确定单元学习目标，梳理单元计划，框定重点难点、教学流程，准备教案、相关资源等。依据设计思路和内容，参照学生的实际认知水平确定单元目标，重构单元教学的具体课时、内容方法及活动形式是单元设计落地生根的基本保障。单元开发框架要做好各课时之间的衔接，完整地开发整个单元的教学系统，让学生经历知识的产生过程，帮助学生掌握单元学习内容的本质及学科所蕴含的基本思想、方法，形成相对完整、科学的知识链条和认知结构。

下面以初中化学单元开发案例进行分析。首都师范大学附属实验学校朱海凤老师在初中化学“影响物质变化速率因素的探究”主题下，采用学生自制“小火箭”为主要任务，组织学生在初步了解运载火箭升空原理的基础上，应用化学课中习得的可生成气体的化学反应作为动力源，通过小组合作完成简易“小火箭”的制作，聚焦影响物质变化速率因素的探究。涉及的学习内容包括：物理学中的受力分析，化学中关于燃烧、能源的知识，有气体产生的化学反应，依据化学方程式的简单计算，初中阶段影响物质变化速率的常见因素等。

（1）确定学习目标：一是通过对火箭发射升空原理的分析，初步学会应用物理和化学原理知识解释实际问题；通过火箭三级动力的分析，提高信息加工和处理能力。二是通过设计自制“小火箭”，巩固对化学反应的理解，初步认识物质变化速率的影响因素（如反应物性质、用量、状态、浓度、接触面积、温度等），发展变化观念和平衡思想。三是通过小组合作实验自制“小火箭”的活动，提升应用控制变量思想和对比实验进行探究的能力，发展证据推理和科学探究能力。四是通过小组间交流与讨论，进一步改进“小火箭”，发现并归纳其中的原理和技术要求，发展创新意识。

（2）框定重点难点：重点包括通过小组合作制作和实验自制“小火箭”的活动，提升应用控制变量思想和对比实验进行探究的能力，发展证据推理和科学探究能力。难点包括化学反应速率的影响因素确定及控制变量的具体操作方法。单元开发框架详见 8–2。

[1] 李莉 . 单元活动：连接知识、情境与儿童——研制《学科单元教学指南》的思考与实践 [J]. 上海课程教学研究，2017（2）：31–32.

表 8-2 “让火箭飞”单元开发框架

课时安排	环节	问题线索	学生活动
第一课时 让“火箭”飞——有理有据析动力	环节一：火箭升空原理分析	1.置于发射台上的火箭是如何飞离地面的？你能借助物理学科中的受力分析方法从力学的角度画图解释这一过程吗？ 2.火箭升空的动力是什么？	1.思考、动手在学案上画出火箭的受力分析图，并进行组内解释。 2.对比分析静止和飞离地面的火箭受力分析图，探求火箭升空的动力。
	环节二：火箭动力装置分析	1.观看视频后描述火箭飞离地面后的升空过程，你能说出火箭升空的运动轨迹吗？ 2.火箭升空的动力来自哪里？	阅读资料获取证据，思考、讨论、分析得出三级火箭动力原料选择的依据和结论，并在交流中不断补充、修正答案。
	环节三：归纳梳理总结提升	1.请同学们回忆整节课的过程，谈一谈你的收获。	观看图片后从知识、方法等方面进行梳理、提升。
第二课时 让“火箭”飞——自制“小火箭”	环节一：情境引入拓展思路	1.依据火箭升空的动力分析，你觉得除了燃烧之外还有什么化学反应能够为火箭提供动力？ 2.同学们所选的火箭动力原理有何特点？	1.依据资料卡提供的“小火箭”实验简介，将实验原理写于实验任务单反应方程式处。 2.体会、感悟不同火箭飞行动力的异同点。
	环节二：制作火箭完成任务	以小组为单位，通力合作，你能完成发射任务并做好实验记录吗？	1.小组成员分工合作，利用已有的简易“小火箭”模型和发射台，运用所选实验原理发射“小火箭”，完成“小火箭”制作及发射任务。 2.用米尺记录“小火箭”在空中飞行的距离，并将实验过程记录在实验任务单上。
第三课时 让“火箭”飞——分析“小火箭”	环节一：结果展示方案分享	1.你的“小火箭”发射成功了吗？如果发射成功了的话，你是怎样做到的？如果没有发射成功，你失败的原因是什么？ 2.在完成实验的过程中，你用到了什么实验方法以及实验过程中的注意事项是什么？	1.小组汇报：火箭是否发射成功，并阐述发射火箭的实验过程。 2.学生汇报：在完成实验的过程中，共设计了几组对比实验？涉及的几个变量分别是什么？说明影响物质变化速率的因素是什么。
	环节二：总结变量方法提升	1.面对一个真实问题需要解决的时候，我们应该如何应对呢？ 2.你觉得学习化学有什么用？	1.学生总结：在面对需要解决的问题时，我们可以从资料或实验探究等多个角度寻找证据进行分析判断，从而获取解决问题的有效途径。 2.学生感悟：学习化学可以让我们利用化学反应或控制化学反应来满足人类的需求。化学源于生活，服务于生活。

4. 实施环节

实施环节的重点在于选定实施策略，在单元目标的统领下，根据学情确定切实可行的教学实施流程、方法模式、技术手段，从而形成有效的教与学整体实施方案。

比如初中化学《原子的构成》单元，其主要目标在于使学生了解原子核外电子排布的基本规律，能读懂原子结构示意图，初步认识核外电子在化学反应中的作用，了解离子的形成。依托原子结构示意图培养学生分析、处理数据的能力，尝试运用比较、归纳等方法对信息进行加工，培养空间想象能力和感知模拟能力，引导学生通过对整个原子内部结构的认知和探究，建立宏观微观相互依存、相互影响的科学理念，激发学生探索未知世界的兴趣，感受探究未知世界的乐趣。

在教学中通过让学生观看微课和动画以及画图等方式来得出电子的分层排布；让学生通过生生互动、师生互动，了解原子结构示意图各部分的含义；最后由学生小结本节课的主要内容。在教师引导下，超越教材知识本身，激发学生探求未知的兴趣，体现和内化持之以恒的追求科学精神。在实施中努力做到两点突破：

一是原子得失电子的规律揭示。首先，可以给出几组原子结构示意图，让学生观察最外层电子数的特点，有什么规律？其次，引导学生分类，找出金属原子、非金属原子、稀有气体原子的特点。再次，揭示什么是“稳定结构”，引导学生理解“原子都有达到稳定结构的基本趋势”。最后，由学生自主探究并总结不同类原子的得失电子的规律。二是离子的形成。通过引入课本剧或者微课等其他形式进行教学，将微观世界显性化、形象化、直观化，让学生直观感受到电子得失与离子形成的关系。

5. 评价环节

评价环节是“ADDIE 模型”的导向阀，主要体现两种功能：一是针对教学实施的系统反思，即回顾整个单元的实施情况，了解学生学习目标的达成情况，在认知、方法、情感、态度和价值观等方面的发展与进步；二是对整个单元设计模型的全面审视与评价，查看前四个环节的定位、安排、衔接是否科学合理。对单元设计的整体评价是为了总结经验，为后续其他单元的研究与设计提供参考。

在对学习结果进行评价时除了要编制单元检测题外，还要安排一定的时间，组织学生相互交流、展示、分享，进行评价总结。既要关注学生学习的结果品质，也要重视学习的过程质量；既要关注学生的认知水平，也要重视学生在活动中所表现出来的情感、态度与价值观，关注学生在实际问题解决中的综合素养表现。

二、逆向设计模式

逆向设计模式被认为是对泰勒为代表的目标模式的深化与拓展，20 世纪末，威金斯（Grant Wiggins）和麦克泰（Jay McTighe）在持续、深化研究的基础上，提出基于标准的课程设计应该是一个动态的、互动的过程，是一个价值负载的过程，强调评价优先于课程组织与实施，[1] 并进一步凝练形成逆向课程设计模式。

逆向设计模式既可以作为一种设计过程，也可以视为一种用于单元课程设计的标准。其主要流程是首先确定预期的学习成果，然后考虑证明学生达到预期学习成果的基本证据，最后再合理安排教与学活动。与目标模式相比，逆向设计模式认为评价应优先于课程组织与实施，这种安排源自此模式所秉持的基本假设，即认为学生只有首先明确了某项活动要达到的目标，明确了这个目标得以实现的检测方法后，才能真正明确通过什么样的活动、策略或途径可以达成目标。

2005 年，威金斯和麦克泰将逆向设计法进行了调整并用作 UBD（Understanding by Design）单元设计。2007 年又进一步改造用作学校的改进设计。尽管一直在调整和优化中，但是逆向设计法的基本阶段始终保持不变：

第一阶段：明确预期的学习结果。预期的学习结果主要来自课程标准，即课程标准中所明确的本单元的内容标准和任务目标。学习结果分三个层次：一是学习的迁移。比如学生能够主动地将所学运用到什么地方？学生将获得什么样的有价值的学习成果？二是理解学习有哪些意义。比如学生将会理解哪些内容？教师期望学生能够理解什么？学生如何将所理解的内容统整在一起？所理解的意义中还包括哪些核心问题，即学生将会不断思考哪些核心问题？哪些核心问题将促进学生从多个层面去理解知识的意义？三是掌握的知识与能力。比如学生应该掌握的知识有哪些（主要指向陈述性知识）？学生应该掌握哪些技能与程序（主要指向程序性知识）？

第二阶段：确定恰当的评价方法。确定评价方法主要是为了保证所有的预期学习结果都能被合理地评估。在确定评价方法时，设计者要思考采用何种标准来评价预期的学习结果达成情况。评价中最为关键的本质属性是什么？评价方法的选取应与既定的目标相匹配，如果目标是深度理解和问题解决，那么就需要设计真实性的情境和任务来观察学生在复杂的情境中是如何展示自己的理解并解决问题的。如果是事实性知识目标，那么标准化测验将是一种简单易行的选择。

第三阶段：设计相关的教与学活动。在进行活动设计前，需要教师进行学生学习准备的前测，即明确使用什么样的工具来确定学生已有知识、技能、水平和潜在的错误理解。设计者基于前测的结果进行教学活动设计时要把握好三个关键问题：一是所设计的教学活动是否支持各目标的达成？设计中常常出现的问题是目标与内容的脱节，有些教师偏重于内容的趣味性、真实性，但是没有结合目标进行对照。二是教学活动是否体现了学习的基本原则和最佳教学实践？即是否按照学习科学的基本理

[1] 张九洲，房慧 . 逆向课程设计的缘起、内涵与案例 [J]. 教学与管理，2015（8）：99.

论进行设计，是否借鉴和运用了已有的良好教学实践和教学经验。三是所设计的教学活动对学生是否有吸引力、是否有效果？设计教学活动还需要研究教学活动的监控，要明确在课堂教学活动中，教师如何监控学生各类目标达成的进程？学生在学习本单元时潜在的薄弱点和错误理解是什么？以及学生如何获得及时而有针对性的反馈？[1]

三、单元设计案例分析

1.确立单元模型

以清华大学附属小学 5 年级的语文“立志”单元设计为例进行分析。

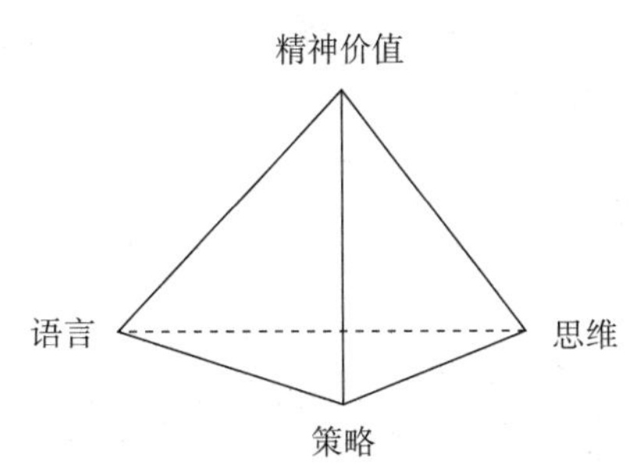

图 8–1　清华附小语文单元确立模型

清华附小一直坚持小学语文主题教学的核心思想是“语文立人”，即语文教学不仅要着力于掌握语文重要知识与培养关键能力，而且要在语言建构过程中实现每一个儿童健全人格的养成。从这个意义上说，教材体系固然有其自身的知识体系与能力系统，而知识、能力的内在又蕴藏着学科育人价值的体认，即透过学科表层的符号理解内在的方法、规则，进而抵达最深层的精神价值[2]。如图 8–1 所示，精神价值位于引领位置。语文单元的设计旨在寻找学科育人的基本规律和价值，实现学科合力育人，即树立学生正确的价值观念、提升必备的品格与关键能力。通过建立基本模型来立足学科教材的单元，深入挖掘单元主题的精神价值，并围绕主题对单元内容进行结构重组、有机整合课程资源，经过语言储备、丰富理解、生活实践，实现从表层符号知识的掌握到内在精神价值的体认。

[1]　[美]格兰特·威金斯，杰伊·麦克泰.理解为先模式：单元教学设计模式（一）[M].盛群力，沈祖芸，柳丰，吴新静，郑丹丹，译.福州：福建教育出版社，2018：18–19.

[2]　林长山，王玲湘.学校主题课程群的构建与实践探析 [J].课程·教材·教法，2019（8）：124–125.

2. 确立单元框架

图 8–2 清华附小语文单元框架

从图 8–2 可以看出，清华附小在单元选择上忠于教材内容单元，但是将内部各篇的时序、详略、形式、策略均进行了较大的调整。通过一篇精讲文章带动整个单元的学习，群文阅读进行适当迁移，整本书阅读教学进一步拓展，主题实践活动则关注学生对文本知识的深度理解和适当应用。

3. 明确单元主题

从单元确立模型的基本结构可以看出，单元主题的精神价值是从语言的建构、思维的发展、策略的梳理，进而指向精神的成长等维度确定的。清华附小激励语文教师要拥有面对文本的能力，对文本的原生价值与教学价值要深入而全面地研究，结合教材编排意图与教学目标，挖掘文本的厚度与深度。同时，要拥有面对学生的力量，懂得学生成长的需要，寻找文本资源与儿童生命成长的契合点，生发教材文本彰显的语文教育精神价值。单元主题只有与儿童的真实成长相连接，产生生命意义的互动，才能生发语文教育的主题意义。只有这样选定的主题才能在儿童的成长中埋下价值的种子，留下精神的烙印。

基于以上思考，学校尝试进行单元主题的选定：

> 5 年级上册第八单元教材的主题是“危急时刻”。教材并列呈现了几篇与“危急时刻”主题相关的文章：《诺曼底号遇难记》《生死攸关的烛光》以及自读课文《鸡毛信》，文本通过危急时刻船长、伯纳德夫人一家三口、海娃的表现，展现了他们崇高的英雄主义精神，使学生受到感染和教育，为了实现从人物形象到文化现象的跃升，单元主题在语言的积累上，聚焦于“危急时刻”；在策略的运用上，大胆取舍，聚焦于典型环境和典型情节的人物言行。正处在 5 年级的学生，自我意识开始觉醒，面临现实生活中的实际问题或紧急境况，还需要提升自己的果断处理、勇敢担当的意识和能力。因此，教学要在文本与学生之间架设一座桥梁，

把危急时刻转化为学生生活中的紧急时刻、关键时刻、重要时刻，引导学生探究与实践，这些时刻不能惊慌失措，要沉着机智地应对，形成有益于学生生命成长的价值认同。基于以上思考，学校确定了与5年级学生生活贴近、成长需求相契合的主题为“从危急时刻到危急环境中的人物担当精神”。[1]

4. 单元设计与实施

（1）目标优化。将原本的教学目标：“1. 梳理小说情节，引导学生聚焦于小说的环境要素，走进本单元主题危急时刻，体会环境烘托的作用。2. 聚焦于人物的言行，通过体会危急时刻人物沉着冷静的形象，深入感受人物的人性光辉。”调整为：“1. 理解内容，聚焦于典型环境的烘托作用，为感受英雄的人物形象作铺垫；2. 聚焦于情节中人物的言行，感悟文本中危急环境下人物的勇于担当的精神。”这样主题确定下的目标优化，指向了学科本质、学生的实际获得。

（2）内容重构与实施。在完成目标优化的基础上，学校对教材单元的内容进行了结构性调整，力求让学生对单元中的危急环境有一个整体认知，让词语在整个单元的学习过程中不断复现、被理解与运用；围绕《诺曼底号遇难记》展开单篇经典教学，夯实学生的阅读方法；在单篇阅读的基础上拓展阅读的情境，整合原文和剧本对《生死攸关的烛光》进行群文阅读，在单篇经典的链条上实现学生高阶思维的进阶；通过“读”“写”“演”的实践活动，让学生将停留在书面的“危急时刻”落到笔头、手头和心头，从而连接自己的生活体验，懂得在危急时刻应该具备的品质：充满勇气、从容淡定、机智。

（3）评价。除了针对单元目标的书面检测外，学校还开发了综合性评价任务。

A. 介绍清华百年成志榜样校友

你了解学校百年历史人物吗？在国家危亡时刻他们勇于担当，挺身而出，为学校和国家做出了卓越贡献，任选一位成志榜样校友，为他们写下介绍词。

B. 采访成志校友，讲述榜样故事

要求：采访时重点让被采访人聊聊经历过的关键时刻、怎么做的以及感受。

引导学生去发现平日有哪些“关键时刻”“重要时刻”等，从教材中远处的榜样到近处身边的榜样，进而落实到自己的实践与行动中，从而实现外在的教材与内在心理发展相协同。

---

[1] 林长山，王玲湘. 学校主题课程群的构建与实践探析 [J]. 课程・教材・教法，2019（8）：126–127.

第三节　新课案的内涵

课程单元设计的结果是一个包括多课时在内的内容框架和关系框架，但还没有细化到能有效支持师生的每一节课，还需要落到课例设计上，即新课案。新课案是对传统课案的革新，要理解新课案的“新”，需要先对课案进行分析。

一、课案的内涵梳理与问题分析

课案是课时设计方案的简称，其英文为 lesson plan，在我国基础教育领域存在已久，但其在较大范围的推广却是新课改以后的事。

（1）课案的内涵梳理。教案是教师根据教学内容，以课时为基本单位编制的教学具体方案。新课改后，教育研究者以及实践者在对教案进行反思和批判的基础上，赋予了教案新的内涵。在某些区域，推行课案变成实施新课程的重要抓手。有的学者从名称变化与内涵发展角度对课案进行了阐述，认为将课堂教学的预设方案称为课案，能够体现出适切性与科学性，课案不仅揭示了教学预设方案作为教育工具的思想内涵，而且符合概念的严密性要求，具有整齐易读的优点，同时也能够体现新课程改革的初衷与方向。

由“教案”到“课案”，虽说只是名称的变化，但这一变化反映了新课程改革背景下教育理念的根本转变，对于全体教师积极投入课程改革起到了很好的导向作用[1]。有的学者则从设计理念、主体、对象以及内容等角度对教案与课案进行了比较。认为教案作为教师的备忘录和教学提纲，受制于“怎么考，怎么教；考什么，教什么”，偏重于突出教师的主导作用，忽视了学生的“学”这一教育根本目的和出发点。而课案是教师根据课标、教材和教学要求，在了解学生学情、教师教学水平的基础上，由学生共同参与，为达成一定的学习目标而设定的师生互动、教学合一的行动方案[2]。

与传统教案相比，课案具有以下优点：一是关注对学情的分析。关注学生的学习准备及其学习差异，在进行教学安排时注意参考学生的已有学习基础。二是注重实施过程的互动性。努力摆脱以往教案封闭、单一、单向和静态的特点，体现师生互动、生生互动、动态生成的过程。三是努力摆脱考试的倒逼。课案的设计一般不是基于考试，而是根据课程标准和教材内容要求，努力体现课程改革的要求，降低考试对教学的高利害性倒逼。

（2）课案存在的问题。在课程改革的实践活跃期，一批改革先锋涌现，一批教学

[1]　高树军 . 从“教案”到“课案”变的不仅是名称 [J]. 课程教材教学研究（中教研究）. 2010（Z4）：96.
[2]　孙丽群 . 课案之于教案 [J]. 辽宁教育，2015（2）：58.

模式如雨后春笋般冒出，此时的课改在一定程度上被实践者视为“改课”，即以为只有改动课堂教学才是真正贯彻课改的精神。因此，此时开始推广的课案有着“先天不足”，随着改革的持续深化，课案的先天不足逐渐演化为如下问题：

- 框于课标。新课程改革将以往的教学大纲调整为课程标准，从上不封顶转为确保基础底线。课案作为落实新课改的重要载体，围绕课程标准是其优势，但因为对课程标准的认识不够，致使课程标准成为教学目标的唯一来源，忽视了学校特色培养目标的有效植入，使得课案完全被框定，缺乏弹性、灵活性。

- 囿于教材。在教学内容安排上，课案与教案没有太大区别，仍过于忠实于教材，导致教学内容窄化，未将学校以及周边优质教育资源融入教学过程。

- 散状分布。不同课案之间各自独立、缺乏衔接，致使所设计的课案呈现出散状分布。

- 缺乏深入。课案在设计之初虽然关注了学生的学习准备，并以此为据进行设计，但未深入分析学生学习发生的条件、学习得以持续的影响要素等。

- 课时固化。课案的设计仍然是围绕既有的固定课时进行，因而课与课之间的通道仍未贯通，各个课时在追求完整性的同时难免会导致独立，并进而固化。

- 缺乏联通。课案设计只是基于课标、围绕课堂展开，未与学校课程系统进行衔接与过渡。这也部分归咎于课改初期各学校并未将学校课程视为一个完整系统，倾向于以课堂直接承接课改，未进行学校课程的顶层设计、课程群的建设，更缺乏学期单元、大单元的前置研究与实践。因此，课案处于一种孤立无援的状况，其背后并无学校课程系统作为依据和支撑。

一言以蔽之，随着课程改革进入深水区，课案作为曾经一时的课改先锋，已经难以适应当前的改革形态，需要进一步改进和升级。鉴于此，笔者提出其改进后的未来形态——新课案。

二、新课案，“新”在何处

相较于课案，新课案是一次微调还是一次重构，笔者认为是后者。那么，新课案到底有什么不同？“新”在何处？

（1）新在设计起点的翻转。这是新课案最鲜明的一个特点，即从知识的传递转向知识的建构，从思考如何更快更好地实现知识的无损耗转移，转向研究如何促进知识的个体建构。

课案的设计虽表面上在努力与新课程改革的理念保持一致，但在设计思想中仍有一种假设，即认为教师与学生之间真实地存在着一种直接的知识传递。瑞士日内瓦大学安德烈·焦而当认为这种假设植入教学设计后会形成一种直接传递模型，这种模型有三种内在假设：一是认定学习者是中性的，不管学习的内容是什么，学习者都有能力录入他人的经验；二是只要将所学的知识进行精密化切分并进行连贯设计，那么学生在学习中就不会遇到理解上的困难；三是认为每个被单独处理的信息的记忆和解码是一种简单储存过程，学习就是一种简单的、机械的录入。新课案与直接传递模型不同，认为不存在知识的“无损搬运”，学习的本质是知识的个体建构过程，并且个体在建构知识时所需要的激发条件和策略工具并不完全相同。

新课案继承了课案的部分特征，比如依据课程标准、教科书以及教师参考用书，但同时考虑社会发展变化带来的知识的多载体化以及对教学的冲击和影响。纸质时代形成了知识独有的运行方式，但当发展、保存以及交流知识的媒介发生改变后，知识也随之发生了不可逆转的改变。正如美国哈佛大学伯克曼互联网与社会中心研究员温伯格（David Weinberger）所说的，网络化的知识虽然不是那么确定，但却更加人性；不是那么固定，但却更加透明；不是那么令人信赖，但却更加全面包容；不是那么一以贯之，但却更加丰富多元。[1]

（2）新在与学校课程系统的衔接。课案的设计起于对课程标准、教材和学生的研究，是学科课程内部的实施步骤分解，与学校的课程系统有着天然的断层。课案是课程改革推进过程中的阶段性产物，是学校课程系统未进行整体设计的体现。而新课案是学校课程系统的组成部分，与单元整体设计、课程群、顶层设计等共同构成了具有学校特色、符合国家和区域要求的整体课程。因此，新课案需要承接课程单元设计的安排和要求，即呈现独立环节的价值，又与其他课程要素一并形成整体效应。

（3）新在是基于学时的设计。目前我国基础教育各学段课时一般按照 40 分钟和 45 分钟来安排，课时因为时间固定而易于管理与考核，但同时也存在着诸多弊端，比如固定时间安排与各学科差异性内容及差异性实施方式难以匹配，与学生差异化的学习进度不匹配。固定化的时间安排客观上导致了教师将原本整体协同的单元进行了逐一分解，按照同等时间量度去进行精准化分割，逐渐形成了彼此孤立的课时，难以实现单元整体价值。

课程单元是基于单元知识结构，同时包含设计意图、教学情境和学生学习方式在内的动态学习单元，是为学生主动而多样化学习活动而设计的有内在逻辑的学习单元。新课案是课程单元的下延环节。课程单元下的各课安排不是固化于当前的课时，而是转向基于学时的设计。基于学时的设计是综合考虑了学生学习准备、特征、单元内容、各课内容、实施路径、实施方式等诸要素，按照知识的个体建构与总体目标的达成而重新进行的规划。从课时到学时，意味着单元学习时间不再是固定不变的 40 分钟或者 45 分钟，根据具体情况，可以尝试长短学时或者大小学时安排，这体现出教师对新课

[1] [美]戴维·温伯格，知识的边界[M].胡泳，高美，译.西安：陕西人民出版社，2014：7–12.

程适应性的改造力。

（4）新在对“课程失能”的弥补。“课程失能”是美国特殊技术应用中心高级研究员豪尔（Tracey E.Hall）等人提出的。豪尔认为在传统教育场景中，课程设计往往是“一刀切”的，教师常常将那些在课程学习中失利的学生贴上“学习不良”的标签，并试图对这些学生作出“修补”。其实恰恰相反，出问题的不是学生，而是课程。因为课程的“失能”，导致不能满足所有学生的需求，需要进行“修补”的是课程。教学设计常常是基于一般程度的学生的需要，但实际上，豪尔认为现实中并不存在所谓的一般学生，学习对个体而言就如同他们的指纹或者 DNA 一样是独一无二的，个体学习呈现出高度多样化和分布式。在如何应对课程失能上，豪尔等人提出要在设计中提供多种表征方式，提供多种行动与表达方式，提供多种参与方式[1]。

课程失能在实践中较为常见，新课案要应对这一问题，需要研究和分析以往设计中无意识设置的学习障碍，比如目标、策略、方法、工具、资源等方面，努力实现定制化设计。

（5）新在对课程价值整体性的关注。所有的课程都需要经过实施变为学生的实际发展后，才能真正体现课程的价值，但系统结构的课程与相对碎片化的实施场景构成了一对矛盾。新课案关注从课程到学生实际获得的完整思考，改变将课程简单划分为一节节课、以单独的课时作为课程终点的做法，以学科课程为例进行说明。

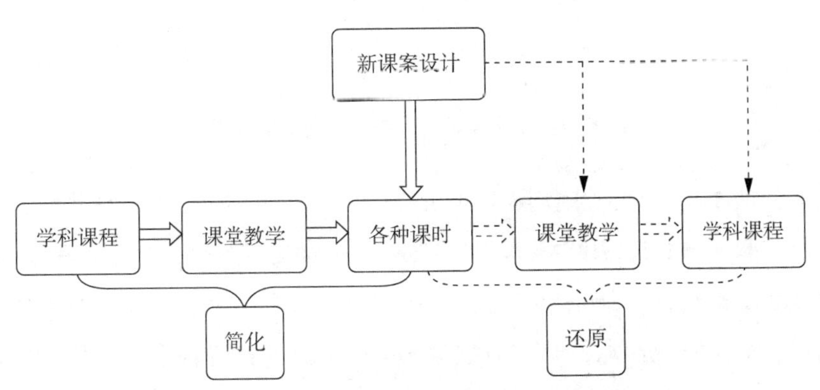

图 8–3　新课案的学科整体价值促进示意图

如图 8–3 所示，各学科课程都有其独立价值和课程设置安排，学校一般采用课堂教学作为实施主渠道来承接学科课程，然后又将课堂教学化作一堂堂课。从学科课程到一堂堂课，这一过程是学科课程的“简化”，从连贯封闭的学科体系化为一堂堂课，教师容易把握和研究，但是彼此独立的课时消解了学科课程的整体价值，教师和学生也容易淹没在一堂又一堂的课中。所以，要关注和落实课程的整体价值，还需要将一

[1]　Tracey E.Hall，Anne Meyer，David H.Rose. 学习的通用设计：课堂应用 [M]. 裴新宁，陈舒 主译 . 上海：华东师范大学出版社，2019：12.

堂堂课串成课堂教学，将课堂教学再回归到学科课程，即让学生形成对学科课程的整体理解和系统构建，这一过程称之为还原。新课案设计必须关注一堂堂课之间的关联，在进行独立课堂教学设计时作好上下的衔接，使一堂堂课具备还原成学科课程的基础功能。

（6）新在对学生何以学会的深度思考与关注。让每个学生都能学会是课堂教学的努力方向，可教师在设计教学过程时，大多在回答自己要做什么，如导入、创设情境、讲授新知识、布置练习等，而不是回答学生要做什么。在这样的设计中，目标不是学生学会什么，而是专注于教师怎么做，这样的设计坚持教师立场、内容或考试立场，很少基于学生的立场去关注学生学会什么、何以学会[1]。

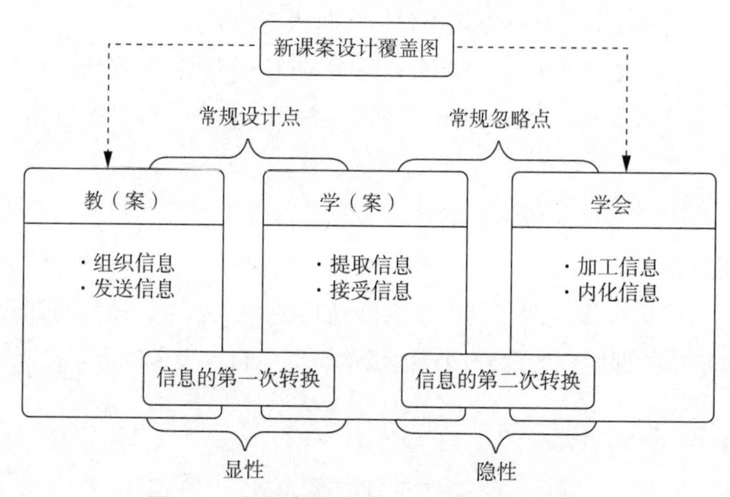

图 8–4　新课案设计关注点的整体覆盖图[2]

如图 8–4 所示，在课堂中实际上存在着“教”“学”“学会”三种状况，通过使用教案来规范“教”，通过使用学案来引导“学”，但却把“学会”当作一种实现的状态，只是通过评价进行检测。如果以信息流来描述教学过程的话，教案的主要作用是组织信息，通过“教”发送信息，学生通过学案提取信息并接受信息，这样就实现了信息的第一次转换，即由外在的信息变为学生所获得的、接受的信息。第一次转换是外显的，容易观察到。大多数教学设计关注的是第一次转换，比如导入内容，激发学生兴趣；提供组织化的信息；提供提取信息的工具和策略等。

学生通过各种感官获取信息后，在学生的大脑中还存在着第二次信息的转换，即对信息进行加工和改造，使信息融入学生已有的认知结构，完成新的学习。由于第二次转换是发生在学生大脑中的，是隐性的，难以观测，很多教学设计或者忽略这一转

[1]　崔允漷．如何开展指向学科核心素养的大单元设计 [J]. 北京教育（普教版），2019（2）：13.
[2]　卢明，崔允漷．教案的革命：基于课程标准的学历案 [M]. 上海：华东师范大学出版社，2016：7.

换的存在，或者将之当作一个黑箱，只通过信息输入与输出来判断学习是否发生。

新课案自设计之初，即坚定地秉持学生立场，将如何让每一个学生都能学会作为最终目标，通过思考和回应“哪些教学内容用怎样的课堂教学方式与策略更能促进学生达到和超过预期的认知及心理状态？”，弥补教与学的分离，形成教学合力，发挥系统效应。

第四节　新课案的构成与设计

综上，新课案是课程单元之下，以学习的个体构建为起点，以学时为单位，既具有相对独立性又与单元内其他学时相互衔接的、专业性教与学的设计方案。因为新课案是在课案基础上的创新，所以一方面新课案参考和继承了课案的部分要素和特质，另一方面也针对存在的问题进行了分析和解决，形成了新的要素组合与设计流程。

一、新课案设计的三大原则

新课案设计的原则参考豪尔、梅耶以及罗斯（Tracey E.Hall，Anne Meyer，David H.Rose）所提出的学习通用设计，即 UDL（Universal Design for Learning）。UDL 基于不同的学生在“学什么”“如何学”以及“为何学”上差异甚大，即使是看上去相似的学生实际上也截然不同，所以在学习设计中，教师必须将可调节的支持、脚手架以及适合的挑战纳入教学情境中，让学习者直面值得追求的挑战[1]。

原则 1 主要针对学生学习时所采用的识别网络。

（1）提供可选择的信息与媒介，以便学生可以结合自己的认知偏好进行信息获取与加工。单一信息或单一媒介的呈现会对某一部分学生的学习造成阻碍，比如在课堂上只是呈现文本材料，将会给那些阅读困难学生带来更多的挑战。

（2）提供不同符号表征路径。学生选了自己偏好的信息与媒介，并不代表着可以从中获取有用的信息，教师还需要适时提供适合的表征方式，让学生可以跨越原始理解与信息本意之间的裂缝。

（3）激活背景知识，突出关键特征。教师通过提供或者激活学生的背景知识，使所学的内容能够与学生的知识体系建立联系；教师通过提供模型或其他方式来突出概

[1]　[美]Tracey E. Hall，Anne Meyer，David H.Rose. 学习的通用设计：课堂应用 [M]. 裴新宁，陈舒，主译. 上海：华东师范大学出版社，2019：6–11.

念或者定理的关键特征，以及概念与大观念之间的关系，让学生从不同侧面把握所学概念的意义。激活背景知识的主要方法包括：利用课堂练习激活学生的已有知识；将新的学习材料与学生在先前课程中所习得的知识建立联系来激活学生的知识储备；在教学中使用与学生的日常知识相联系的类比和实际案例；要求学生基于已有的相关知识进行推论[1]。

原则 2 主要针对学生学习时所采用的策略网络。

（1）安排具有挑战性的情境和任务。新课案设计认为如果没有安排适合的情境，没有在情境中设置有挑战性的任务，没有在任务中赋予学生真实的角色，没有在角色履行中让学生经历完整而复杂的问题解决过程，那么，学生的学习难以不断逼近最近发展区，也难以达成核心素养。

（2）提供脚手架和学法指导。学生去完成有挑战的任务往往会遇到诸多困难，这时候需要教师适时搭建脚手架。教师需要引导学生把握相关知识的来源与排列顺序、知识间的联系、知识的协同作用，通过对比、示范、渗透等多种方式促进学习的迁移。

（3）帮助学生自我监控学习进程。教师要明确学生自我评价与反馈的要求，培养学生自控、自组织能力，使其能对自己将要进行的学习过程做出计划，明确目标、规定内容、自我监控、自主完成学习任务并不断进行反思改进。

原则 3 主要针对的是学生学习时所采用的情感网络。

（1）设置安全环境，凸显学习真实性。新课案设计关注每个孩子的知识建构，追求课堂环境的安全、积极与真实。教师要确保学生可以自由地、安全地发表完全不同的看法。新课案设计的重点不在于师生达成一个共识，而在于丰富每个学生的思考。因此，新课案设计要鼓励学生对一个问题提出多种解决思路和方法，鼓励学生自证与他人辩论，教师不以唯一正确的答案来做最后裁定。

（2）促进协作和共同体构建。新课案设计非常重视学生作为学伴的价值，鼓励并创设各种机会促进学生间的协作，鼓励并支持学生建立学习共同体。在新课案的设计中，要让学生意识到合作的重要性和必要性，掌握合作的技能和策略，并能通过合作完成具有挑战性的任务。

（3）提升、优化动机和促进反思。良好的动机对学生的学习有积极的正向作用，新课案设计在提升动机方面要关注两点：一是注重所设计目标的主观价值。只有在追求目标的过程中，价值才会具有个体意义，包括从完成任务中获得满足感的成就价值，从任务本身获得满足感的内在价值，以及从任务的外部奖励带来的满足感。二是在设

---

[1] 苏珊·A·安布罗斯等. 聪明教学 7 原理：基于学习科学的教学策略 [M]. 庞维国等，译. 上海：华东师范大学出版社，2012：21.

计中要研判如何才能让学生持有积极的结果预期。通过确保目标、策略、评价的一致性，让学生明白教师的预期，给予学生适度的挑战，为建立积极的预期做好铺垫。此外要促进学生反思，可以借助具体问题让学生有针对性地反思，或者通过系列问题的自问进行反思，增强学生的元认知能力以及对未来成功的预期。

二、新课案的构成要素

新课案的设计根据目标和内容以及学时的长短，呈现出较强的灵活性。一般而言，新课案主要包括如下要素：

（1）学时主题。学时主题是单元大主题的次主题，是颗粒度更小、更适合学生学习的主题。对于理科学科而言，常见的是以学科大观念来统领单元，比如科学《物质状态与热量》单元，以“当物质受热将改变状态”大观念为统领，可以拆解为三个子观念“热量的形态转化”“热交换”“物质与所含热量”[1]，可以将这三个子观念作为学时主题进行新课案设计。

（2）学时类型。学时类型主要包括两部分：一是学时长度，即长、短课时；二是任务类型，即讲授课、合作研讨课、综合探究课、实验研究课等。学时长度为目标、任务类型服务，从各地各校具体安排来看，一般设置有四种学时：超大课时，一般为2小时；大课时，一般为1小时；中课时，一般为40或45分钟；微课时，一般为20分钟。

（3）学习目标。学习目标上承单元目标，是以学生为出发点进行描述的、完成本课后学生所能达到的状态。比如小学语文5年级的《景阳冈》学时设计，学习目标界定为：能够运用文本比较、细节描写、专家点评等已学方法，在情节和环境中感受武松打虎时的英雄气概；能够通过阅读武松的1~2个重点故事，分组交流分享资料，了解并能正确说出武松的2个以上性格特点。

（4）评价任务。评价任务与学时主题以及学习目标密切相关，关注的是通过什么样的评价任务来帮助搜集学习目标达成的数据。评价任务应该具备双重角色，在教学中基于评价目标和标准设计多样化的任务，将其嵌入到教学实践中，既作为教学实施和促进工具，也作为评价学生达成标准程度的评价手段予以使用。评价任务应具备表现性，即能够提供适合的情境，将要检测的知识或能力糅合进任务中并与情境相结合。

[1] 邵朝友，韩文杰，张雨强．试论以大观念为中心的单元设计——基于两种单元设计思路的考察[J]. 全球教育展望，2019（6）：78.

（5）学习过程。学习过程的设计要着眼于学生的完整学习，主要包括课前预习任务及指导建议、课堂学习活动设计、学生的差异性学法指导等。

（6）检测与反思。检测即所设计评价任务的实施，通过检测让教师及时获知学生的学习达标状况。及时、准确的检测信息的反馈对教与学均有直接的促进作用，学生可以通过数据反思自己的学习过程，教师可以通过数据反思自己的指导与干预，并根据实际需要做出相应的调整。

（7）学习延伸与衔接。学习延伸既包括课堂未明确问题的课后解决，也包括新出现问题的持续研究。学习衔接指的是本学时与下一学时建立联系，在单元主题的统领下，要设计好各学时主题的衔接点，使其建立彼此的联系，发挥单元整体效能。

三、新课案的设计流程

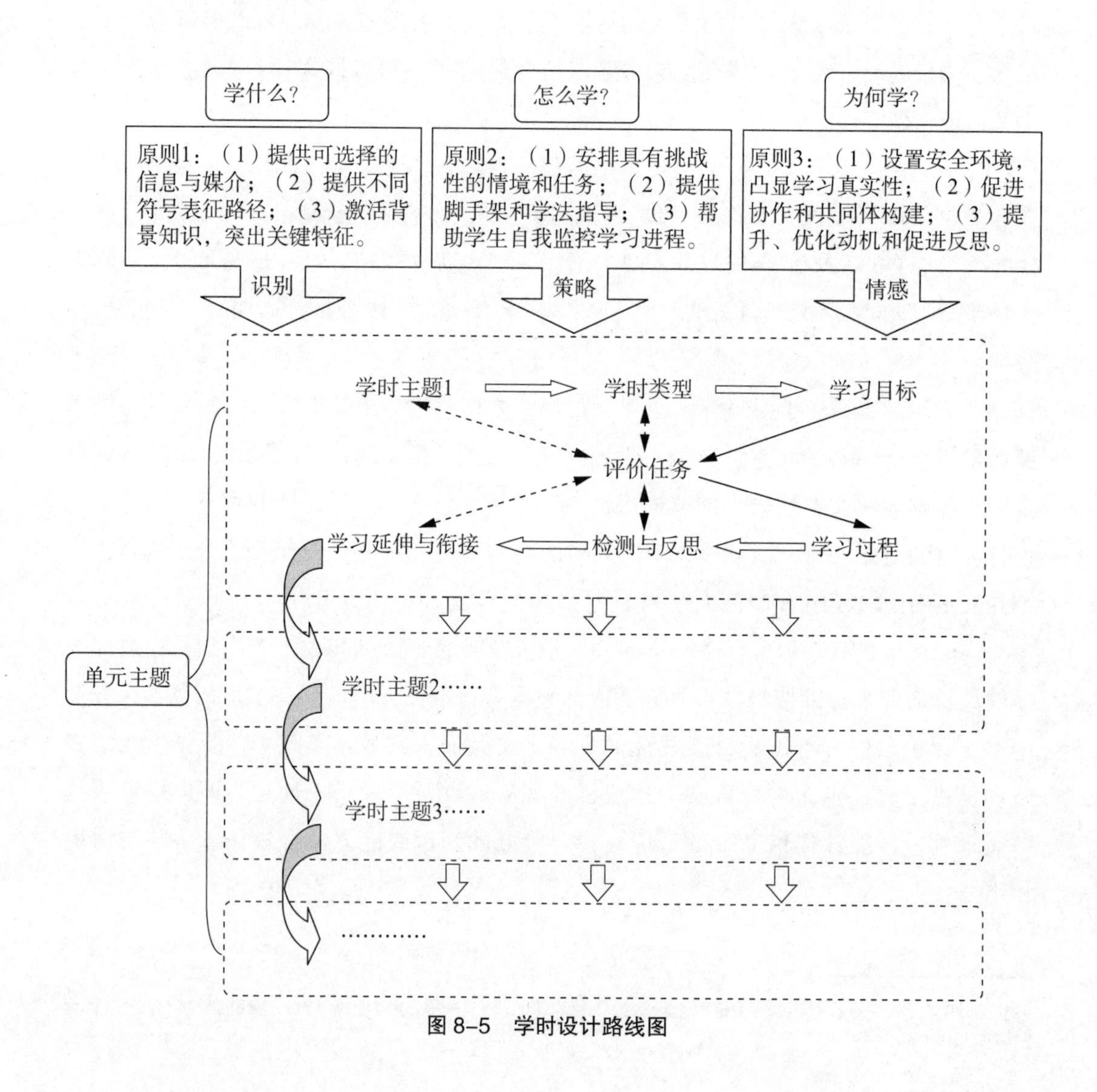

图 8–5　学时设计路线图

四、新课案设计的显著特点

上述三大原则奠定了新课案设计的基础，原则之下的新课案整体设计具有以下三个显著特征：

（1）设计理念上的通用取向。通用取向建基于学生学习的差异观，认为所有学生在“学什么”“如何学”以及“为何学”上差异巨大，即便是看上去很相似的学生在学习准备、习惯、风格上也往往相去甚远。因此，新课案设计的每个环节都应尽量提供可选择项，研判并搭建不同的脚手架，尽量为所有学生的个性学习扫清障碍。

（2）设计方法上的逆向设计。新课案从想要达到的学习结果导出，而非教材所列的内容，更非教师所擅长的教法或者活动，这是新课案的设计逻辑，因此在设计上秉持的是“以终为始”，是对预期学习结果的逆向分析。威金斯、麦克泰格等人为逆向设计提供了简单模板，这一模板包括三个阶段。阶段一指向预期结果，阶段二指向评估证据，而阶段三指向的是学习计划。威金斯提出可以用“WHERETO”方式来设计学习活动[1]：

W= 帮助学生知道学习的方向（Where）和预期的结果（What），帮助教师知道学生从哪里（Where）开始。

H= 把握（Hook）学生情况和保持（Hold）学生兴趣。

E= 武装（Equip）学生，帮助他们体验（Experience）主要观点和探索（Explore）问题。

R= 提供机会让学生去反思（Rethink）和修改（Revise）他们的理解和学习表现。

E= 允许学生评价（Evaluate）他们的学习表现及其含义。

T= 对不同学生的不同需求、兴趣、能力，能够做到量体裁衣（Tailor）。

O= 组织（Organize）教学使其最大程度提升学生的学习动机与持续参与的热情，提升学习效果。

除了上述的逆向设计模板外，威金斯等人经过多年研究和实践还开发出了与模板匹配的设计标准与设计工具，这些都为新课案的设计提供了很好的参考和借鉴。

（3）学时主题间的彼此衔接。单元由不同的新课案构成，新课案由不同的学时主题统领，学时主题作为单元主题的子主题，彼此之间原本有所关联，在新课案的设计中进一步遵循并放大了这种关联，让各学时首尾相连，共同营造了学生可以完整理解

---

[1] [美]格兰特・威金斯，杰伊・麦克泰格.追求理解的教学设计（第二版）[M].闫寒冰，宋雪莲，赖平，译.上海：华东师范大学，2017：16–23.

单元的新时空。

五、新课案设计案例剖析

笔者曾于2015年10月在美国北卡罗来纳大学教堂山分校参加过为期20天的培训，在培训中听过一节课例设计，此课例设计来自苏珊娜（Suzanne Gulledge）教授的亲身经历，至今记忆犹新，有两个原因：一是此课例设计在实践中证明是不折不扣的失败，而其失败之处的发掘与反思比正向案例的引导更能发人深省；二是此课例设计与笔者所倡导的新课案设计有诸多相同之处，因此期望通过对这个失败案例的剖析，给本书的读者一些思考和启示。

2012年苏珊娜在中国给一部分即将赴美进行教育硕士修习的教师，进行出发前的先行培训，培训主题是“课程设计”（curriculum design）。其中之一的课例是《能不能写好自己的中国姓名？》（Have you got a Chinese name?）。设计者是参与培训的中国教师，课例针对的“学生”则是苏珊娜。于是，中国教师组团进行了课程设计和实施。

苏珊娜认为这些参训教师是有基础能够顺利完成课程设计的：（1）虽然他们所教学科不同，有英语、物理、数学、历史、中文等，但对于教一个美国人学写“苏文怡”三个字而言，这些教师无疑都有着远超此水平的汉语书写知识储备；（2）在技能、技巧方面，每位教师都能够轻松、熟练而美观地写出苏珊娜认为很难的“苏文怡”；（3）每位教师都能准确评价书写的结果，即对苏珊娜能否写对自己的中文名字，各位教师都能够很轻松地给予准确的评价与反馈。

就是这么一个看似轻松的课例设计，却让参与的教师陷入挣扎和困惑，他们设计出自己认为很好的课例，但是出人意料的是在具体实施中效果很不好，于是，又不断调整，在调整中依然效果不佳并产生了诸多矛盾与冲突，最后课例没有实现设计者预定的目标。

先还原一下参训教师设计的课例：

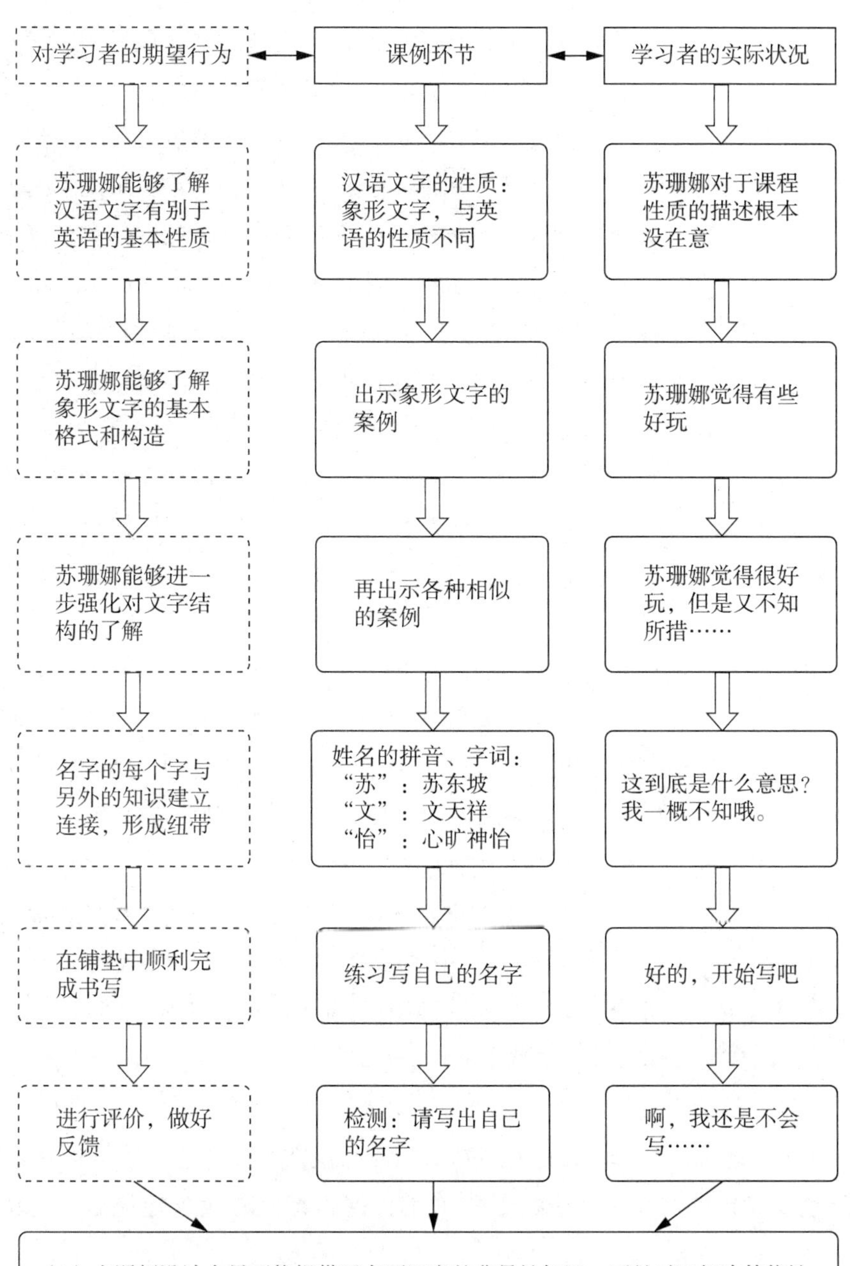

（1）在课例设计中尽可能提供了书写汉字的背景性知识，可是对于解决技能性问题却没有很好的设计。
（2）以自身的书写水平作参考，想当然地认为苏珊娜也能对相应的知识产生预期中的关联，能产生预期中的迁移。比如“苏”上下结构，在苏珊娜看来，上下都是一个“H”，只不过下边的“H”边上多了两片“树叶”；再如“文”，在苏珊娜看来上边是阿拉伯数字“1”，下面是数学符号“X”。这样写出来的字根本不符合课例设计中所考虑的结构和美观。

课程设计者发现效果不好，又进行了课程调整，将写字分成几个小步骤，并给出写字用的田字格。但可惜的是，效果依然不好。

为什么一批汉字书写功底很高的设计者所设计、实施的课例最后失败了？按照新课案的设计规范来看，有几个关键问题在设计中没有很好地解决：

（1）设计假设出现问题。在设计之初，设计者进行了学习者分析，一致认为苏珊娜应该能够较为顺利地习得汉字。因为设计者看到苏珊娜已经在美国拿到了博士学位，英语写作水平相当高，就想当然地认为英语的学习水平可以自然地迁移到汉语的学习上，但是在课例实施中证明，苏珊娜良好的英语学习水平恰恰影响了她对汉语的学习，她习惯于用英语的字母来比照和记忆汉字，这与设计者的设计意图相去甚远。

（2）对学习目标的界定不清晰。目标是课例设计的导向和驱动力，也是评价任务设计的依据，课程设计者对课程目标并没有形成统一的明确意见。有的设计者认为，学习更多的汉语书写规则，可以在以后更好地书写名字，所以在课程中增加了很多背景性知识。有的设计者认为，本课例就是为了教会写三个汉字，明确笔画和笔顺即可。设计者之间因为没有形成共识，致使课程设计缺乏统一逻辑，学习目标不清，整个逆向设计前后不一致。

（3）评价任务的设计缺乏过渡。由于设计者在设计之初就认为苏珊娜能够较快掌握汉字书写，所以只设计了“能否工整、无误地写出苏文怡”这一个评价任务，没有进行评价任务的分解和过渡设计，最终因为完成难度大，学习者失去学习动力和信心。

（4）学时类型的设计欠妥。所设计的学时长短与学习者的实际能力、准备不匹配，在遇到困难后又重新拉长学习时间，但因为支持策略出现问题，导致目标并未达到。

（5）学习过程的设计，尤其是辅助资源的提供陷入教师主导。设计者没有将学习者作为依据和出发点，而是将自己具有的中国传统文化知识视为苏珊娜应该具备的基础，在汉字拼写中引入了苏东坡、文天祥等中国古人姓名，溢出学习者的知识储备，结果形成了认知负担，学习效果自然不佳。

由此可见，科学的设计理念、准确的学习者认知、清晰统一的学习目标、分层合理的评价任务、逐步推进的学习过程、适时检测与反馈，以及适合的学时分配与衔接，是专业化教学设计的必备要素，也是打通学校课程系统有效落地最后一公里的必要条件。

实践与案例篇

第九章　学校文化梳理与课程文化确立

学校文化是学校课程的母体，学校文化的结构和语境为身处其中的课程系统提供一种稳定的意义解读结构与价值阐述空间，同样的课程要素在不同的学校文化中具有完全不同的意义阐释、结构位置与发展可能。

第一节　作为课程母体的学校文化梳理

学校文化是学校教育的灵魂，而课程系统则是学校教育的根，三者相互交融、密切关联、你中有我、我中有你。学校文化作为学校课程系统的母体，其形态与内涵对学生成长、教师发展乃至学校的进步有着重大意义。

一、学校文化的意义与构成

在学校这个有规则的组织内，学校文化是一个影响普遍、深入、深远的系统要素，包含着信念、价值、理解、态度、意义、标准、象征、仪式、典礼等诸多要素，是学校这一组织内有着共同价值观的人在一起工作所形成的态度和关系，亦即由集体价值观和信仰慢慢发展而来的行为规范所组成的统一体[1]。

按照“文化－亚文化”的梳理脉络，可以将学校文化分为四个亚文化系统：观念

[1]［美］吉纳·E·霍尔，雪莱·M·霍德．实施变革：模式、原则与困境[M].吴晓玲，译．杭州：浙江教育出版社，2004：210.

文化系统、物质文化系统、行为文化系统、制度文化系统。其中，观念文化系统是核心，制约并影响着其他三者。

观念文化是学校文化建设的核心，学校观念文化是以学校全体师生的文化观念、价值取向、思维方式为主要特质的共同价值观体系。观念文化是塑造个性化教育品牌的灵魂，是统摄学校物质文化、行为文化、制度文化的内核。观念文化建设在于如何为全校师生构建一种共同的价值体系、共同的目标愿景、引领性的指导思想，并使之渗透在师生的言行举止中。学校观念文化系统主要包括：办学思想、办学理念、办学目标、学校精神（校训、校风、教风、学风）等。

物质文化是学校文化建设的象征，是学校文化的外在表现。学校文化建设要重视凝聚人心，关注校园环境、文化设施和人文景观等的建设。学校物质文化系统是师生启迪思想、砥砺志气、陶冶身心、涵养性格的重要物质载体，主要包括：学校视觉识别系统、学校环境建设、学校建筑命名系统等，物质文化建设旨在构建文明、活泼、艺术、智慧的校园环境，营造浓郁的育人氛围。

行为文化是以师生员工的行为表现、社会实践及校内外其他各种活动为载体，以学校精神文化为指导，围绕学校文化建设和办学思路在各个层面所开展的实践活动。行为文化不仅体现为学校群体的行为方式、行为规范，也表现为教师、学生的具体行为。学校行为文化在深层次上表现为学校的教育教学和管理活动，是学校特色的具体体现，主要包括：教学活动、校园文化活动、人际交往活动等。

制度文化是以观念文化为指导，依存于学校环境，在师生共同理想和价值取向的基础上形成的一系列规章制度、道德规范、管理方法。制度文化会以其潜移默化的作用，将外显的刚性规范、准则、精神，内化为内隐的柔性的思想观念、价值理念。制度文化既是维系学校秩序、规范师生行为的保障机制，也是学校文化持续健康发展的动力机制。因为制度文化具有可操作、易接受、可执行的特征，因此更容易引起师生言行举止的改变。学校制度文化主要包括：传统仪式、规章制度、管理方法等。

二、学校文化建设存在的问题与归因分析

当前，学校变革的重要价值路径已从片面追求外延式发展逐渐转变到关注内涵的提升。在此过程中，学校文化的重要作用日益受到重视。目前，学校文化建设虽然进行得如火如荼，但是学校文化已经发生了不同程度的异化。

1. 学校文化建设存在的四个问题

异化致使学校文化发生部分缺失或者价值偏移，在某些地域其功利性和封闭性表现得越来越明显，主要包括四个问题：

（1）学校文化内涵的赋予传统有余而现代性不足。当前，许多学校都强调文化的祖根性，即关注从传统文化中挖掘与学校文化密切相关的内容，但是忽略了与当前现实生活的距离。今天的教育所培养的孩子要适应明天的社会，教育从本质上来说是一项面向未来的事业，优秀传统文化的确是需要学校继承和发扬的，但是一味生硬地向传统文化去寻找现代学校的未来意义，这本身就存疑。作为现代学校，在继承传统文化的同时，还需要研究如何在学校文化中体现现代性。

（2）学校文化表达完整性有余而准确性不足。学校文化的专业性首先体现为具体表达的准确性，从专业角度审视，很多学校文化表述的准确性尚需改进，主要表现在文化的组成要素基本齐全，但是要素之间的关系以及要素本身的科学性与合理性相对较低，缺乏审慎的反思。

（3）学校文化呈现形式缺乏一致性和系统性。观念文化是另外三类亚文化的核心，学校文化的不同层面都应围绕观念文化展开。物质文化、制度文化与行为文化并非不同的文化类型，而是观念文化在物质、制度、行为等不同层面的体现。但是在很多学校，笔者发现各亚文化层之间难以自洽，表现为各行其是，独立封闭。

（4）学校文化落实缺乏主体参与。学校文化绝不只是写在墙上的口号，而应是全校师生员工一种无意识的集体观念和具体的行为。有学者提出理想的学校文化应该是一种合作型文化，具有合作文化的学校，教师经常参与和其他同事的职业讨论；共同分享专业理念、专业知识与专业技术；共同参与课堂问题的解决。教师们一起工作，共同开发共享的技术性知识和研讨挑战性问题的共同解决办法[1]。在某种意义上，我们甚至可以说学校文化就是学校每一名师生员工精神面貌的总和。如果学校文化建设缺乏广大教师和学生的参与，一方面会削弱学校文化自身的合法性，另一方面也会削弱学校文化的教育效益。因此，学校的每一个成员都是学校文化建设的主体[2]。

2.学校文化建设问题的归因分析

清晰合理、积极上进的学校文化对于学校课程系统设计有着重要的奠基功能，而异化的学校文化则会从根上对课程系统产生破坏。鉴于此，需要在问题梳理之后进行问题归因。笔者认为，学校文化之所以产生种种异化，有如下几个原因：

（1）对学校文化的历史积淀不够重视，在建设中创新有余、继承不足。学校文化是一代又一代干部、师生共同创造出来的，从这个意义上讲，学校历史与学校文化一脉相承、相辅相成。学校需要对本校历史发展有清晰的梳理和认知，但很多学校倾向于思考高大上的、与学校历史缺乏关联的育人理念，并作为核心去创新，缺乏对学校

[1] 谢翌．关于学校文化的几个基本问题 [J]. 外国教育研究，2005（4）：22–23.
[2] 班建武．从个案研究看学校文化建设的改进路径 [J]. 中小学德育，2015（2）：19.

已有历史传统的继承与发展，导致了学校文化的断层。

（2）对学校文化的实质和功能认识不足。学校文化是个庞大的体系，概念良多而且内容庞杂，有些学校只是专注于某一方面的学校文化分析，缺乏对整体文化的完整认识，导致学校文化的定位出现了问题，随之使得学校文化的建设工作流于形式。

（3）对学校文化的建设主体认识过于狭窄，忽视教师、学生、家长在文化建设中的作用。有的学校认为文化的要义在于严格而明确的管理，通过领导层设计清晰的管理制度，期望通过制度的落实来形成学校的新文化。这样一来就窄化了学校文化的建设主体，将师生视为被管理方，而非文化主动构建方，将家长也摒弃在建设主体之外。吉纳等人曾将学校内的实质性变革分为两种，一种是常规所说的由领导者所发起的变革，通过提出明确的目标来引领；另一种是由变革参与者对学校中所有的变革行为所做出的解释中发展出来的[1]，后者在学校文化建设中一旦被忽视，参与者就会产生孤立感和难融入感。

（4）学校文化建设缺乏整体设计，内容要素基本齐全，但逻辑关系混乱。学校文化需要逻辑自洽，没有自洽的学校文化容易成为一盘散沙，难以成型又不易传播。观念文化是学校文化的核心，辐射并引导着其他各类亚文化，学校文化的逻辑主要由观念文化来界定，行为文化、制度文化、物质文化等围绕观念文化所确立的主逻辑进行建设。逻辑清晰的学校文化能准确地呈现学校提倡的价值观念与行为准则，使学校所秉持的理念能够清晰地传达到学校课程系统，为课程系统的设计与改进提供基本依据。

三、如何梳理与改进学校文化

如果没有合理地梳理学校文化，其体系要素构成以及文化边界会模糊。学校文化是学校发展历史的物质和精神积淀，历史的积淀并不一定都符合当前及未来的发展，因此，在学校文化梳理的同时还要树立文化改进意识，通过文化的逐步改进，使之更加正向、积极、上进。梳理学校文化的关键在于能否准确把握学校文化的内涵，应注意以下四点：

（1）关注学校所在区域的文化。学校文化不是存在于真空中，或明显、或隐性地受区域文化的影响。“区域”本身就是一个具有文化意义的概念，所有的地域都负载着内涵丰富、形态各异的文化，每个地方都有其代表性的文化标志，从文化学的角度看，“区域”代表了一组文化符号。区域文化会随着各种渠道与学校文化建立千丝万缕的联系，并潜移默化地影响着学校文化的发展。

[1] ［美］吉纳・E・霍尔，雪莱・M・霍德.实施变革：模式、原则与困境[M].吴晓玲，译.杭州：浙江教育出版社，2004：216.

（2）要体现学校的发展历史。如前所述，学校文化是学校发展历史的结晶，对学校发展历史的认真回顾和分析，就是对学校文化历史脉络的回溯与反思。

（3）要反映学校自身独特的办学追求。因受各种不同因素的影响和制约，每所学校都会有自己独特的发展路径和办学追求，学校需要将文化建设纳入学校发展的整体框架系统思考。从实际存在和发挥作用的空间来看，学校文化弥散于学校生活的各个层面。学校文化建设不能仅仅就文化谈文化，必须在学校的整体发展框架中定位学校文化的特色[1]。

（4）要符合教育发展规律和现代社会发展要求，注重对传统文化资源作出符合时代精神的阐释。对学校文化的梳理要符合教育发展规律、人的发展规律，同时要与时代要求相吻合，以此为基础，去理解和分析学校已有的传统文化资源，在认真思考、合理继承的前提下，赋予学校文化未来属性。

如何改进学校文化？学校文化由历史发展而来，是无数历史节点上的合理化选择演化和积淀而成的，切忌以颠覆的手段去随意推倒重来，这样具有相当大的风险性。学校文化的改进适合以一种渐进的改良方式进行，改良的关键在于如何基于专业做好顶层设计：

（1）通过专业性的改进尝试，使学校文化的未来发展走上专业化道路。所谓专业化的顶层设计，主要指学校文化建设的科学性。笔者认为学校文化的顶层设计必须走专业化道路，这是学校文化在未来少走弯路的重要保障。

（2）对学校文化的改进方法论上兼顾客观主义和解释主义。客观主义追求的是绝对客观地认识和处理人的行为，其目标在于通过描述实实在在的事件，或者通过客观地描述可以观察到的行为，来提供进行改进的依据或参照[2]。学校文化的改进需要基于真实问题的分析和思考，通过真实的呈现获得真实的信息，进行有效的改进。解释主义强调的是真实存在的事情很重要，但更为重要的是身处其中的教师、学生、家长是如何理解和解释所发生的事件的，所以学校文化的改进，还要关注多元文化主体的理解与解释，要通过各种渠道去交流、对话甚至是辩论，达成共识。

（3）对学校文化的改进要关注其组织性和层次性。文化背后是人的行为准则、共识理解和价值判断，相应地，作为人员组合的学校的组织结构，会影响学校的文化形态与内涵。所谓层次性是指学段针对性、学生身心发展性，即每一所学校必须考虑不同学段学生的身心发展特点和现实需要，展开有针对性的设计与改进。

（4）学校文化改进要突破碎片化走向系统性。学校文化是一个大体系，要素种类多，彼此之间的关系复杂多变。观念文化、行为文化、物质文化和制度文化在很多学

---

[1] 班建武．从个案研究看学校文化建设的改进路径 [J]．中小学德育，2015（2）：20.

[2] ［美］吉纳・E・霍尔，雪莱・M・霍德．实施变革：模式、原则与困境 [M]．吴晓玲，译．杭州：浙江教育出版社，2004：215-216.

校是独立存在、缺乏彼此联系的，观念文化没有实现对学校文化内涵的统领，所以呈现出要素齐全但碎片化的特点。要突破碎片化，就要厘清学校文化的主逻辑，沿着主逻辑将相关要素进行有序统整，形成学校文化系统。

第二节　学校文化建设案例分析

因为学校文化是课程的母体，先进行学校文化的梳理与改进，是后续课程系统设计能够稳步持续推进的前提和基础。下面所列举的北京市朝阳区垂杨柳中心小学（以下简称垂杨柳小学）就是在课程系统设计之前，先进行了学校文化改进。笔者有幸参与这所学校的文化建设，获取了宝贵的第一手资料。

一、初期文化梳理

在笔者介入之前，学校先自行对学校文化进行了初步梳理，形成了第一稿，如下。（限于篇幅，以下给出的是简版）

垂杨柳中心小学校园文化分析

一、学校整体情况

（一）基本情况

北京市朝阳区垂杨柳中心小学始建于1962年，学校因地处北京市朝阳区东二环与三环之间的垂杨柳地区而得名。目前学校有本部松榆、本部杨柳、金都分校、劲松分校、馨园分校、景园分校6大校区，17个校址，教职工600多人，学生9000多人。基于学校现状，当前课程建设的主体是本部松榆校区，采取以点带面的研究推进思路。

（二）发展历史

1962年垂杨柳小学建校，当时学校暂借石香炉旧房办学。1963年，更名为垂杨柳第一小学，1978年更名为北京市朝阳区垂杨柳中心小学。1987年，垂杨柳第二中学并入工大附中，垂杨柳中心小学用垂杨柳二中校址即垂杨柳中里14楼北侧办学，结束借址办学历史。2003年，垂杨柳第三小学并入，形成1校2址办学。2008年8月，建金都校区，校址百子湾西里112号。2010年10月，接收水南庄小学部分师生，水南庄小学撤销，形成1校3址办学。2014年3月，松榆里小学和武圣庙小学并入垂杨柳中心小学，合并后，原松榆里小学校址被垂杨柳中学用于办学，垂杨柳中学初中部校址与武圣庙小学校址打通，组成现在的垂杨柳中心小学本部松榆校区，形成1校6址三校区办学。2015年3月，垂杨柳第四小学、劲松第一小学并入垂杨柳中心小学，垂杨柳第四小学校址成为金都校区低部，劲松第一小学校址成为杨柳校区中部。学校形成1校8址三校区办学。2018年7月，金都校区成为独立法人单位，更名垂杨柳中心小学金都分校。2019年3月，并入三所独立法人学校。南磨房中心小学并入后更名为垂杨柳中心小学馨园分校，王四营中心小学并入后更名为垂杨柳中心小学景园分校，劲松三小、劲松四小合并并入后更名为垂杨柳中心小学劲松校区，学校形成六大校区，1校17址办学的集团化学校。

（三）面临的挑战与未来的发展

1. 当前的优势与机遇

（1）办学规模不断扩大。（2）集团优势逐步显现。（3）队伍建设成绩卓著。（4）学术成果丰硕。（5）学生素质整体提升。（6）学校特色日益凸显。

2. 当前劣势与挑战

（1）集团各校区均一校多址，管理相对分散。学校空间不足、一些校区班级容量大、学生学习活动空间不足。（2）学校办学迈向甲子，不仅需要进一步明确办学目标，理清办学思路，更需要进一步思考、推敲，构建学校理念体系、制度体系，升级学校办学特色，为今后的百年杨柳奠定思想、制度和品牌基础。（3）教师队伍发展不均衡，教师队伍在专业知识、教育观念、教学方法、创新意识、创新能力及综合能力上均有差距。（4）学校仍需要进一步引导家长参与学校教育，提升家长对学生与学习的认知度、对学校教育教学改革的认知度。（5）学生在健康水平、行为习惯、个性发展潜力上仍有很大的上升空间。（6）集团的几个校区均处在朝阳的城乡结合地带，生源基本都来自普通百姓家庭，生源状况在朝阳区属于一般。

3. 未来发展的总体规划

总体目标：以杨柳课程建设为先导、以学校治理创新为方向、以学生核心素养为根本、以集团高位均衡为目标，重塑校训，修订章程，提升特色，打造杨柳教育品牌。到2020年，实现办学整体水平居朝阳乃至首都基础教育前列，实现杨柳教育事业的创新发展。

二、对办学理念的阐释

学校办学理念是“让生命阳光般灿烂”，强调“人及人的生命”是教育的根本。在人类历史的长河里，西方的苏格拉底、东方的孔子，都把人们对世界的关注拉回到人的生命上。“让生命阳光般灿烂”，强调促进生命的“阳光”。阳光是温暖的、公平的，因此我们的教育应该如阳光，公平地呵护每一个孩子，使他们拥有阳光般的性格——向真、向善、向美、向上；阳光是多彩的、全纳的，它反映事物本身的多样性、综合性，因此我们的教育应该促进儿童全面发展、个性发展。“阳光教育”的内涵即赋予教育以阳光的特质，让教育立足人本、尊重生命、接纳不同、促进发展，让每个生命在成长中成为最好的自己，感受成长后的喜悦，享受实现价值后的幸福。

只有点燃、激励、唤醒每一个生命个体内在的真善美，才能实现为国家培养德智体美劳全面发展的社会主义建设者和接班人的目标。

三、对育人目标的解读

人的生命首先是以生物学意义上的自然性存在与肉体组织存在为前提；其次还是一种“有意识”“有思想”“有精神”的生命；最后，人的生命与动物生命的根本区别在于人“只有在社会中才能独立”。按马克思的观点，人的本质是“一切社会关系的总和”，即人具有生命的社会价值性。基于对生命的哲学思考，学校理念中对生命的关注，既包括关注人本原的自然生命，提出“健康身心”；又包括关注超自然的价值生命，提出“自主学习”；还包括关注以生命意义与社会价值的实现为终极目标的意义性存在，提出“友好交往”。

在此基础上学校提炼出朗朗上口的八字校训“健康　文雅　自主　阳光”，对学生而言可诠释为“健康身心、友好交往、自主学习”，对教师而言可诠释为“健康身心、友好交往、自主育人”。“阳光”，是学校办学理念的集中体现，既寓意为“阳光少年”，又寓意为“阳光教师”，反映学校对师生生命样态的期许。与此同时，学校坚持开放办学，追求全面、均衡、可持续发展的办学路径，实现师生和谐、生生共进、家校共育的健康发展。

具体育人目标：（1）健康，是指身心灵的健康，包括健康的思想、健康的身体、健康的心理三方面的内容。（2）友好，包括对自我、对他人、对社会、对自然四个层面的友好。（3）自主，既强调个体主观能动性的发挥，又包括与他人的主动协作。

四、校风、教风、学风

（1）校风：务实、拼搏、合作、创新。

（2）教风：悦纳、善达、博专、笃信。

（3）学风：勤学好问、善思乐行。

二、设定文化梳理模板

由学校初步的文化梳理文本分析可见，其主要问题是：一是对概念把握不够准确。将学校文化与校园文化的概念混同，没有厘清学校文化的内涵。二是整体结构框架层次混乱。第一部分为“学校整体情况”，第二部分为“对办学理念的阐释”，第三部分为“对育人目标的解读”，第四部分为“校风、教风、学风”。这四个标题既不在一个层次上，也难以涵括学校文化的基本要素。

针对学校梳理操作上的混乱，笔者首先研制并提供了一个基本的学校文化建设方案框架，作为梳理文化的基本工具（详见表 9–1）。

表 9–1 垂杨柳中心小学文化建设方案模板

一、学校整体情况

1. 基本情况（包括地理位置、建筑面积、教师、学生、家长、专用教室等）；2. 发展历史（包括建校时间、发展阶段、主要历史沿革、主要成绩等）；3. 面临的挑战与未来的发展（包括当前面临的来自多方面的挑战与机遇，以及未来的发展总体规划以及新挑战等）。

二、学校文化体系

（一）办学理念体系

1. 办学目标；2. 办学理念；3. 培养目标；4. 办学方略；5. 校训；6. 校徽；7. 校歌；8. 校园形象大使；9. 校花。

（二）办学实践体系

1. 管理文化；2. 课程文化；3. 课堂文化；4. 教师文化；5. 学生文化；6. 组织文化；7. 行为文化；8. 环境文化。

三、学校办学理念体系建设解读

（理念体系主要指的是学校文化中的“精神文化”，是学校所秉持的教育哲学的内核。）

1. 办学目标：来源与意义；2. 办学理念：来源与意义；3. 培养目标：来源与意义；4. 办学方略：来源与意义；5. 校训：来源与意义；6. 校徽：来源与意义；7. 校歌：来源与意义；8. 校园形象大使：来源与意义；9. 校花：来源与意义。

四、学校办学实践体系解读 （作为学校办学理念体系的载体，学校办学实践体系主要包括学校制度文化、行为文化和物质文化。在本方案模板中，建议结合学校工作实际，将三个方面划分为管理文化、课程文化、课堂文化、教师文化、学生文化、组织文化、行为文化、环境文化八大领域。） 1. 管理文化：来源与意义；2. 课程文化：来源与意义；3. 课堂文化：来源与意义；4. 教师文化：来源与意义；5. 学生文化：来源与意义；6. 组织文化：来源与意义；7. 行为文化：来源与意义；8. 环境文化：来源与意义。 五、学校文化建设存在的问题的思考与未来展望 1. 存在的问题（包括上述各类亚文化存在的漏洞与弊端等，比如制度是否完善、文化特色是否鲜明、文化载体是否丰富等）；2. 未来展望：下一步工作计划（包括未来拟采取的文化建设手段、方法、策略，拟重点在哪些方面进行改进等）。

三、文化细节梳理与改进

学校根据文化建设模板进行了二次梳理和分析，在框架和结构基本厘清的前提下，文化梳理进入到内部逻辑自洽性分析。在逻辑自洽方面学校先后进行了多轮次修改，以下选择文化背景及办学理念体系这两部分的修改进行说明：

1. 文化背景部分的问题分析与改进

学校文化背景按照模板要求分为学校基本情况描述、学校发展历史、面临的挑战与未来的发展。经研讨，明确“学校基本情况描述”应包括：学校性质、建校历史、地理位置、学校规模、组织结构、教育质量、师生结构、显著特色。“学校发展历史”应包括：建校初衷、发展阶段、关键事件、卓越人物。发展历史的梳理不是简单地按照时间轴进行罗列，而是将关键事件以及关键事件背后的发展逻辑明确出来，另外，还要表述关键人物包括其关键思想或者贡献。“面临的挑战与未来的发展”应采用SWOT分析法，从学校文化建设的优势、劣势、挑战与机遇四个部分进行分析。学校按照充实的内容进行了第三次修改，下面以学校基本情况中的“师生结构”为例作一说明。

师生结构（二次修改）：

校区在校学生1137人，40个教学班。在职教师93人，副主任以上干部8人，副高级教师12人，区级骨干教师12人。教师100%具有本科及以上学历，研究生 1 人。家长中高级知识分子占 5.3%，其他大部分是从事企业工作或个体经营的劳动者，还有 9.1% 的家长全职在家。校区教育教学设施完备，有各类专用教室 14 个，体育运动场所 3 块。

发现问题：二次修改的师生结构中，关于学生的分析几乎没有涉及，学生作为学校教育服务的对象，是学校文化建设的核心影响因素，应该对学生群体有一个深入的了解和把握；对教师的学历结构和比例有描述，但是对教师的年龄结构等缺乏描述和分析；设备、专用教室等属于学校规模和资源部分的内容，不应出现在师生结构中。

师生结构（三次修改）：

学校有专任教师 211 人，学生 2864 人，师生比例为 1:13.6。

教师队伍平均年龄 39 岁，整体年龄偏大。其中特级教师 2 人，正高级教师 1 人，副高级教师 29 人；市区骨干教师 42 人，校级骨干 36 人，骨干教师占专任教师的 36.97%。教师 100% 具有本科及以上学历，博士 1 人，硕士 6 人。

学生群体为 1–6 年级，年龄为 6–12 岁，其中随班就读学生 14 人，占学生总数的 0.61%。家庭生活困难享受政府低保补助的学生 22 人，占学生总数 0.95%。学生普遍具有健康的身心、良好的学习习惯和文明素养，能至少掌握一项体育、艺术、科技技能。毕业生的综合素质水平较高，在朝阳区各个中学口碑良好。

经过三次修改后的“师生结构”，将学校的师生比、专任教师学历结构、学生家庭背景、学生素养水平都进行了较为清晰的描述，为学校文化的梳理、分析提供了客观充实的基本素材。

2. 办学理念部分的问题与修改

（1）办学目标修改。办学目标是学校文化建设中的首要环节，是学校质量水平的衡量标准，也是学校发展的动力和指南。一般而言，办学目标描述主要围绕“方向（特色）”“程度”“时间”等内涵，集中体现办学的大致方向。

垂杨柳小学办学目标描述存在的问题：办学目标中名词过多，如素质教育示范校、人才基地、品牌学校等；缺乏学校的自有方向（即学校有质量的特色）；缺乏时间性描述；办学目标一般指向未来，不对当前已经达成的目标做过多解释。

办学目标先后经过几轮次修改，其流程与修改内容见下图。

首次表述：发挥朝阳区素质教育示范校作用，做区域的人才基地、质量龙头、研究中心、管理样板，创建北京市优质品牌学校和国际教育交流窗口学校。

第一次修改：赢得地区百姓赞誉，成为在北京市有一定影响力的知名小学，带动集团教育事业创新发展，成为集团的人才基地、管理样板、质量龙头和课程中心。

第二次修改：办地区百姓满意的学校，在五年内赢得地区百姓高度赞誉。发挥学校在集团的龙头引领作用，成为集团的人才基地、资源中心、管理样板、质量龙头，带动集团教育事业创新发展，成为在北京市有一定影响力的知名小学。

第三次修改：办地区百姓满意的学校，在五年内赢得地区百姓高度赞誉。持续发挥学校在集团的龙头引领作用，成为集团的人才基地、资源中心、管理样板和质量龙头，带动集团教育事业高质量发展，十年内成为在北京市有一定影响力的知名教育集团。

图 9–1　垂杨柳中心小学办学目标修改流程图

（2）办学理念修改。垂杨柳小学的办学理念是“让生命阳光般灿烂”。该理念集中体现对生命的关注，强调促进生命的“阳光”。此办学理念具有很强的普适性，且内涵丰富，可挖掘素材多。笔者认为，办学目标是对到哪里去的描述，而办学理念则是如何去那里的表达，因此，办学理念应该与办学目标有着衔接性；理念的语言表述要把学校办学的核心价值、核心追求概括地反映出来，文字必须高度概括，不可泛泛而论。另外，理念的表述还须与时代、社会紧密联系，与学校的现代化发展相一致，而且还要有一定的包容性和开放性。

“让生命阳光般灿烂”的办学理念中的“让”从字面上解读有权力或者权限之意，代表了一种俯视的态度。建议改变理念中俯视意味，体现学校价值之所在，将办学理念改为“促生命阳光般灿烂”。

（3）培养目标修改。在培养目标界定中要关注两个层面：一是需要区分教育目的与培养目标的关系。教育目的是各级各类学校必须遵循的总要求，但它不能代替各级各类学校对所培养的人的特殊要求。各级各类学校还有各自的具体培养目标。二是培养目标主要写明要培养什么样的学生，即学校需要明确未来教育出口的学生基本形象。由此来看，垂杨柳小学的培养目标——培养具有健康身心、友好交往、自主学习习惯的阳光少年——存在这些问题：培养目标与办学目标之间缺乏对应，比如作为国际交流窗口，但未将国际视野作为目标；健康身心与阳光是对应的，有重复之嫌；目标应聚焦培养对象的核心特质；培养目标应该与国家要求对标。

经过反复修改，学校的培养目标调整为“身心健康、责任担当、自主发展、乐观向上的杨柳学子”。

（4）办学方略修改。在办学方略方面同样需要关注两点：一是办学方略应指向“如何培养人”。二是办学方略体现的是学校的育人模式、制度与管理以及重大发展工程。由此来看，垂杨柳小学最初的办学方略——牢牢把握学校发展基础，主动适应社会发展与教育改革的新形势、新要求，坚持“优先发展”“均衡发展”“创新发展”“内涵发展”——存在如下问题：把发展原则当作了办学方略；未体现课程系统构建为载体、撬动学校新发展的重大工程；未体现集团化办学的发展模式；未体现作为国际交流窗口的开放性；办学方略过于笼统，难以把握。

经过反复修改，学校的办学方略调整为：实施重塑校训工程、实施制度修订工程、实施课程建设工程、实施教师成长工程、实施家校共育工程，并进行了相应的解读：

> “重塑校训”工程。挖掘、梳理学校的原有文化，吸纳、整理集团兄弟姊妹学校的优秀文化，丰富学校文化内涵，用文化引领发展，促进教师价值共同体的形成。
>
> “制度修订”工程。形成开放多元的制度和机制，实现组织结构、学术和法治治理体系的优化和完善。
>
> “课程建设”工程。进行学校课程顶层设计和课程资源建设，激励教师创新课堂教学，鼓励形成特色课程，落实培养目标。
>
> “教师成长”工程。通过“学术引领”推进人才培养和评价机制建设，落实立德树人根本任务。
>
> “家校共育”工程。基于生命共同成长的原则，完善教师家长协会机制，促进学生发展、教师进步、家庭幸福，社会和谐，营造全社会都来促进学生成长的良好环境。

第三节　学校课程文化内涵、构成与趋势

一、课程文化的内涵梳理

课程文化同文化一样，也是一个定义众多、内涵丰富的词汇，随着课程改革的持续推进，改革参与者已经清楚地认识到课程系统的创新一定涉及课程逻辑的重新思考，而课程逻辑的重新思考又会涉及课程文化的建构与调整。

目前主要的定义方式有如下几类：

- 通过课程的文化加工与传承功能进行定义，认为课程文化是按照一定社会对下一代获得生存能力的要求，对人类文化的选择、整理和提炼而形成的一种课程观念或

课程文化形态[1]。

- 按照课程主体的参与方式进行定义，认为课程文化是课程主体在一定的文化环境中采用某种文化取向选择特定的文化组织、实施、评价课程，并在组织、实施和评价课程中形成的某种文化[2]。

- 根据文化的一般性定义，将课程文化界定为课程形态和实践活动中体现的规范、价值、信仰和表意象征符号的复合体[3]。

- 根据文化的存在形态，有的专家将课程文化分为自在的课程文化和自觉的课程文化。自在的课程文化是指以传统、习惯、经验、常识、情感等自在的因素构成的课程文化。自觉的课程文化则是指以自觉的课程知识或自觉的理性思维方式为背景的课程文化。自在的课程文化是课程实践中自在自发的文化形态。自觉的课程文化不是自发自在的，而是通过传承理论、系统化的道德规范，有意识、有目的地引导和左右着人们的行为[4]。

尽管课程文化的定义种类良多，但并未阻碍课程文化成为学校推进课程建设中关注的重要领域，学校已经普遍认识到课程文化是学校文化的重要组成部分，直接体现着学校教育的情怀、追求与理想，影响甚至是制约着学校教育教学存在的意义和价值。

二、课程文化的基本构成

课程文化的构成与所秉持的课程文化概念息息相关，如果将课程文化界定为课程形态和实践活动中体现的规范、价值、信仰和表意象征符号的复合体，那么可以按照“文化－亚文化”的逻辑，将课程文化分为课程物质文化和课程精神文化，课程精神文化又包含课程理念文化、课程行为文化和课程制度文化[5]。其中，课程物质文化主要是指学校课程付诸实施的客观物质条件和必要前提，它通常是以具象化的形式出现，对学生身心发展和人格健全形成潜移默化的影响。课程理念文化主要是指学校教育主体所应有的治学理念、人才价值取向、探究精神等。课程行为文化是指课程主体进行的课程相关活动以及为促进活动有序推进而确立并遵循的行为规范等。课程制度文化主要是指学校为了保障课程顺利实施与规范运行而制定的相关制度。

如果把课程文化视为课程主体在一定的文化环境中采用某种文化取向选择特定的文化组织、实施、评价课程，并由此形成的某种文化，那么课程文化构成就需要从课

[1] 裴娣娜．多元文化与基础教育课程文化建设的几点思考 [J]. 教育发展研究，2002（4）：5–8.
[2] 徐乐乐 . 课程文化的内涵、范式及冲突 [J]. 教育导刊，2019（17）：18.
[3] 辛继湘 . 课程研究的文化觉醒——21 世纪以来我国课程文化研究 [J]. 湖南师范大学教育科学学报，2019（4）：112–113.
[4] 王德如 . 课程文化自觉：意义、本质及特点 [J]. 教育研究，2007（9）：34.
[5] 徐乐乐 . 课程文化的内涵、范式及冲突 [J]. 教育导刊，2019（17）：18.

程的相关构成要素出发去明确，这样可以将课程文化分为课程目标文化、课程内容文化、课程实施文化、课程评价文化等。课程目标文化是根据课程标准、学校培养目标及办学理念等价值取向在明确学校课程目标的过程中所形成的文化。课程内容文化是根据学校的教育价值观及相应的课程目标从学科知识、社会生活或学习者经验中选择内容要素过程中所明确的文化。课程实施文化是在以一定组织形式和方式方法来实现课程目标的进程中所表现出来的文化。课程评价文化则是根据一定的价值标准对课程本身以及所产生的效果做出判断的过程中所包含的文化[1]。

三、课程文化的发展趋势分析

课程文化嵌入在学校文化中，与所处的历史发展阶段息息相关。

（1）课程文化进一步凸显全纳性。在传统场域中，教师容易为那些在课程中失利的个体贴上“有残疾的”或者“学习不良”的标签，并试图对这些学生作出“修补”，以实现让学生适应课程。但是随着教育改革的推进，学校和教师开始意识到，学生之所以会“失利”，不能归咎于学生，反而常常是因为学校课程的“失能”，因为课程不能满足所有学生的需要，所以才导致学生的失利，所以需要“修补”的是课程[2]。学校和教师已着手改进“一刀切”、统一化的课程，在关注“孩子适应课程”的基础上，逐步实现“课程适应孩子”，通过研究课程在哪些领域、哪些要素上“失能”，通过弥补和改良课程来实现课程对学生的全纳性。

（2）课程文化的多元化发展趋势。学校课程将继续延续其价值负载和意识形态渗透的基本特质，通过课程内容的选择体现了主流阶级的意识形态和价值取向，是主流文化的自我复制和传承[3]。伴随着区域、学校在国家课程宏观框架下对课程系统的结构、内容、实施与评价的布局、落实、反思与调整，学校课程在承担主流文化传承的基础上，越来越关注地域文化、边缘文化，同时更加关注面向每一个学生个体需求的分析与满足，换言之，课程文化开始保持主流价值的前提下日益呈现出多元化趋势。

（3）新技术带来课程文化的新视野。今天的教育培养的孩子要适应明天的社会，为此学校正在努力突破传统的教学结构，尝试具有“云教育 + 实践场”双重特征，具备智慧、个性化、混合等鲜明特点，人人皆学、时时能学、处处可学的全新学习场域。信息化的进步促进教育领域学习概念的深化，从单一的时间维度转向时间维度、空间

---

[1] 辛继湘 . 课程研究的文化觉醒——21 世纪以来我国课程文化研究 [J]. 湖南师范大学教育科学学报，2019（4）：113.

[2] Tracey E.Hall，Anne Meyer，David H.Rose. 学习的通用设计：课堂应用 [M]. 裴新宁，陈舒，主译 . 上海：华东师范大学出版社，2019：12.

[3] 黄忠敬 . 知识・权力・控制——基础教育课程文化研究 [M]. 上海：复旦大学出版社，2003：57–98.

维度和内容维度，勾画了立体式学习图景，改变了人们对教育的需求，改变了教育的内涵。教育由原来时间维度的终身化“life-long”，转向与“life-wide”（宽生）、“life-deep”（深生）相协同，并共同交织成立体化教育。

在对学校场域和学生学习产生巨大影响外，以人工智能、大数据、物联网为代表的新技术同样正在改变课程编制、课程实施、课程评价等环节[1]。新技术支持的混合式学习对传统课堂和传统课程进行了革新，让学生可以根据自己的进度学习课程，让原本的上课时间变得更为灵活，在最大程度上实现了个性化[2]，也实现了课程的活化以及与新技术的深度关联。这种深度关联的背后是技术与课程的深度整合，是新技术文化环境下当代课程的重新建构过程，是传统的课程文化借助新技术由某种程度上的封闭、单一、缺乏适应性和个性特点，向着开放、互动、多元和个性化的课程文化发展的过程[3]。在新技术与课程整合的过程中，新技术文化会逐步投射到学校课程系统的方方面面。逐渐的，课程环境、载体等实体层面的改变，会引起教学行为、课程制度等方面的变化，最后引发整个课程观、知识观等深层次变革，从而形成一种新的课程文化[4]。

（4）重大社会安全事件促进课程文化的反思。2020年初新冠病毒的突如其来、猛烈爆发与全球蔓延，对全球经济、社会、政治各方面都产生了极其重大的影响，教育同样因为其必有的社会属性和文化属性，遭遇了史无前例的挑战。笔者将选择课程实施的转变以及重大的社会卫生安全课程的未来使命为例进行分析。

从2020年2月中旬开始我国面临了一次史无前例的在线教学实战演习。从实践来看，疫情暴发后的线上教学大致经历了如下阶段：一是“照搬式”教学形态，即将线下的日常课堂搬到线上，教学设计、讲解、流程等一如往常，这种教学形态能够让教师利用既有的“权威性”维持秩序、完成教学，但是教学效果差强人意，同时也给师生带来了很大负担。二是“放任式”教学形态。由于线上教学、各种打卡带来的不适应与负担，有些地域采取了“居家自学”为主的宽松教学方式，学生的年龄差异、自律性差异、家庭环境差异在这种教学形态中进一步被放大，学业差距也在拉大。三是“协同式”教学形态，即区域主导规划，业务部门调整知识顺序、改变课程设置、优化教学设计，教师依据新教学机制在家庭、学生的参与及配合下发挥主观能动性，尝试进行全新的协同教学。这种教学形态既具有线下课堂的影子，也兼顾学生自学的优势，它或许不是未来线上教学提倡的良好形态，但它协同了教育行政部门的主导性、

---

[1] 于泽元，尹合栋.人工智能所带来的课程新视野与新挑战[J].课程·教材·教法，2019（2）：32-34.

[2] [美]迈克尔·霍恩，希瑟·斯特克.混合式学习：用颠覆式创新推动教育革命[M].聂风华，徐铁英，译.北京：机械工业出版社，2015：76-77.

[3] 刘成新，李艺.信息技术与课程整合的文化解析[J].电化教育研究，2005（9）：38-41.

[4] 邱相彬.信息技术作用下的课程文化变革思维[J].教育研究，2017（9）：92-98.

研究部门的指导性、教师的能动性以及学生群体的自主性。学校课程“线上化”之后，转换的不只是课程空间，还有传统课程思维，在度过线上教学匆忙上马时的迷茫与传统教学优势劣势的自我反思后，秉持“逐步迭代”的思维，以最佳实践为标准。我们从中看到的是，社会秩序变化、课程计划调整以及带来的课程文化的协商与反思现象[1]。

2003 年 SARS、2009 年甲型 H1N1 流感、2014 年埃博拉病毒、2015 年 MERS 和 2019 年末出现的新冠病毒，每过几年就会出现的席卷全球的重大传染疾病，对社会、经济、文化产生了重大影响，课程作为育人的核心载体，如何将未来可能的安全挑战纳入当前的课程之中，如何让课程文化具备应对未来重大挑战的底蕴，这些都会引发对课程文化的反思。

第四节　学校课程文化建设案例分析

课程文化无论是在理论研究上，还是在一线实践中，均有了长足的进展。但目前来看尚缺乏课程文化的学校整体建设，很多学校在某些点上进行了独到的文化创新，文化建设卓有成效，并对其他学校起到了良好的示范效应。下面以北京市门头沟区一所小学的课堂文化建设为例进行分析。

一、学校课堂文化建设的“五部曲”

学校认为课堂是课程实施的主阵地，对学生课程需求的满足以及课程价值的体现大都汇集在课堂并体现于课堂，因此课堂文化建设是学校课程文化乃至文化建设的重中之重。学校在前期背景分析的基础上，提出通过“五部曲”来谱写学校课堂文化建设之歌。

第一部曲：明确课堂文化的内涵

第一部曲是奠定课堂文化基调。学校认为课堂文化具备两个基本特性：一是不易观察但无处不在。课堂文化主要表现在精神和观念层面，存在于每一个师生的头脑中和行为里，弥散于整个课堂空间；二是课堂文化一旦形成，将持续影响，且难以在短时间内改变。积极健康向上的课堂文化，将对师生的进步、学校的发展起到重要的促进作用；反之，被动、懈怠、抱怨的课堂文化，将对学校、师生产生很大的负面影响。

[1] 钱旭升，童莉．信息技术课程实施过程的文化阐释 [J]．课程 · 教材 · 教法，2010（7）：77–81.

课堂中最基本的形式是教与学，学校认为明确课堂文化的内涵，其根本在于明确并树立教学的本质观。教学的本质是师生的积极对话与生命互动，教学不是去告知（to inform）学生需要做什么，做什么是对的，做什么是错的，而是去形塑（to form），是师生认知、情感、价值观的共同形塑；教学的本质不是知识传递（transmission），将知识视为不容辩驳的真理，而是去精神变革（transformation），关注并呵护学生的精神家园，促进学生通过知识的个体建构而逐步丰盈自己的精神世界。

第二部曲：确立全包容的课堂文化主体

学校认为建设健康向上的课堂文化需要在明确内涵后，确立全包容的课堂文化主体。全包容有两个层面的含义：一是课堂文化主体应该包容每个教师、学生。课堂是所有师生共历生命的场所，每个学生都有独立的价值和存在的意义，都是课堂文化不可或缺的形塑者，教师决不能“按分论人”，要对所有学生一视同仁。二是课堂文化主体是一个共同体，不但包括师生，还包括学校干部、家长等。课堂文化的形塑并不仅仅只有师生参与，学校管理者和家长通过听评课、家校联动等多种渠道也参与了课堂文化的建设。通过确立全包容的课堂文化主体，构建师生和谐、自主发展的课堂，保障师生人格上的平等，以及师生参与课堂体验的权利。

第三部曲：提升教师文化敏感性

学校认为课堂里所发生的每件事本质上都是当前社会、文化的缩影，要切实提升教师的文化敏感性，使其在课堂文化建设中有能力成为平等中的首席。为此，学校对教师提出七项要求：

- 教师应该学会透过看得见的行为和举动，理解儿童内心的想法与渴望，要尝试着去分析行为背后的心理需求与心理变化，要学会走进孩子的内心，避免刻板印象。
- 教师应引导并建立课堂价值规范，树立课堂文化的标杆和导向。
- 教师需要时刻维护每个学生的安全感与学习权，在课堂中没有任何一个儿童的困难是被忽视或者视而不见的。
- 教师要鼓励同学之间成为对方的学习资源，让同学成为“学伴”，让互学、共学成为课堂文化的一抹亮色。
- 在课堂教学中要有意识地关联学生的生活，与社会、社区接壤，创设真实、生动的教学场域。
- 教师要善于运用大观念，要在内容上精简、重组、调整课程内容，突出主干、基础和核心，体现学科本质。
- 教师要相信教学是一种专业，建立教师职业的“专业信仰”，认同教师职业的不可替代性和极端重要性。

第四部曲：转变课堂互动方式与师生话语体系

教师在课堂上要善于引导、陪伴孩子，提供适时适度的支持；教师在教学中还要善于“留白”，善于激发学生，让学生自主构建知识和发现不懂的问题；教师要指导学生感悟体验，以自主探究或合作学习为主要方式，让学生在质疑、释疑的循环中获得持续提高。

要逐步规范教师的课堂话语体系，创设安全、平等、尊重的课堂氛围。比如教师以往在课堂上常对回答不出问题的学生说“没关系，想好了再说”，这种看似在安慰，实则逐步剥夺了部分孩子的参与权，发言不是部分优等生的特权，而是所有学生的学习权，教师要鼓励学生敢于发言，哪怕是没有想好依然可以发言。再比如教师常对重复他人答案的同学说“别人已经说过了，你就不要再说了”，此举看似鼓励学生从其他角度去思考如何回答问题，实则暗示只有不同于其他同学的答案才有价值。其实，对学习水平一般的孩子而言，再说一遍对他们其实是一种全新的学习，要允许孩子阐述自己、他人已说过的观点。还有一些教师喜欢将学生的不怎么完美的回答进行提炼，会说“刚才这位同学所说的我来重复一遍”，因为教师在课堂中固有的权威身份，一旦教师进行陈述势必会消减同学的彼此倾听，逐渐地，“一言堂”文化就会产生，学生发言的积极性也就不断降低。课堂教学成功的很重要的一点是建立同学彼此认真倾听的通道，教师没必要过早替代学生回答，可以说“哪位同学愿意帮我重复下这位同学的回答？”，以建立学生之间互动、交流和思考的通道。

第五部曲：推进教学设计策略创新与学习方式变革

学校认为真正的教学所追求的不是静态的完美，而是动态的完善。教学是一项高度情境化的活动，需要随着学生的变化、各学科领域的发展、教育技术的变革而相应地发生变化，从这方面讲，教学本质上是动态的，是一种追求无止境的挑战，因此，教师的教学改进是一项长期的事业，会伴随着教师的整个职业生涯。

首先，通过各种举措促进教师从传统教学思维转向课程理解。传统的教学思维关注的是“教师教好书就行”，践行的是“教材—知识点—怎么教—如何练”；而课程理解关注的是“教师的整体课程思维”，践行的是“价值理解—目标分设—师生参与—评价反馈”。

其次，在教学设计中要形塑学生的身份感，使之成为学习的主人。要形塑学生的身份感，需要活化学生的知识储备，使之能够与文本、他人建立有效对话。活化知识有三种主要途径：一是还原知识的形成过程；二是形成和强化知识间的联系；三是让知识贴近学生的生活实际。

再次，在教学中，如果无视学生的学习准备，他们很可能无法真正掌握新的知识。

即使为了考试他们能够勉强记住，但考过之后又会回到原有概念。在教学设计中要让学生逐步具备深厚的事实性知识基础，在一个学科概念框架内理解事实和观点，并能对知识加以编码和组织，以便提取和运用。另外，学校提倡教师推进“元认知”的教学方法，帮助学生通过确定教学目标以及监控达成目标的过程来学会调控自己的学习。元认知代表的是学生对自己学习的主控性和反思性。

最后，促进教师改进备课方式，以情景教学、小组合作为方式，研究、拆解课程标准成为学习目标。教师要分析学生特征，探索学科独特价值，认真研读教材内容，努力做到把各学科与学生的生活建立有机连接，强调学生的周遭世界和社会生活是学科知识学习的重要资源，系统设计活动序列，引导学生主动参与，将“预设的课程”真正转化为“学的课程”。

课堂存在的价值和意义在于促进每个学生鲜活而生动的发展，学校在进行课堂文化建设中要始终关注教师的教学风格和不同学生的学习倾向，提供引导而非硬性要求。课堂文化应始终关注与呵护师生的创造性。

回归本章的主题，学校文化的梳理与课程文化的确立，实质上是在为学校课程系统确立价值坐标，学校课程改革首要的和根本的是课程价值链的调整。课程系统作为育人的核心载体，在学校中具有什么意义，并不取决于其自身，而是取决于其所处学校文化的结构和语境。也正是在明确学校文化和课程文化的同时，也就赋予了学校课程个性化的价值和意义。

第十章　学校课程顶层设计的案例分析

> 学校课程顶层设计的关键在于如何实现让每一个学生享有真正进入课程的机会，从中获得有价值的挑战，并能够成就个性的充分发展。

学校课程顶层设计是学校课程系统设计的第四个阶段，是在前三个阶段基础上的学校课程远景规划与操作框架的确立，笔者以一所完中校的课程顶层设计作为案例进行剖析。

学校基本情况：首都师范大学附属中学昌平学校（以下简称首师附中昌平学校）是经北京市人民政府批准、教育部备案的公办学校。2009 年 6 月 2 日，昌平区教委、北七家镇政府与首都师范大学、首都师范大学附属中学签订合作办学协议。2013 年 9 月 10 日，北京市昌平区机构编制委员会同意设立首师附中昌平学校。2014 年 8 月 31 日，首师附中昌平学校正式建成并投入使用。作为首都师范大学附属中学教育集团成员校之一，学校的办学理念、办学特色、培养目标与首都师范大学附属中学保持一致，沿用首都师范大学附属中学的校训、校徽、校歌等。

从 2018 年开始，学校启动新一轮内涵发展工程，其核心是通过文化、课程双线设计撬动学校整体发展。之所以进行文化、课程的双线设计，是因为学校认为文化具有持久而深远的力量，是学校育人的上层建筑，课程是育人的核心载体，文化对课程有着直接而鲜明的影响，是课程的母体，而课程文化又是学校文化的重要组成，文化与课程的协同推进将有力地改变学校的发展方向、路径和策略。

第一节　作为课程母体的学校文化体系的梳理

首师附中昌平学校认为学校文化不仅是学校最直观、生动的名片，也是确保自身办学方向、凝聚师生发展愿景、激活学校内在潜力的最有效且最持久的深层动力。作为一所分校，在文化梳理中必须考虑分校的特殊性。随着名校办分校的日趋发展，越来越多的分校在自身文化定位与文化认同中产生了许多问题，比如简单、硬性植入、严重同质化等。要避免上述问题，需要突破简单的“复制＋粘贴”办学模式，尝试与地域特征建立牢固联系。

一、学校文化梳理的定位

为了清晰而科学地梳理和凝练学校文化，首师附中昌平学校组建了由专家引领的包括全体师生在内的文化设计团队，从重要性共识、文化内涵的把握以及基本策略的确立等内容出发，进行学校文化全面梳理的定位。

1. 形成学校文化的重要性共识

首先，文化设计团队在文化价值认识上达成了共识，认为学校文化是学校发展的决定性力量。学校的不断发展是组织文化的持续“进化”，它是按照“价值观念的提升→行为文化的实践→物质文化的更新→制度文化的改进”这一过程逐步实现的。从这一过程来看，学校文化的核心是作为教育对象的人，文化建设作为学校的一种发展方式，显然不同于一般的内涵／外延式发展或渐进／跨越式发展，而是一种生态式发展。

学校文化的生态式发展对于学校形象的明确、价值的确立、品牌的塑造具有重要意义，在这一点上，学校通过头脑风暴、各类研讨、多次访谈以及问卷调研等方式，基本达成了共识，为学校文化后续的梳理和凝练做好了铺垫。

2. 准确把握学校文化内涵

在文化定位上，学校迈出的第二步是努力准确把握分校应该体现什么样的文化内涵。学校认为，分校文化应该既要传递本部的价值追求，又能满足当地的教育需要。分校文化与本校有着千丝万缕的关系，又与本地文化息息相关，是一种双母体共生的产物。本校文化为分校文化提供了基因，基因决定了内在规定性；分校特有环境为基因成长提供了不同于本校的外部环境，使得文化具有新特征。其生成关系如图 10-1 所示。

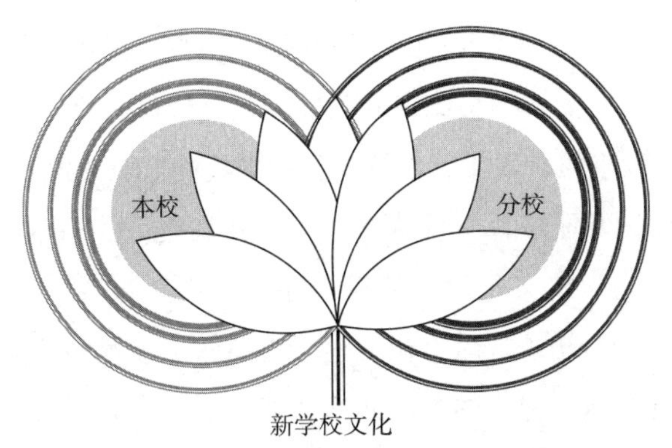

图 10-1 名校办分校的文化生成示意图

学校文化内涵要体现以下特征：一是体现本校及分校的发展历史与变革需求。从图 10-1 中可以看出，派生出来的新学校文化具有双边特征，带有本部和分校的两种基因。二是立足学校所在区域的文化。首师附昌平学校是当地基于对优质教育资源的渴望而引进的落地项目，带有区域的规划和要求，因此也就带有属地文化意蕴。作为一所分校，应该将当地文化作为学校文化的来源之一进行思考和分析。三是反映学校自身特色。新的分校文化也是自带基因的，从合并校转过来的教师以及新聘任的年轻教师，形成新老结合的师资梯队结构，特别是老教师所带过来的原来学校的传统，会对新分校的文化建设产生重要影响。四是符合教育发展规律和现代社会发展要求，注重对传统文化资源作出符合时代精神的阐释。学校的发展不是孤立的，是嵌入在社会发展以及教育改革的脉络中的，因此学校进行文化梳理时要以优秀传统文化为底蕴，同时面向未来，赋予学校文化以未来属性。

3. 明确基本策略与启动专业设计

基于设计团队的共识，按照“文化 - 亚文化”的脉络进行分析，将学校文化分解为四类亚文化：观念文化、制度文化、行为文化、物质文化。其梳理策略为：

（1）以观念文化为重点，培育核心价值观。观念文化是学校文化的核心，是学校所秉持价值观的集中体现，观念文化一旦确定，制度文化、行为文化、物质文化都会受其制约。因此首先要启动观念文化的重新界定和修改，使之符合学校的未来发展。

（2）以制度文化为保障，赋予制度以灵魂。观念文化明确后不能仅仅靠自觉去落实，还需要进行制度化设计，通过制度规范的严格落地执行，逐渐形成制度文化。

（3）以行为文化为落脚点彰显行为主体的良好形象。外部人员通常是通过观察师生行为来了解和认识学校文化的，行为受文化形成的价值标准和行动准则驱动，同时行为的持续保持也会反向强化所秉持的价值理念，因此学校将行为文化作为重点，明确提倡行为和禁止行为，并积极引发倡导行为。

（4）以学校物质文化为基础营造良好的育人环境。作为一所地处农村的新分校，在物理空间上有着城区学校所不可比拟的条件，文化梳理时要积极利用这种空间优势，打造有明显特色的物理空间，逐步彰显校内各物理环境板块的育人功能。

为保证文化设计的专业性，学校认真对以下几点进行了思考和界定：一是专业化的顶层设计，主要指向学校文化建设的科学性——要素齐全，匹配现实，科学合理。二是文化的顶层设计，尤其是观念文化的科学性直接影响学校文化建设的成效，因此在梳理时要做好政策对标、理论参考和实况分析。三是文化建设要有层次性。作为一所完中校，必须考虑初、高中不同学段学生的身心发展特点和现实需要，展开有针对性的文化设计。四是文化建设要有系统性，四个亚文化板块之间要形成牢固的衔接关系，有内在的价值一致性，能够协同形成学校完整的文化系统。

二、学校文化背景分析

学校文化定位清晰之后，接下来设计团队启动了学校文化的背景分析，重点从学校的历史发展脉络进行梳理，见图 10–2。

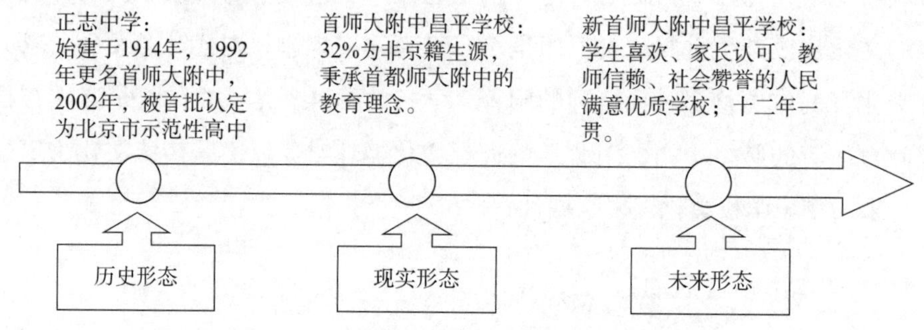

图 10–2 首师附中昌平学校历史发展脉络图

从历史发展梳理可以看出，首都师范大学附属中学的前身“正志中学”始建于 1914 年。百余年来，学校一直秉承“正志笃行，成德达才”的教育理念，伴随着分校的不断建设，本校的理念开枝散叶。首师附昌平学校当前是一所完中校，但是在区域布局和规划中未来要向下延伸，扩建小学部，从而形成十二年一贯制学校。在学校文化设计中，这些历史传承、现实状况以及未来发展都被纳入。

三、文化宣言确立

在梳理分析文化发展背景和学校历史脉络后，学校进一步明确了文化宣言，即“文化不仅仅是发展的力量和方式，其本身就意味着发展”。这一宣言赋予了学校文化更重要的品质，文化不仅仅是手段、工具或者方法，文化本身就意味着学校的实际发展。

在设计团队的共同研究下，学校明确提出《首师附昌平学校文化体系》，并赋予其关键性质：一是共识性。明确学校文化是全体首师附昌平分校人在长期的实践和探索中逐步形成的。随着学校的发展，学校文化共识的内涵会更加丰富和完善。二是纲领性。学校文化是首师附昌平分校管理的纲领性文件，是学校和各部门所有规章制度、政策文件、战略决策的基本依据。三是规范性。首师附昌平分校全体员工必须认真学习《首师附昌平学校文化体系》，熟悉并领会其精神实质，掌握其思想方法，并运用到实际的工作和日常行为规范中。

四、文化要素设计与梳理

具体设计中，以观念文化为先导，四类亚文化相互衔接、彼此关联，形成一个高效整体。首先必须对观念文化现有的表述进行梳理和调整，实现观念文化作为驱动轮的功能，带动其他亚文化的发展。

1. 观念文化的梳理与改进

（1）学校已经初步形成的观念文化表述。

学校教育理念：爱国、科学、人文。

学校育人理想：正志笃行、成德达才。

学校愿景：学生喜欢、家长认可、教师信赖、社会赞誉。

学校的育人目标：努力把学生培养成为具备一种意识、两种精神和三种能力的德才兼备创新人才。

学校校训：自觉　勤奋　求实　创新。

（2）表述的问题梳理。设计团队通过对学校观念文化已有表述进行认真研究和分析后，发现主要存在如下问题：一是文化表述中名词多而杂，比如教育理念、办学理念、育人理念、育人理想等，而且口语化倾向突出，逻辑上难以自洽。二是存在多处不同表述。比如培养目标在不同文件中表述各不相同，也留存有不同历史时期的表达。三是各要素之间逻辑关系不清。观念文化的各要素只是罗列出来，缺乏梳理和总结，彼此之间的逻辑关系不清。四是存在观念文化缺项，比如最根本的办学宗旨、办学目标、校风等，在学校已有的观念文化体系中并未出现。

（3）表述的改进。设计团队认真研究并改进观念文化的表述，形成了新的观念文化表述，具体见下表。

表 10-1 学校观念文化前后表述对比表

观念文化要素	学校原有表达	内涵理解	改进后的表达	改进理由
办学宗旨	以邓小平“三个面向”为指导，认真贯彻德智体全面发展的方针，实施素质教育，办一流学校，育高质量人才	办学宗旨即学校办学思想	立足于优秀文明之根；面向世界、面向现代化、面向未来	主要考虑对优秀文化的重视以及人才培养要求的变化
办学目标	学生喜欢 家长认可 教师信赖 社会赞誉	办学目标即要把学校办成一所什么样的存在	唤醒并成就每一个孩子的摇篮	分校与本部有着诸多不同，分校面对底子薄弱的孩子，必须要有唤醒功能，要唤起每一个孩子内心的希望与热情，激发孩子的潜力
育人理念	爱国、科学、人文	育人理念即对育人指向以及途径的观念	正志笃行 成德达才	主要考虑突出特色以及与办学宗旨匹配
培养目标	努力把学生培养成为具备一种意识、两种精神和三种能力的德才兼备创新人才	培养目标即对培养什么样的人的思考和表述	具备一种意识、两种精神和三种能力的德才兼备创新人才	在新的观念文化体系中沿用了学校已经提出并多年延循下来的培养目标，而且培养目标与学校的发展规划具有内在一致性
校风		校风即教风、学风和学校所提倡的作风之总称	教风：关爱、唤醒、严谨、生动 学风：尊师、乐学、责任、善行 作风：博爱、乐业、规范、高效	学校原有的文化体系中，校风部分是空白，通过研究和设计将这一部分内容作了补充
校训	自觉 勤奋 求实 创新	校训即共同遵守的基本行为准则与道德规范	唤醒 奋进 求实 创新	主要考虑分校当前及未来一段时间内的生源基本情况

2. 制度文化的梳理与表达

学校的制度文化还相对零散，缺乏衔接与内涵。经过设计团队的反复研讨，学校将制度文化初步定为三部分：传统仪式、规章制度、管理办法。传统仪式主要体现为学校追求特征的仪式，比如成人礼等；规章制度指的是维系学校运转、实现育人功能的各种制度文本和基本规范；管理办法主要包括为便于学校管理而设立的各种办法和规定。在对制度文化完成内容划分后，进一步明确：

- 要梳理并规范学校各类传统仪式，明确仪式流程，建立完整档案，形成基本制度。

● 要着手全面开展学校章程建设，健全学校各项规章制度，逐步实现依法依规治校。

● 针对管理中存在的问题，进一步加强德育干部管理，完善班主任队伍建设，完善课堂教学管理、教师备课制度，积极推进家校合作进程。

制度文化的明确是优化学校管理的基础，制度文化的改进旨在增强团队凝聚力，确定对于教育事业的基本共识，在共识的基础上通过规矩与规范，使学校能够形成多方合力，按照教育的发展规律前行。

3. 行为文化的梳理与表达

行为文化在各亚文化层中是外显性最强的，目前来看学校对干部、师生的行为有较多要求和规范，但是还未成体系。

行为文化要体现与学校育人功能的匹配性，经过研讨将行为文化初步定为三部分：一是教学活动，这是学校行为的核心，是体现育人功能的最重要的活动；二是校园文化活动，其目的在于创设机会与搭建平台，鼓励每一个孩子参与；三是人际交往活动，本意在于唤醒孩子交往的需求，让他们在学校这个大家庭中能够快乐成长。

综上，学校将行为文化的各部分进行了明确：

● 在教学活动中，要以热爱教育、为人师表、教书育人、严谨务实、勇于开拓、不断创新为努力方向，全面关心每一个学生的学习，让孩子们学起来。

● 在校园文化活动中，要增加校园文化活动的丰富性和参与度，让孩子们动起来、活起来。

● 在人际交往活动中，要鼓励孩子主动交往、注重礼仪，让孩子们美起来。

4. 物质文化的梳理与表达

学校既有的物质文化还处于待开发阶段，因此这部分亚文化的梳理与表达实质上相当于新建。经过几轮次研讨，将学校物质文化定位为“三园文化”，即从科技、人文、绿色三个层面出发，努力将学校建设成为书香校园、梦想乐园和绿色家园。

● 书香校园：体现学校物质文化的“人文”，通过书香图书馆、朗朗读书角、班级图书箱、全科阅读课，着力打造动态、生态、常态的全方位阅读环境。

● 梦想乐园：体现学校物质文化的“科技”，通过校园创意角、科技探索区、科技史展区、科技梦想课程，用科技给孩子插上自由翱翔的翅膀。

● 绿色家园：体现学校物质文化的“绿色”，通过学校绿色长廊、绿色植物基地、绿色教室布置、绿色生态环境，实现学生学习环境的生态、环保、宜人。

第二节　学校课程顶层设计研究脉络与突破分析

学校认为传统课程方案的研制常常是学校现有课程要素的集合，是对有限背景的分析，是对学校现实问题和发展需求的简单呼应，很多关键要素并未涉及。鉴于此，学校明确课程顶层设计应该既满足当前需要，又能呼应未来挑战与未来需求，课程顶层设计必须走专业化、科学化之路。学校对此的表述是“让学校课程设计的每一步都师出有名”，首先要做的是确定研究脉络、赋予课程意义并明确学校课程顶层的突破点。

一、课程顶层设计研究脉络确立

学校收集整理了市、区、校教育发展规划，干部、教师、学生三类问卷调研，学校现有课程的梳理和分析，本部课程体系及建设思路，国内外政策及成功案例，并进行了几轮次座谈与访谈，明确了“三层四规”的课程顶层设计研究脉络。

所谓“三层”，第一层是“关系梳理”，研究脉络的确定首先要考虑课程与其他学校要素的关系，即将课程还原回学校的基本体系中，确定课程的价值与定位。第二层是“学生指向”，即将课程与学生的学习进行脉络梳理，以学生的学习为中心，思考学校的整体供给，分析课程的服务功能与流程。第三层是“课程内涵”，即在基本关系和要素梳理清楚后，结合学校的实际，在一个相对科学合理的程序中确定课程的基本内涵（见图 10-3）。

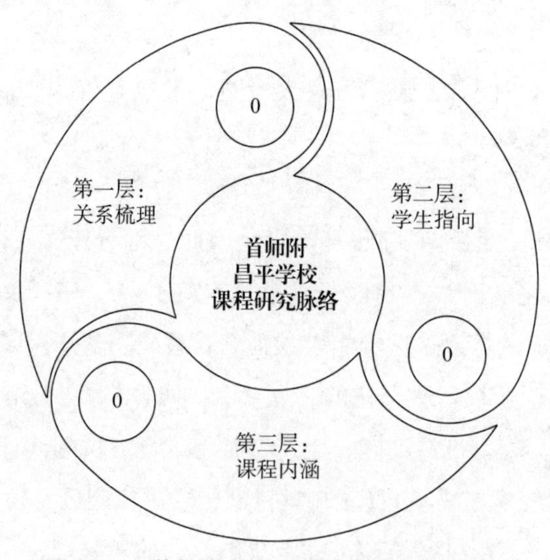

图 10-3　首师附中昌平学校课程研究脉络图

所谓“四规”，规则一是“基于现实”。基于内外环境与学校现实基础，基于学校的历史传承，学校课程建设要逼近学校的“最近发展区”，但不能一味追求高端和超越，脱离了现实，课程建设就成了空中楼阁。同时，要明确基于现实不是安于现实，现实是当前进行课程建设的基础，不是未来追求的目标。规则二是“全面考量”。学校课程建设是一项系统工程，必然需要尽可能地进行全面的要素研究和分析，以避免片面思路和狭窄视野。规则三是“内外联动”。学校课程建设并不是学校人员进行的内部课程建设，外部的专家以及作为利益相关者的家长均需要以适合的方式参与。内外联动还包括校内外教育资源的统整与联动，要适当突破学校围墙，将外部优质教育资源进行设计和加工后纳入学校课程体系，实现学校课程的增容，提升课程选择性。规则四是“适当引领”，就是赋予现实课程以未来属性，将未来的可能挑战化为当前课程的内容，让现实课程对学生具有引领性。

二、课程建设的突破分析

确立好研究脉络后，还需要找到课程设计的靶位和突破口。综合分析后，认为学校课程建设处于从“课程觉醒型”向“理性建构型”过渡的关键环节，从课程要素拼盘化陈列和校本课程的数量化追求，转向课程系统化设计，为此主要从四个方面寻找突破：

（1）系统构建。整体来看，学校课程体系还处于零散状态，缺乏系统、缺乏凝练、缺乏聚焦，需要进行基于文化的课程系统构建，突破碎片化困境。

（2）唤醒需求。学生是学校课程的核心受益人，也是课程建设的目的指向，需要唤醒每一个孩子发展的渴望与内在的需求，让课程成为点燃孩子斗志的火把。

（3）丰富资源。学校目前的资源体系尚不能满足孩子的需求，需要进一步扩大资源建设面，提升资源建设品质，构建起丰富、分类、适用的资源。

（4）深度体验。课程要促进每一个孩子的发展，必须提供深度体验的机会，创设适合的情境，给予有挑战的任务，让学生突破浅表性学习，进行独立探索。

第三节　学校课程建设影响因素的系统分析

在专家引领下，学校通过大背景分析、SWOT 分析以及 KISS 分析等方法，对学校课程及其相关要素进行了大摸底，获得了更为准确、明晰的材料。

一、课程建设的大背景分析

学校利用大背景分析方法，对国家、北京市课程改革相关制度进行了认真研究，特别围绕“立德树人”“五育并举”“课程创新”“考试评价”等关键词，从教育改革脉络和政策文件要求中理清了思路和发展趋势。

立德树人、五育并举，促进学生全面基础上的个性化发展是教育的根本任务和根本目的。2014 年教育部《关于全面深化课程改革　落实立德树人根本任务的意见》中提出“突出强调个人修养、社会关爱、家国情怀，更加注重自主发展、合作参与、创新实践”。2015 年《北京市实施教育部 < 义务教育课程设置实验方案 > 的课程计划》出台，进一步明确课程建设应更加关注课程的综合化、主题化，强调课程整体育人的功能和价值，课程实施更加关注学生的学习体验、动手实践及创新意识的培养。2016 年关注学生“文化基础、自主发展、社会参与”三方面六大核心素养框架正式发布。同年，《北京市深化考试招生制度改革实施方案》出台，努力推动考试评价从选拔到选择的转变，从课堂到课程的转变，从成绩到成长的转变，推进考试招生制度改革。2018 年 9 月，习近平总书记在全国教育大会上明确提出将劳动教育纳入社会主义建设者和接班人的总体要求，构建大中小学劳动教育体系，进一步明确了教育改革要按照“五育并举”的整体思路进行深化推进。

通过大背景分析，学校发现基础教育课程改革愈发呈现出如下特征：一是由传统的“改结构”，即改进课程结构、课堂教学手段等，转变为“改意义”，即以育人的意义作为课程改革的方向，同时越发关注与呵护每一个鲜活的有着独特价值的学生个体。二是由能力指向转变为核心素养指向。更加注重学生在实际情境中解决问题的能力，更加注重学生的全面而有个性发展。三是由关注学习转变为关注生命的质量和高度。课程建设从只关注本学段的学生转向把学生当前的需要放在一生的长度中去思考和把握。四是由关注学科转变为重建育人文化和课程文化。课程改革推进至今，更加关注通过课程优化与创新而形成科学、合理的育人文化和课程文化，摆脱单一而封闭的学科独立建设，走向全面育人。

二、课程建设的 SWOT 分析

（1）优势部分（S）。

- 优质课程资源移植并发挥了积极作用，如博识课等。初步构建了学校博识课程的五大内容体系，初步形成了较高质量的特色课程，并对其他课程模块产生了积极影响。

- 新入职教师高学历占比大。新入职教师作为新鲜血液注入师资队伍，改变了师资学历结构，他们的学历基本达到硕士层次，学科研究能力较强，工作有热情、有活力，参与课程改革的动力大。

- “青蓝工程”初见效果。为了加强青年班主任的培养工作，学校积极开展了“青蓝工程”，通过师徒结对活动等提高青年班主任的业务能力和专业素养，效果明显，一批青年班主任成长起来，受到学生的好评。

- 部分引入课程效果明显。学校通过购买服务引进诸如人工智能编程、机器人设计与制作、数学重力棋等课程，实施效果明显，学生满意度较高。

（2）劣势部分（W）。

- 课程顶层设计缺乏。学校课程顶层设计不完善，基本上还处于国家、地方、校本课程拼盘式推进状态。因此，课程整体育人的结构功能没有真正地体现出来。

- 学生学习兴趣低、学习习惯有待改进。外地生源占学校总学生数比例的32%，他们的家庭经济水平、社会状况较低。学生普遍缺乏远大理想与抱负，缺乏积极的学习热忱。

- 已有课程资源不够丰富，无法满足学生需求。尽管购买、引入了部分特色课程，但总体而言，学校课程资源仍不够丰富，无法充分满足学生的不同需求。

- 部分教师的教学基本功以及专业素养较差，教育观念相对陈旧。部分教师对学科的整体把握不够深入、全面，备课水平不高，自我发展积极性不高，持续参与学校课程建设的动力不足、热情不高。

（3）机遇部分（O）。

- 区域、家长的期望日增。作为昌平区引进的名校资源，区域以及学生家长均对学校教育教学质量有较高的期望，希望能够将本部的优质教育水准有效迁移过来，这让学校在感到压力的同时，也坚定了持续发展的信念。

- 企业、社会资源开始逐步注入。学校周边环境、资源正处于大调整之中，随着周边传统企业的逐步拆迁，新的高科技企业、社会资源将逐步引入，并进一步拓展学校课程资源的来源渠道。

- 周边拆迁重建后人口结构发生变化。周边拆迁后新楼盘、社区的建立，将进一步改变人口的学历结构、经济水平。家长对学校教育的关注度会越来越高，对教育的投入也越来越大，同时未来生源的基本素质和学业水平也将会进一步提高。

- 新的学校发展支持系统（外脑）的搭建。学校为了进行课程的顶层设计，聘请了校外的专家团队，形成课程建设共同体，为学校课程顶层设计的科学性与合理性提供了专业化保障。

（4）挑战部分（T）。

- 周边新学校的筹建。周边未来筹建的学校将与本校形成一定的竞争关系，对优秀生源、研究经费等都会产生影响。

- 文化从本部迁移后有待调整。学校启动文化、课程的双线设计，从本部迁移来的文化与本校内生的文化之间融合还需要较长时间，这将导致文化在一定时期内处于变动之中。来自本部支持的连贯性、支持力度也都还不能完全确定。

• 五育并举的挑战。五育并举的要求对于学校进行课程顶层设计有一定的挑战，如何按照要求通过课程设计逐步建立全面培养体系，是摆在学校面前的现实问题。

• 新中高考政策的调整与变化。作为一所完中校，中考、高考是越不过去的两道坎，新中高考政策的调整和变化对于课程的供给和改革将产生明显的影响。

综上，学校从与课程设计有关的师资、生源、资源、环境、家长、政策等要素出发，进行了较为详细的 SWOT 分析，为后续课程设计提供了更为清晰明了的参照系。

三、既有课程要素的 KISS 分析

在 SWOT 分析的基础上，学校组织人员进一步对实施中的各课程板块进行了 KISS 分析。通过分析，进一步明确了学校各类课程的存在价值、实施状况与发展可能。以下是陈静老师分析的博识课：

一、博识课的开设缘由分析

自 2014 年 9 月起，我校就开设了校本课程——“博识课”。它是首都师大附中自 2001 年开始探索、逐渐开发成形的综合型课程。为了更好地理解博识课，我们多次前往本部观摩博识现场课、观看博识课成果展演、听取博识课经验分享等学习活动。

通过观察与学习，我们渐渐领会了博识课的内涵。“博”即博闻广见，学生通过参观访问、专家讲座、实践体验等，多听、多看、多体验、多思考，从而具有开阔的视野。“识”即卓有通识，学生获得独立思考的精神，能对不同的学科有所认识，甚至能将不同的知识融会贯通，成为全面发展的人。“课”即学校课程。博识课的开设是符合新课改的基本理念的。如教师是课程的设计者，是学生学习的促进者；学生是学习的主体，是独特的、发展的人；提倡综合实践活动课程和学科的综合性等。理论认识的提升，可以更好地指导教学实践。如：

（1）老师们会根据学生的特点和各种课程资源的特点，利用丰富的社会资源，实现博识课与学科课程的整合。如，在参观科技馆时，学生从“蒙娜丽莎”中，了解了“黄金切割”，参观结束后，老师对学生所发现的数学比例知识进行综合讲解；在参观国家博物馆时，学生学习了青铜器、唐三彩等相关知识，老师也在学科教学时，利用“后母戊鼎”“唐三彩骆驼载乐俑”等文物图片，使学生探寻文物中蕴含的商朝、唐朝的历史。

（2）博识课涉及多门不同学科，教师可根据主内容，进行协同教学。如在观察奥森公园的植物时，地理学科和生物学科结合，观察银杏树的叶、果，探究它

的生长习性，由此猜测它可能分布在哪些地区。通过协同教学，实现了学习内容的综合化，提高了教学的整体效应。

（3）博识课在内容上具有开放性、亲历性、实践性和社会性等特点，因此老师们也在探索多样化的学习方式。适合接受式学习的内容，就聘请校内外专家、学者讲授；适合研究性学习的内容，就让学生在亲身参与、体验中学习。学生根据自己的特长，在学习中学会分工合作、分享交流，并将这样的学习方式渗透到日常学习之中。

二、博识课程体系构建情况分析

1. 在摸索中，渐渐明晰了课程实施的基本流程

博识课是由学校、年级组、学生三方合作，共同完成的校本课程。

（1）学校层面：教学处拟定博识课章程，明确博识课要求，审核年级组博识课规划→财务室提供相关资金支持；校办负责出具学校参观证明→总务后勤为学生在校门口上下车的安全、食堂留饭等事宜，提供便利。

（2）年级组层面：一是学科教师与年级组长，其主要职责是学期初，年级组讨论、拟定本学期博识课规划；出行前两周，确定具体的课程内容，提前与场地、车辆等处的相关人员沟通；出行前一周，学科教师完成具体课程开发与学案设计；在学习中，给予学生适时指导，答疑解惑；年级组制作电子宣传册，学生上交博识课作业；阶段性总结与展示交流活动。二是班主任，其主要职责是组织班级建立博识课程学习小组，组内分工；行前强调学习纪律及行为准则；行中及时关注学习状态；督促上交作业并反馈。

（3）学生层面：可以向老师提出学习内容或学习场地的建议；行前做好学习准备，包括知识储备和学习心理准备；行中以积极态度投入学习中，探索、发现、收获；行后及时完成相应作业，同学间交流、探讨。

2. 在实践中，逐渐形成了我校博识课程的内容体系

2014 年 9 月—2017 年 9 月，博识课从模仿起步，不断积累经验，并使课程逐渐成形。我们的博识课将多种课程内容纳入，如：学科教研组组织的参观、体验等学习课程；北京市“四个一”工程——观升旗、抗战馆、国博、首博；社会大课堂——讲座、参观等活动课程；学校德育渗透的课程，如传统文化知识竞赛、清明节祭扫等；阶段性总结、交流，如作业展演、博识之星表彰、博识知识竞赛等。

在摸索中不断积累与总结，初步构建了我校博识课程的五大内容体系：历史名俗系列、自然科技系列、军事国防系列、艺术审美系列、校园生活系列。

三、博识课程的实施与保障情况分析

1. 规范管理，确保课程顺利开展

首先，我们需要明确“博识课”是一门课程，而非校内外活动，更非游玩。作为一门课程，无论是老师，还是学生，都要严格遵守课堂常规，要有纪律意识和规则意识，学生有学习任务，老师有设计教学、完成教学的任务。其次，博识课是本年级组教师的共同课程，需要老师们有主人翁的精神，像看待自己的学科课堂一样投入、奉献。

2. 分工与合作，让课程更加严谨

在课程开发上，基本上已经形成了以年级组为主导、年级组各学科教师共同协商的制度。每一次博识课程，都经历了年级组老师们的多次探讨、调整，多学科老师间的沟通、合作。但是，课程内容的深度以及课程质量的提升，仅仅依靠一个年级组的力量，还是不够的，还需要学科教研组的支持。只有教研组集合本学科的智慧，特别是在博识课程规划、课程设计等方面的研究，才会打造出适合学生的课程内容。

作为我校特色的校本课程，学校在整体的课程设置上，充分保障了博识课的学习时间，也高度重视博识课的开展。今后，学校将继续发挥协调作用，参与各年级的博识课程规划会、各教研组的内容设计研讨会，组织各层级各部门间的交流研讨会，实现多学科、多形式的整合，形成基于学生知识水平和认知能力的严谨课程。

3. 关注学生的参与和获得，让课程更有实效

博识课的出发点是，以社会为课堂，学生能拓宽人文、科技视野，丰富文化积累，并树立社会责任感，提升自身综合素质，特别是学会学习的能力。因此，认真上好了博识课的学生，无论是自身素质还是学业表现，都非常优秀。正如我们的学科课堂一样，当我们更关注学生的学时，课程会变得更加有效。如：

（1）博识任务（学案）设计更加精细化，与特色场馆、内容紧密联系。任务内容可以从小处着手，通过找寻、观察某一展品来增长见识，提升能力；任务形式可以更加多样，填空、绘图、总结、设计、感想等，从易到难，为学生的学习搭好台阶。

（2）博识展示可以更加多样，更关注学习过程，在原有的班级或年级作业展示、知识竞赛等常规形式的基础上，激发学生的创造性，以汇演、多幕剧等新形式展示学习结果，呈现知识与思想并存的作品。此外，还可以开展师生交流会，以便更加了解学生的所得、所需，更好地为学生的成长搭建舞台。

通过三个层面的分析可见，博识课的价值、设计、实施、保障、效果都积极正向，与学校的发展理念吻合度高，学生反映良好，属于需要继续保留（KEEP）的良好课程。

第四节　学校课程方案研制与分析

一、成达课程设计脉络关系分析

学校使用课程设计的比色卡模板对课程的基础和依据进行了梳理，具体见图 10–4。

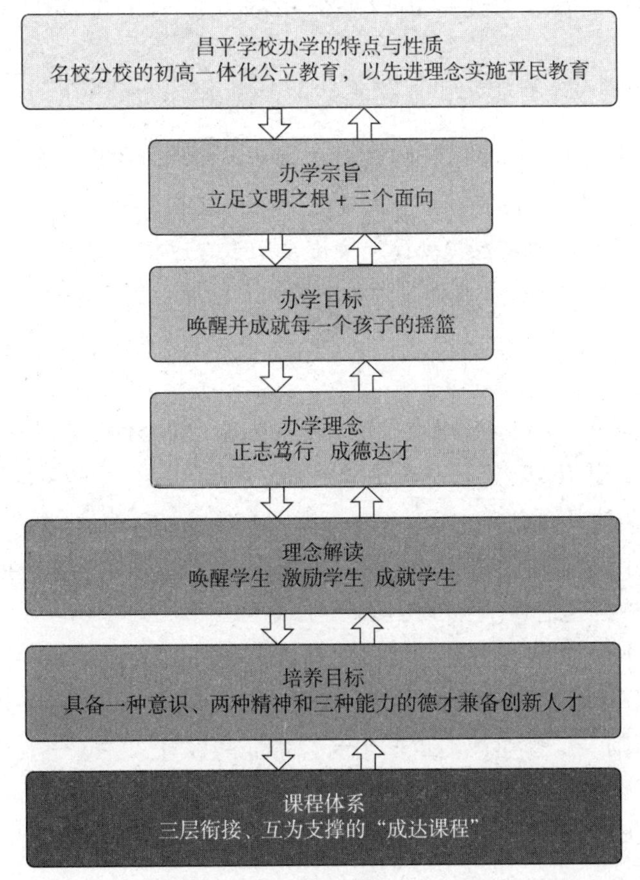

图 10–4　首师附中昌平学校课程设计脉络关系（比色卡）

通过课程设计比色卡的运用，学校综合多种因素分析后完成了从文化向课程的渗透，并以“成达课程”为名，集中表达学校课程的内涵特征，主要包括：

- 课程指向每一个孩子，接受并珍视每一个孩子不一样的基础和发展可能性。
- 课程在尊重孩子天性的基础上，为每一个孩子立志、成志，唤醒每一个孩子的学习热忱。
- 课程继承优秀文化传统，同时吸收现代教育改革要素，在历史传承与未来展望中把握好当前的育人功能。

- 课程的构建借鉴国外优秀课程建设成果，体现出办学宗旨中的三个面向。
- 课程关注国家学科课程建设，在此基础上进行个性课程的定制化开发，逐步满足不同学生的个性化需求。

作为分校，首师附中昌平学校的课程建设客观上需要参考与分析更多因素，成达课程正是众多因素的协同，体现了作为分校对本部办学传统和追求的呼应，体现了课程的主动创新，体现了对学生群体的关注、尊重和认可，体现了对学校未来发展形态和态势的前瞻思考。

二、成达课程建设指导思想与基本原则

1. 成达课程建设指导思想

根据国家、北京市、昌平区课程建设政策基本要求，落实立德树人根本任务，深化教育领域综合改革，坚持学校“立足于优秀文明之根，面向世界、面向现代化、面向未来”的办学宗旨，遵循教育规律，突出素质教育，传承本部百年育人文化，构建成达课程体系，培养具备一种意识、两种精神和三种能力的德才兼备创新人才。

2. 成达课程建设基本原则

成达课程建设从根本上将激励并成就每一个孩子的个性发展作为依据，努力去唤醒孩子内心的发展愿望，尊重每一个孩子独特的潜能，让孩子的主动性得到充分绽放，让他们不断成为更好的自己。

- 人本性原则。学校课程建设坚持以人为本的基本原则，将学生作为课程建设的出发点和立足点，构建适合学生的课程。
- 一致性原则。课程建设坚持“文化理念—育人目标—课程体系”的一致性，坚持“校长—管理团队—教师—学生”的一致性，坚持课堂和课外的一致性。
- 整体性原则。课程建设注重学生综合素养的提升，注重学校课程体系的建构，发挥课程整体育人功能。
- 发展性原则。课程建设秉承唤醒、激励、成就的教育理念，构建更丰实的课程体系，提升课程功能，为孩子成长助力。

三、成达课程建设目标

（1）总体性目标。整合地域资源和优秀智力资源，初步形成并进一步完善与本部融通又能彰显特色的“成达”课程体系，扎实推进学校课程一体化建设与实施。培养有课程领导力、理解力、指导力、实施力的学校干部；培养有课程构建、实施能力的，具有“关爱、唤醒、严谨、生动”素养的教师；培养敢于担当、勇于探索、乐于合作、

善于创新的学生，不断优化课程的内涵与结构，逐步实现课程的整体育人功能。

（2）具体目标。首师附中昌平学校坚持以目标为导向，构建全面培养体系，使学生具备高尚的品德、健全的人格、优良的学业成绩、健康的体魄和扎实的艺术素养。具体分为初中、高中两个学段的目标：

表 10–2　初中学段课程分目标

培养目标	7–9 年级
一种品格：自信坚毅	能够较为全面地认识自我，尝试悦纳自我，相信自我。能够认识到作为公民的基本权利和义务，能够认识到祖国建设的使命，初步具有爱国爱党的深厚情感和为中国特色社会主义伟大事业努力奋斗的理想，能够历经挫折依然坚持理想。
两种精神：责任担当 合作探索	初步培养爱家爱校的情感以及为家庭、班级、学校努力学习和无私奉献的意识。初步培养和发展学生的文化类学科、艺术类学科、体育类学科以及其他方面的兴趣爱好；注重培养学生的阅读习惯与能力；初步形成敢于探索、合作学习的能力和审美能力。乐意与人交往，懂得交往的技巧和态度。养成良好的思维习惯和行为习惯，能自觉参加公益活动，有主动合作意识，对学习有期待。
三种能力：乐于自主 勤于动手 善于创新	初步形成良好的阅读习惯与表达能力，有初步的创新精神和实践能力，有正确的学习方法和初步的探究能力，能主动学习。热爱生命，形成健康的生活习惯和生活方式，有积极的生活态度。具有初步的学业、专业、职业和事业倾向。

表 10–3　高中学段课程分目标

培养目标	10–12 年级
一种品格：自信坚毅	能够更为全面地认识自我，学会悦纳自我，相信自我。能够清楚认识到作为公民的基本权利和义务，能够理解祖国建设的使命，具备爱国爱党的深厚情感和为中国特色社会主义伟大事业努力奋斗的理想，能够历经挫折依然坚持理想。
两种精神：责任担当 合作探索	进一步形成爱家爱校的情感以及为家庭、班级、学校努力学习和无私奉献的意识。培养和发展学生的文化类学科、艺术类学科、体育类学科以及其他方面的兴趣爱好；注重培养学生的阅读习惯与能力；形成敢于探索、合作学习能力和审美能力。乐意与人交往，懂得与人交往的技巧和态度。养成良好的思维习惯和行为习惯，能够自觉参加公益活动，有较强烈的主动合作意识，对学习充满期待。
三种能力：乐于自主 勤于动手 善于创新	形成良好的阅读习惯与表达能力，有初步的创新精神和实践能力，有正确的学习方法和一定的探究能力，主动学习。热爱生命，形成健康的生活习惯和生活方式，有积极的生活态度。具有一定的学业、专业、职业和事业倾向。

四、成达课程结构与内容

1. 成达课程结构图

成达课程以唤醒学生为起点，以培养目标为方向，以促进学生的不断发现与成就为动力，其具体结构如下：

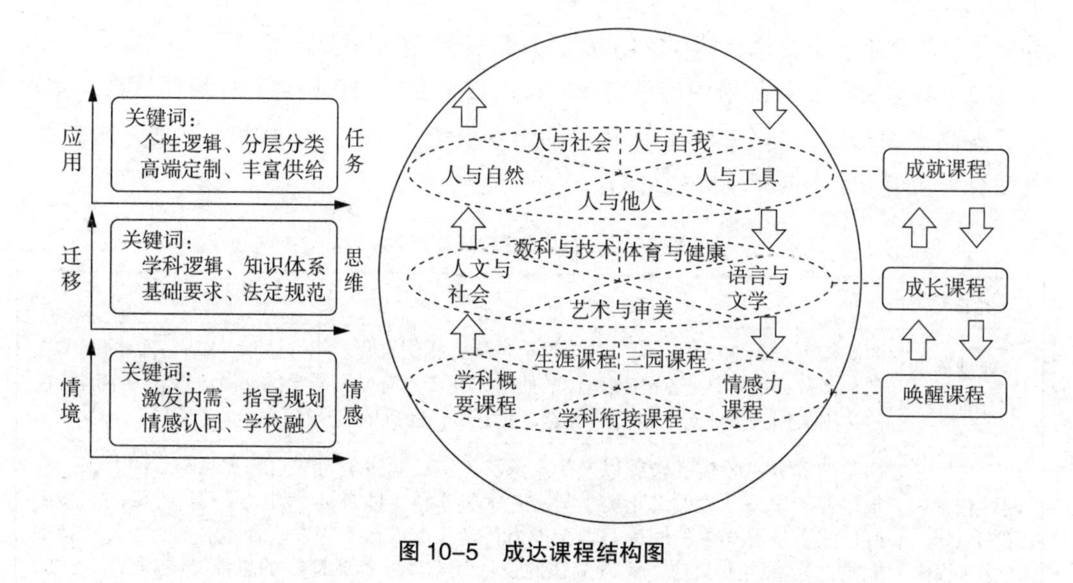

图 10–5　成达课程结构图

2. 成达课程的基本内容

（1）唤醒课程。指向唤醒的课程不是简单的衔接，而是在努力创设让每一个孩子拥有“进入课程的机遇”。唤醒课程基于学生的特征和实际需要，通过学科衔接、生涯规划等课程激发学生投入学习的兴趣，唤醒学生思考未来的渴望，激发学生继续探索的勇气。唤醒课程包括生涯指导课程、学科衔接课程、学科概要课程、三园课程及情感力课程五类。生涯指导课程引发孩子思考、规划人生；学科衔接课程帮助孩子度过各学段的学科断层；学科概要课程帮助孩子建立学科的完整观念；情感力课程激发学生的热情、提升情感能力；三园课程让学生在潜移默化中承志、立志。

（2）成长课程。成长课程的改造不是单纯地降低难度，而是旨在提供“值得追求的挑战”。成长课程主要包括国家学科课程与地方课程两部分，是学校课程的核心，是促进学生成长的主体，也是国家和地区要求的直接体现，承载着国家意志。成长课程包括人文与社会、数科与技术这两大驱动领域，体育与健康这一根基性领域，以及语言与文学、艺术与审美这两个发展性领域。此外，还包括优秀传统文化、专题教育、书法等课程。

（3）成就课程。成就课程不是单纯迎合学生的习性，而是旨在“发现、呵护与发展学生的个性”。成就课程是根据学生个性需要而设置的课程，是为学生提供丰富的研修课程、研究课题及项目，是为学生发展搭建的绿色通道。成就课程从人与自然、人与社会、人与自我、人与他人、人与工具这五个方面对课程类别进行了划分，其本意是在唤醒与成长课程之上，关注与呵护学生的个性，通过提供丰富可选的品质课程，促进学生不断成就自我。

表 10-4 首师附中昌平学校课程内容详表

功能 类型	人文与社会	语言与文学	体育与健康	艺术与审美	数科与技术	主要目标指向
唤醒课程	生涯指导课程、学科衔接课程、学科概要课程、三园课程、情感力课程					责任意识 敢于担当 勇于探索
成长课程	道德与法治 政治、地理 历史、专题	语文 英语	体育、心理 健康教育	音乐 美术	数学、物理 化学、生物 技术	敢于担当 勇于探索 乐于合作 善于创新
成就课程	博识课程、3D 打印课程、数学思维课程 社团课程、飞行重力棋、TOK 课程					乐于自主 勤于动手 善于创新

五、成达课程实施

1. 确立课程实施总思路——构建教学新生态

学校结合师生状况与课程要求，首先确立了课程实施的总思路，即通过系统规划与布局安排，努力构建高质量且能体现学校特色的教学新生态。整体思路见图 10-6：

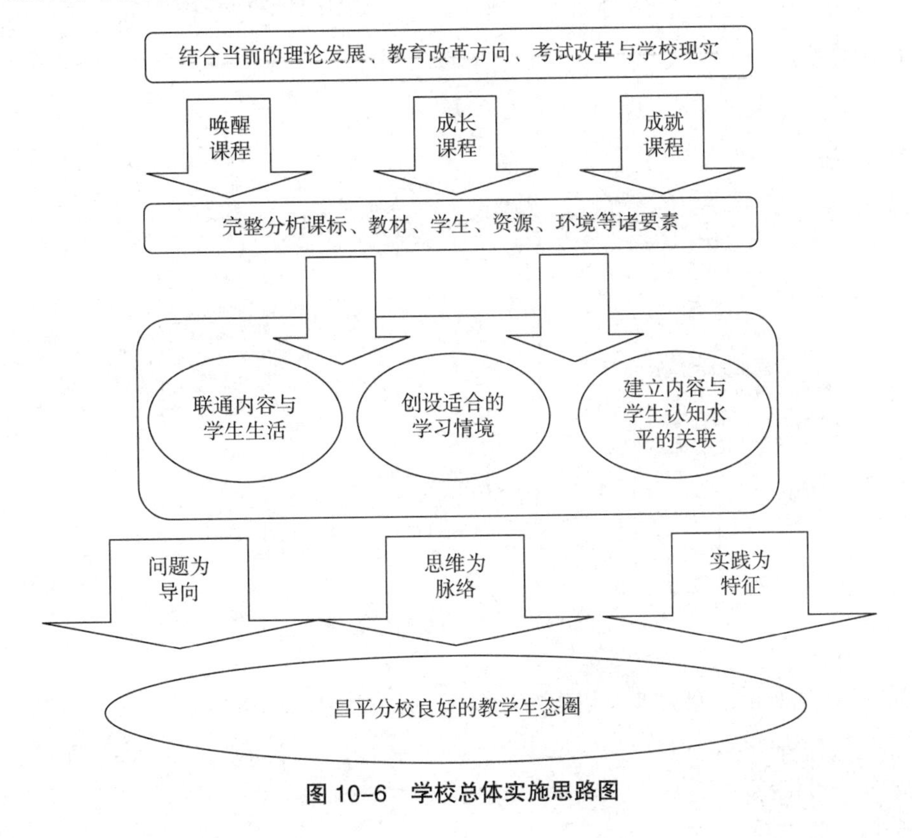

图 10-6 学校总体实施思路图

2. 明确成达课程的实施策略

在课程实施总体思路下，学校进一步明确了成达课程的实施策略，即按照课程类型进行分层实施。唤醒课程，认真分析和了解每一个学生的学习准备，以志向、责任、担当为纽带，激发学生的兴趣、热情和发展渴望。成长课程，作为课程体系的主干，要进行广度及深度层面上的拓展、延伸，采取课内与课外、分散与集中相结合的方式实施。成就课程，立足学生个性发展需要，关注优质引入资源与校本资源的融合，通过学生真实而丰富的实践与体验，满足其个性发展需求。

3. 打造“双力课堂”

学校在充分考虑生源特征与师资水平，以及唤醒课程有效落地分析的基础上，提出通过打造“双力课堂”来改变课堂教与学的生态，实现以学定教的课堂布局。

（1）双力课堂的内涵。双力之一是思维力，另一个是情感力，是对“学什么？”“如何学？”“为何学？”三个问题的现实回应。思维力是识别网络和策略网络的结合，决定着学生如何进入学习状态，采用什么样的思维方式进行思考和分析，用何种方法解决问题，主要体现在思维的宽度、深度和创新性等方面。情感力包括如何使用情感网络，解决学生为何学的重要问题，从情绪、情感、关系、价值、意义等方面进行分析，是关于学生学习动力机制的表述。双力课堂与学校课程结构一脉相承，构成衔接关系。

（2）思维课堂的特征。

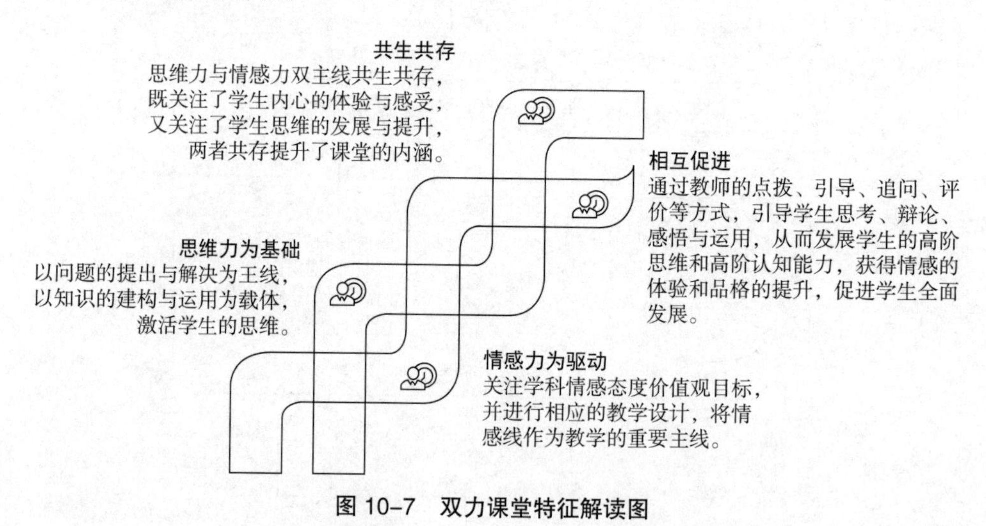

图 10-7　双力课堂特征解读图

如图 10-7 所示，双力课堂以思维力为基础，对学生认知的激发、发展、收获进行认真研究和分析，同时以情感力为驱动，关注学生的学习动机，关注学科的情感态度价值观目标的达成。

（3）双力课堂的流程。双力课堂对流程进行了初步设计，分为六步：“明”，即明确要达到的教学目标、明晰检测内容；“问”，即要设置合理的问题，激活思维、调动情绪；“思”，即教师要适时搭建脚手架，促进学生独立思考，形成自己的见解；“辩”，即在交流思维过程中，生生、师生要展开观点碰撞；“悟”，即促进学生深入领悟，形成主张，深化思维，迁移兴趣；“用”，即鼓励学生在新情境中使用所学知识，实现情感的深化与思维拓展，实现素养的提升。

六、成达课程评价

1. 指向课程改进的评价

为了使成达课程在朝着目标不断迈进的过程中，能够不断自我优化、调整和发展，有效地服务全体师生，学校建立了任课教师会议、学生及家长的课程实施问卷调查与访谈、外部专业课程改进指导、教师课程过程反思以及课程的 KISS 分析等系列制度。课程评价涵括了唤醒课程、成长课程和成就课程，其评价标准见表 10–5。

表 10–5　指向成达课程改进的评价标准

评价对象	唤醒课程	成长课程	成就课程
课程实施者：教师	• 是否按时完成课程任务 • 是否根据学生的情况对内容进行了调整或改造 • 是否渗透了学习方法或情感体验	• 是否有相应的课程纲要或课程计划 • 是否对学生现有的知识技能结构实现了拓展	• 是否因材施教，关注了学生的个性学习需求 • 是否对学生的学习过程进行了指导
课程实施过程	• 师生关系是否融洽 • 是否展现了知识发生、发展的过程 • 是否给学生带来了学习乐趣	• 师生关系是否融洽 • 是否提供了学科知识拓展后的广大空间	• 师生关系是否融洽 • 是否提供了丰富可选的课程辅助资源
课程服务对象：学生	• 是否掌握了相应的知识、技能、方法 • 是否有正面的情感体验 • 是否有了更多积极的做法	• 是否掌握了必要的基础性知识 • 是否掌握了必要的方法和技能 • 是否激发了自己继续学习的兴趣	• 是否符合自身发展的需要 • 是否拓展了自己的知识面或技能 • 是否体验到了该课程给自己带来的乐趣

2. 指向双力课堂的教学评价

表 10-6　双力课堂教学评价等级表

让情感与思维在课堂熠熠发光				
评价对象		评级等级		
		符合	基本符合	不符合
目标设定	教学目标明晰、具体，可操作性强，符合课标要求和学生实际，能实现学科核心素养之间的结合和统一。教学活动紧紧围绕目标展开。			
问题驱动	注重问题导学，能够较好地借助问题引导学生开展学习活动，教师追问恰当，能激发学生的兴趣。问题设计合理，符合学生的认知特点，易于激活思维。做到情境与活动设计的统一，共同指向问题解决。			
思维调动	学生能认真倾听、自主探究、大胆质疑，求知欲望强烈，思维活跃，能主动寻找解决问题的途径与方法，形成自己的独到见解。教师能依据学生的思维较好地搭建脚手架。			
质疑辩论	学生能在认真思考的基础上积极参与小组合作，有较好的合作意识。能够形成自己的见解，准确地表达思维过程，敢于质疑他人的观点，能够换位思考，在交流中充分体现生生、师生观点的碰撞。			
学生感悟	学生能在充分思考与辩论的基础上，感悟所学，修正见解，深化思维，形成主张。情感能力和思维品质得到提升。			
应用迁移	完成既定教学目标，教师能围绕目标在巩固基础知识和技能的基础上，设置开放性练习和综合运用检测。学生能较好地将所学运用到学习生活中，做到迁移运用知识，不同层次学生能够在各个方面均得到发展。			
学科本质	教师能结合学科的特点，抓住学科本质，关注学科的特有价值，采取不同的方法，关注认知与情感的协同，落实学科核心素养，达到学科育人的目的。			

3. 学生评价

学校将学生评价的基本导向定为记录、激发、拓展、促进。通过学生学习过程以及结果的痕迹记录，使学生的学习得以真实而完整地留存，为后续的反思与改进提供基本数据；激发意在让学生在自我纵向对比、与既定目标比较等评价中认识到自己的优势与劣势，提高学生参与学习的兴趣和动力；拓展是指通过评价拓展学生的学习领域、思维广度以及参与途径，通过同伴互评等多主体评价方式，多角度多途径拓展学生的学习参与及自我反思；促进指向的是评价的基本要义，学生评价并非为了将学生分成三六九等，而是为了改进学习，进而促进学生的发展。

在四个导向下，学校将学生评价内容分为四个部分：一是课程表现，包括唤醒课程、成长课程和成就课程的完整表现。二是实践档案，记录学生参与各种社会、个人修习计划中的表现以及实践成果。三是激励性评价，主要包括学校为了激励学生而设立的各种奖励学分，比如鼓励学生继续学科课程选修模块的深入学习，按时保质完成模块学习并通过考核后，按照相应标准给予相应学分，计入学生毕业学分中。四是个性化评价。为了进一步了解学生，从学习习惯、学习风格、学习偏好等方面进行评价，也包括对学业困难学生的诊断评价等。

4. 指向教师工作绩效的综合评价

教师作为课程开发与实施的主体，其课程理解力和课程执行力对于课程价值的实现至关重要。为了规范并引导教师进行系统研究和推进，学校建立了指向教师工作绩效的综合评价。

首先，将教师参与课程建设纳入教师的职称校内评审方案，并确立相应分值，将课程建设参与跟教师职业发展进行绑定；其次，纳入教师年度工作考核评价方案，作为年度考核的组成部分；再次，研制《教师课程开发评审方案》，为教师参与课程开发提供基本依据和要求；第四，研制《教职工绩效奖励方案》，将教师的课程绩效作为奖励方案的一部分。

七、成达课程的组织与管理

（1）调整、优化课程组织结构。校长作为课程领导小组的组长，负责课程的整体导向、思想引领、调控与变革；副校长及年级主任作为副组长，负责课程的开发、实施、管理等具体工作，协助校长分析校情、学情，广泛进行调查研究，制订方案，协调师资、课时安排，指导教师课程建设，抓好课程管理与实施；校务会及骨干教师和家长代表作为组员，主要负责课程计划的组织与落实，挖掘课内外资源，根据学校思路和安排，做好课程的实施工作；校外课程专家作为课程领导小组的顾问，指导、参与课程的顶层设计，参与课程重大决策研讨，参与课程评价与改进。

（2）推进课程管理走向扁平化。学校对课程管理进行了三步优化，促进课程管理走向扁平化：一是推进自主型管理。利用各种培训提升干部与教师的课程领导力、理解力和执行力，引导干部、教师走向自主管理。二是倡导学术型管理。建立课程教学中心，同时引入外部课程专家参与课程的整体建设，提升课程管理的学术化水平。三是建立民主型管理。学校在课程系统设计之初，就建立了课程建设共同体，在学科课程群建设以及课程实施中，鼓励各学科进行跨学科备课研讨，打破学科教研组边界，建立学科课程共同体，让对话成为课程管理的重要方式，共同建设，共同管理。

第十一章　顶层设计下的学校课程整合实践

学校课程整合不是为了单纯改变学科的形态，而是为了增加学科的适应；不是为了降低学科的难度，而是为了避免课程建设的“盲人摸象”现象，持续给学生提供有价值的挑战。

课程整合在布局中纳入学校课程顶层设计，在实践中更多地与课程群建设相关联。课程整合体现了学校、教师的课程统整与加工能力。课程整合要避免“盲人摸象”：每个盲人基于自己的触感和想象，形成了自己的判断，并且坚持自己所认为的“真相”。每个学科的知识积累、思维方式都是不一样的，而学生必须学会整体地看待世界。整合的核心在于呈现完整的情境，让学生有机会以独立的角色经历完整而复杂的教育情境，这样才能给孩子提供有价值的挑战。

笔者选择了部分学校课程整合案例以展示实践、研究问题并进行前瞻。以下所选择的案例主要包括基于学科的整合、学生本位的整合与基于学段的整合这三种类型。其整合动力从最初的为了节省课时、开齐课程而不得已为之，到基于对学生需求的深刻分析进行整合而有意为之，再到从完整培养链条分析开始，通过学段式课程整合而创新为之，为学生提供一以贯之的优质载体。

第一节　基于共同要素的学科课程整合案例与分析

任何课程都需要适合的时空去规划、开发和落实，其中学习时间是学校中最为稀缺和最为重要的教学资源，涉及学校、各科教师、学生、家庭、社会、政府等不同权力主体的利益分配和权力制衡[1]。伴随课程改革推进，各校课程内容体系日益庞大，各自追求独立价值的课程与总体有限的学习时间之间产生了难以调和的矛盾。学校开始思考如何在有限时间内按照规定安排好所有科目，并能给学生提供必要的选择。最初的做法大多来自一线教师的自发探索，所采用的方法类似于数学计算中提取公因式，即在不同科目中找到共同要素，然后提取出来叠加在一起共同实施，从而达到学科链接、节省时间的目的。

这一时期的课程整合主要表现为超越不同的课程知识体系，以关注共同要素的方式来安排课程开发与实施。这里的共同要素指的是相似目标、类似内容和大致实施方式。从实践来看，可以将该时期的课程整合分为两类，一类是学科本位的要素整合，另一类是外部资源介入的要素整合。

一、学科本位的要素整合

学科本位的要素整合简单易行，是较早出现并迅速传播开来的，主要体现在三种整合方式上：

（1）基于相似目标的整合。比如有一位生物教师兼任环境专题教育教师，他在研究课程标准和指导纲要时发现，生物课程标准中对生物多样性有具体要求“说明保护生物多样性的重要意义”，在中小学环境教育实施指南中对此也有明确描述“珍视生物多样性，尊重一切生命及其生存环境”，于是他利用生物与环境教育两科目中相似的目标进行课程整合，形成了生物多样性研究课程模块，实施效果良好。

（2）基于类似内容的整合。北京市实验二小心理健康教师和品德与生活教师几年前开展的课程整合实践，就是针对国家教材《品德与生活》（1年级第一课）“上学真快乐”，如何认识新朋友、介绍自己、学会交往、熟悉环境、喜欢学校，以及地方教材《小学生心理健康》（1年级第一课）“学会自我介绍”之间的相似内容进行了整合探索，既关注儿童的品德塑造，也关心儿童的心理过程，形成了具有学校特色的系列整合课，深受学生喜爱。

（3）基于大致实施方式的整合。笔者在视导中曾发现有的教师将小学科学与综合实践活动课程进行了整合，实现了课时整合、方式打通。根据教师的介绍，他是考虑到综合实践活动课程中的小实验与科学学科中的实验教学方式相似，于是基于类似的实施方式进行了实验整合，并带动了校内其他学科教师投身于课程整合探索。

[1] 赵茜，赵东方，张亚星.学校应该缩减学时吗？——基于PISA2018数据的分析[J].教育发展研究，2020（6）：48。

二、外部资源介入的要素整合

以上三种整合方式是在学习时间上做文章，是基于不同科目既有的要素进行的内部整合。随着实践的深入，单纯依靠内部整合虽然节省了时间，但是难以整体提升学科教学质量。基于此，有的学校开始尝试外部资源介入的要素整合，通过外部适合资源的改造和适时引入，既优化了课程实施的时间分配，又对课程空间布局进行了适当改造。

案例一：黑芝麻胡同小学“画皮影”美术课程整合

以往，黑芝麻胡同小学的美术课程是通过图片、视频、剪纸等形式让学生认识皮影，学生难以获得直观的感受和认知。学校对此进行整合改进，通过外部皮影资源的引入，形成了别具特色的整合课程，其流程如下：在广泛的文化情境中认识美术（美术表达、美术创作）→引入非物质文化皮影（外部资源的改造和介入）→皮影的产生与发展介绍（在历史情境中了解皮影的前生今世）→皮影与3D电影（结合当前科技发展思考皮影的贡献）→简化与创作（学生动手创作）→交流与展示（学生展示自己创作的皮影）→融汇与拓展（思考皮影未来可能的发展）。

因为有了真实皮影的介入，教师在课程中创设了连贯性情境，试图将教学时间与教学空间通过情景融为一体。将外在的社会文化形式移进课堂作为课程情境，这种情境具有以下几种教育学意义：

（1）历时性情境：能够向孩子们展示皮影的形成与发展历史。

（2）比较性情境：孩子们可以直观地对比玩偶与皮影。

（3）介入性情境：孩子们可以根据教师的简化、自己的理解进行个人创作。

（4）展望性情境：结合其他艺术形式，对皮影的发展进行展望。

案例二：“蓝天博览课”的整合实践

“蓝天博览课”是北京市东城区研制开发的综合实践活动课程，其中分为若干板块，在板块实施中东城区探索形成了“学科课程＋蓝天博览课＋外部优质资源”的协同模式，实施流程是：基础授课→实地观摩（博物馆等）→动手制作→展示交流。比如，初一历史在讲《先秦时期的科学技术与文化艺术》时会涉及“青铜器”，通过首都博物馆（青铜器展厅、动手复原模型等）的介入，地方课程“蓝天博览课”与国家历史课程融合在一起。

这种整合的重点在于真实校外场所、资源的改造介入，既实现了教学时间叠加，又实现了课程目标的统整，还实现了教学空间的突破。

第二节　互为载体的课程整合案例与分析

以上实践不管是内部的学科整合还是外部资源的介入，都是基于共同要素而进行的，如果各科目之间没有共同要素时，能否进行有效的课程整合？笔者曾与北京市海淀区教育信息中心合作，招募部分学校进行了为期三年（2010–2014 年）的实验研究。研究发现，不具备共同要素的科目之间也可以进行有效整合，但前提是必须有科学合理的整体设计。下面是实验学校——北京市五一小学的互为载体的课程整合案例。

实验之初首先进行了学校课程实施中存在问题的梳理，主要按照目标达成、课时要求、实施载体这三方面进行了逐一梳理。各科目问题梳理汇总后，根据低代价实验的要求，对综合实践活动中的“信息技术”、北京市专题教育中的“毒品预防”以及国家课程中的《品德与社会》进行了联动分析，发现这三科之间缺乏共同要素，但是考虑到信息技术作为载体的价值，实验团队对这三科内容进行了模块化分解，分解后尝试以信息技术为载体进行横向整合。

比如，在梳理信息技术章节目标时，形成下列目标：收集整理资料；制作演示文稿；调试超链接；插入音频、视频；展示交流。通过课堂观察发现，学生所需要的内容载体不足，就技术教技术现象突出，学生缺乏兴趣，致使目标达成度不高。“毒品预防”，教材中一部分目标包括：知道常见毒品的名称；初步了解毒品的危害；知道一些不良生活习惯可能会导致吸毒。通过课堂观察发现，教师以口头讲解为主，学生参与度低。学生仅仅从教材中获得信息，而且小学生对文字的解读难以深刻，致使目标达成度低。《品德与社会》的目标则要求培养儿童学会交友，珍爱生命，过积极、健康的生活。课堂观察发现，教师在研究落实这些目标时比较为难，一是因为课时不足，利用活动体验的形式能激发学生兴趣，但是时间不允许；二是儿童的社会经验较少，对如何健康交友、健康生活还缺乏理解，教师选择了一些案例，但是缺乏载体，只能讲解，这样又降低了学生的参与度和学习兴趣，致使目标达成情况不乐观。

基于以上分析，实验团队选择以研究性学习为主要学习方式，以信息技术、毒品预防、《品德与社会》为学习内容。利用信息技术可以使教学更形象、生动，更易于学生接受。以毒品预防知识为载体的信息技术教学，通过学生对相关资料的收集、整理、分析、应用等一系列的学习活动，再以制作主题演示文稿作品的形式发布成新的信息，最终使学生由“远离毒品”“拒绝毒品”转变为通过信息技术手段“参与禁毒宣传”，达到知、情、意、行的协调统一。此外，学校还利用校内广播、视频、专家大讲堂开展学习，利用禁毒基地开展社会实践，学生使用信息技术制作展板进行禁毒宣传，这些活动与课堂教学相结合使学生们学在其中、研在其中、乐在其中，最终达到提升学生综合能力的良好效果。

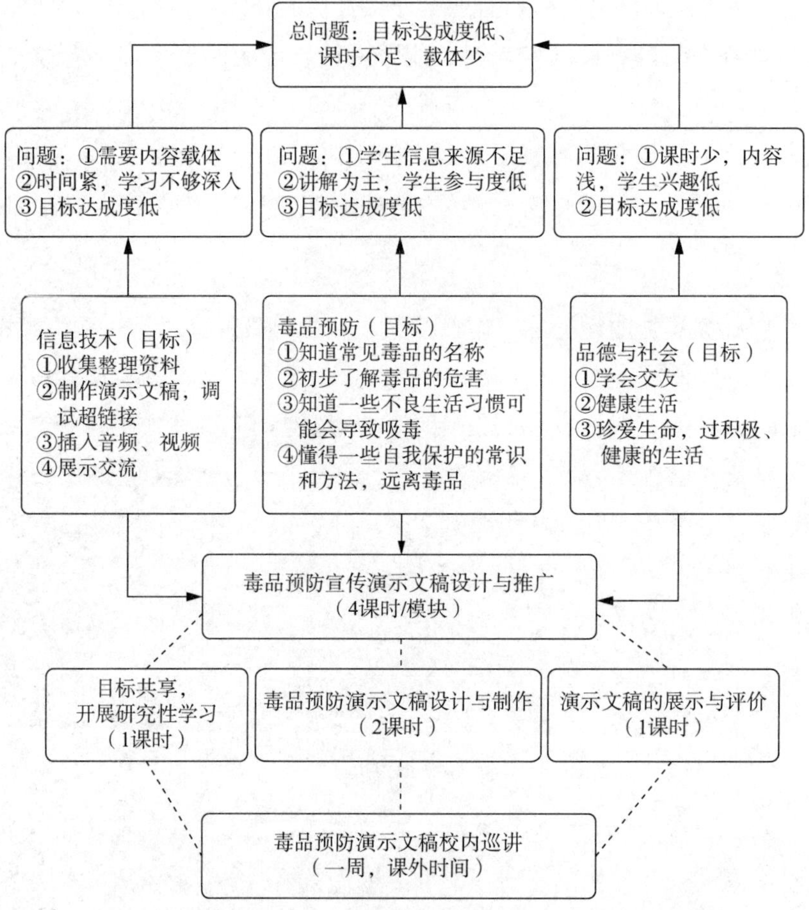

图 11–1　信息技术、品德与社会、毒品预防三科整合示意图

如图 11–1 所示，整合的结果是形成了若干个微型课程模块。在实施上，学校采用 1+1+1 模式，这种模式有三层含义：

（1）“1+1+1”，1 个信息技术教师 +1 个品社教师 +1 个班级（试点）；

（2）“1+1+1”，介绍课 + 网站制作课 + 作品赏析课；

（3）“1+1+1”，作品的同伴互评 + 教师点评 + 课后反思并主题巡演。

通过一年多的跟踪观察，笔者发现，在互为载体的设计与实施中，不同科目实现了波峰与波峰的叠加，有效地提高了跨越学科的目标达成度。

第三节　儿童本位的课程整合案例与分析

学科本位的要素整合与互为载体的课程整合本质上都是在时间、空间以及目标达成度上的探索，都属于大的学科本位范畴。近年来学校还在探索超越学科的实践，以儿童的直接经验、需要和动机为出发点，进行课程整合。这种整合实际上是对现有课程的拓展和创新，是将游离在原课程体系之外的儿童的经验和需求融进新的课程之中，故称之为“儿童本位的课程整合”。从笔者掌握的案例来看，可以将这种整合分为两类，一类是资源融入的儿童本位课程整合，即根据儿童的现实需求不断植入新资源，增容并改造现有课程；另一类是基于塑造学生形象的课程整合，即通过完整的学生形象塑造来穿越各学科边界，穿越国家、地方、校本三类课程，形成多学科联动的育人局面。

一、资源融入的儿童本位课程整合

下面以北京市朝阳师范学校附属小学（以下简称朝师附小）“走进诗韵”课程整合实践为案例进行分析。

一、学校课程整合背景

朝师附小是北京市小学语文教育传统优秀校、语文教学研究基地校，在“语文（特色学科）—阅读（特色项目）—悦文化（文化特色）”的发展历程中，拓展了语文特色诗歌项目，提升了学生的人文素养。前期的实践活动激发了师生对诗词的兴趣、对中华优秀传统文化的热爱。随着活动的持续推进，学校发现单一的主题活动已经不能满足学生的需求，主要存在以下问题：课程目标不具体，不聚焦；课程内容碎片化，缺少对内容体系的梳理与统整；课程以点状活动的开展为主，没有固定的实施模式和评价方式。

二、“走进诗韵”课程整合建设过程

学校以“走进诗韵”课程整合创新为突破口，进行了四个阶段的规划、研制与实施：

（1）第一阶段（2008–2009）：以物质环境文化中古诗词外显为基本标志的阶段。2008 年，学校进行校园文化建设，打造“诗韵飘香”的校园文化，通过“诗歌的起源、诗篇的精华、诗人的伟岸、经典童诗”为主题的楼道文化，展示诗词的发展脉络，介绍名家名篇。学生通过物质环境感受古诗词的魅力，初步形成

"走进诗韵"课程。

（2）第二阶段（2010–2011）：学科渗透与社团活动并行，互为支撑的阶段。学校挖掘语文、品德、美术、音乐等学科中的教学内容，开展多学科联动。同时，组建经典诵读、诗歌创作、戏剧表演等多样化社团，把诗词积累与展示合二为一。

（3）第三阶段（2012–2014）：以古诗考级激励体系作为学生习得标志的阶段。学校开发古诗考级激励体系，设立了古诗考级考评诗词库，建立考评标准，形成了一套覆盖所有学生、拓展合适篇目的考评激励体系。

（4）第四阶段（2015–2018）：以"走进诗韵"课程为主干，兼具多元实施方式的综合性课程的阶段。课程的实施，外在体现是传承中华优秀传统文化，内在更指向学生的发展——人文素养的提升，为此，课程开发更加关注学生的现实需求。学校进行"走进诗韵"课程综合化的研究，强调与学科课程的融合与渗透，研发独立的校本课程"走进诗韵"，设计不同的社团课程，形成包含实践性、体验性、创新性的综合化实践课程。

三、"走进诗韵"课程整合的主要成果

经过四个阶段的研究，"走进诗韵"课程逐步发展为一门综合化课程，以校本课程为主干，以学科渗透为关联，以校园物质文化为支持，以社团活动为突破，具有多点、多面、多标准、多层次的特点。

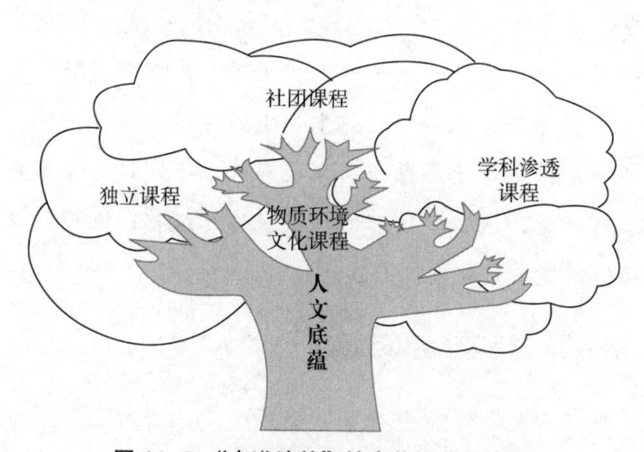

图 11–2 "走进诗韵"综合化课程示意图

1. 建立了指向学生人文底蕴提升的目标体系

"走进诗韵"课程以培养学生人文底蕴为核心，通过诗词歌赋的知识积累和思想启迪，以及优秀文化的熏陶感染，助力学生提高思想道德修养和审美情趣，逐

步形成良好的个性和健全的人格，培养语言美、意境美、身心美的中国少年。具体目标如下：

（1）物质环境文化课程目标。通过“诗歌的起源、诗篇的精华、诗人的伟岸、经典童诗”为主题的楼道文化，学生简单了解不同历史时期诗歌的特点、名家名篇，感受语言的优美，感受诗歌的意境。

（2）学科渗透课程目标。通过诵读诗词，积累诗词歌赋的知识，进行诗歌创作，感受诗词的语调、韵律、节奏，感受语言的优美，体味诗词的内容和情感。

（3）社团课程目标。在诵读、创作过程中，积累素材，感悟诗情，培养学生形象思维、想象力和创造力等。在创作、表演过程中，培养学生积极的心理、与人合作的能力，提高思想认识和审美情趣。

（4）独立课程目标。详细了解不同历史时期诗词发展脉络，重点学习唐诗、宋词、元曲等诗词知识，系统学习诵读古诗的技巧，通过诵读礼仪、配乐、创作的学习，感受诗词的魅力、创作的妙趣，提升学生的人文底蕴。

2. 构建满足学生需求的多层次内容体系

“走进诗韵”课程内容是根据不同课型，选择与之相匹配的教学内容，每个课型的内容各有侧重点，同时也存在联系，通过充分挖掘和利用校内外资源，形成互相关联、功能不同的内容体系。

（1）物质环境文化课程内容，如楼道文化、诗韵台阶、学生诗词互动墙、悦诗舞台、古诗考级活动室、开放式空间等。

（2）学科渗透课程内容。如1年级语文的《咏鹅》《江南》《古朗月行》等篇目以及《道德与法治》中的中秋节，音乐中的演唱曲《咏鹅》等渗透优秀传统文化。

（3）社团课程内容。以朝师附小悦文社团课程内容为例，通过经典诵读、诗词创作、戏剧表演三部分内容安排，努力与社团课程目标匹配。

（4）独立课程内容。在1–6年级，根据学生特点，选取不同的教材作为课程内容，充分挖掘和利用社会大课堂资源，走进社区，走进博物馆、体验基地，拓展延伸学习内容。

3. 探索形成立体化的实施方式

整合而成的“走进诗韵”具有多面、多点、多体系、多标准、多层次的特点，这就决定了课程的实施方式是多元的，要把不同的感官调动起来，推进“看、背、思、赏”的实施模式，全方位地提升学生人文底蕴。

（1）与学科实践活动相结合，将物质环境作为课程资源，进行拓展延伸。如

6年级语文古诗词《春夜喜雨》的教学中，教师引导学生通过阅读“诗人的伟岸”主题墙，了解杜甫的生平和事迹，学生收集资料，和同伴一起研讨，更好地理解作品表达的含义。学生学习后，进行写景诗歌创作，将作品分享到互动交流墙上。由此激发学生创作诗歌的兴趣，培养学生自信心，同时也丰富了学校物质环境文化课程的内容。

（2）与学校社团建设相结合，将物质环境作为校园文化讲解志愿社团的展示交流平台。诗韵气息浓郁的校园文化深受学生的喜爱，校园文化讲解志愿社团也应运而生，小志愿者在学习后把自己喜欢的校园景观，外化成独一无二的讲解词，介绍给同伴听、家长听、客人听，展示交流的同时，赋予物质环境独特的内涵。

（3）通过学科渗透课程的实施。保留各学科的基本特征和独立性，将目标进行迁移和渗透，将“走进诗韵”课程目标与学科教学目标有机整合或叠加，并在课堂教学中有效利用教材、课程资源以及课堂生成，提升学生的人文底蕴。

（4）社团课程的实施。根据学生的兴趣和能力需求，开设悦文社团等个性课程，提升学生的朗诵水平，激发学生对诗词的兴趣；把诗词与朗诵、创作、表演结合起来，提高学生的审美修养和人文素养。

（5）独立课程的实施。将“走进诗韵”校本教材纳入课表，每班每周一节课。成立课程研究核心团队，每两周开展一次教学研讨活动，每学期向全校开一次诗词教学公开课，形成“一主线、一感悟、两提高”的教学实施模式。

综上，“走进诗韵”从最初的物质环境设计，发展到综合性多形态的整合课程，一直都在关注和分析学生对优秀诗词文化的实际需求，在不同阶段注入不同资源，既与学校物质环境对接，又尝试与学科课程的融合与渗透，根据学生的个性需求，设计不同的社团课程，研发校本课程“走进诗韵”，在不断整合中形成彰显学校特色的综合化实践课程。

二、基于塑造学生形象的课程整合

下面以中国人民大学附属小学（以下简称人大附小）“可爱的小豆豆”课程整合实践为案例进行分析。

学校根据自己的办学宗旨和办学理念，尝试用一个可爱的小豆豆的形象来表达学校儿童的样子，认为所有学科均需要为可爱的小豆豆注入成长能量，促进小豆豆的良好成长。

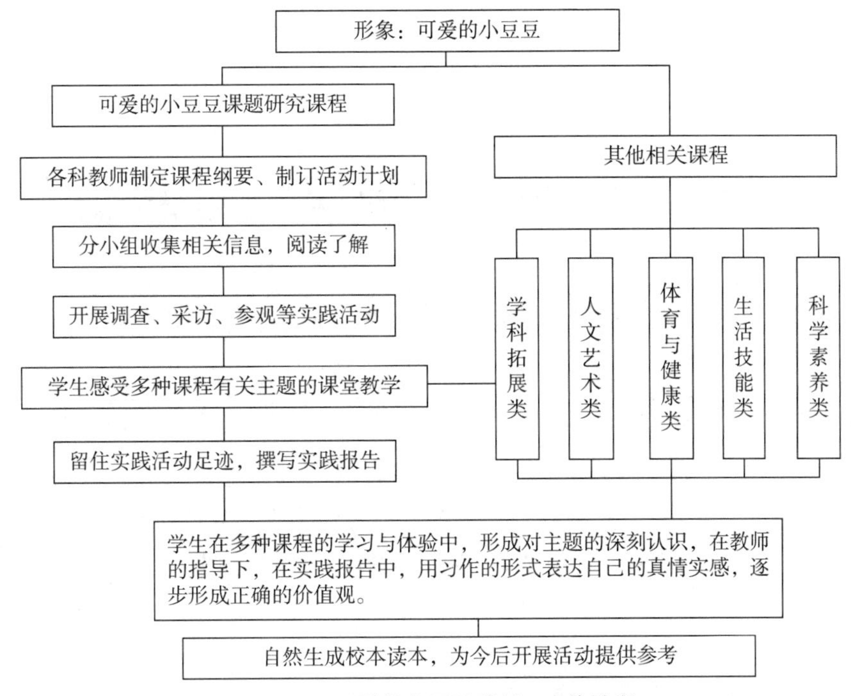

图 11–3　可爱的小豆豆研制、实施流程

通过流程图可以看出：

（1）学校根据学生形象，通过“实物＋拟人”塑造全新的“小豆豆”；

（2）跨教研组备课（语文、科学、美术、体育、音乐），基于本学科特色，丰满小豆豆形象；

（3）语文教师落实国家课程，和学生共同记录自己亲手栽下的小豆豆的成长过程日记；

（4）科学教师落实地方课程，为学生讲解豆子的结构；

（5）美术老师落实校本课程，启发学生根据想象，画出自己心目中最可爱的小豆豆，并配上个性、幽默、诙谐的语言；

（6）体育老师落实校本课程，带领学生做“小豆豆快成长”韵律操。

这种基于学生形象的课程整合打开了学科之间的壁垒，尝试以国家、地方、校本三级课程的交点为切入点，以“可爱的小豆豆”的小课题研究为主线，多学科融合，构建了点线面结合、教育教学相融合、三级课程相融合的整体，形成学校独特的课程体系。

本章前三节所列举的案例，不管是学科本位的课程整合，还是儿童本位的课程整合，往往都专注于课程系统中某个点上的突破。这些探索大多发自一线教师或者教研组，是对实践中真实问题的回应，体现了一线教师的智慧。也正因为发起方多为一线教师，这些整合实践往往缺乏顶层设计。这些实践形成了一些影响，并在区域内有一定推广，但是因为缺乏设计、缺乏系统性，某些实践在开头取得良好成效后，缺乏后续的提升而慢慢淡出。

第四节　基于完整培养链条的学段课程整合实践

近年来，特别是随着课程改革的推进，基于整体意义进行课程整合的设计为学校所关注，并在实践中产生了一些新的课程整合形态，比如北京十一学校一分校基于完整培养链条的学段课程整合，突破了既有整合对内容的单一关注，通过学段的整体课程布局，将课程整合视为学校课程发展的内驱力。

一、北京十一学校一分校课程整合案例

一、课程整合的基本背景

十一学校一分校是由两所薄弱校合并而成的布局调整校。2014 年 3 月，在北京市及海淀区政府大力推进"义务教育优质均衡发展"的背景下，北京十一学校勇挑重担，承办了海淀区南部两所薄弱学校——第 206 中学和群英小学，将其合并成一所九年一贯制的学校，命名为十一学校一分校。

作为十一学校的分校，既要吸纳传承十一学校的先进理念与办学实践，也要充分考虑一分校的原有基础、学制特点以及发展潜能，制定出与自身办学定位相匹配的使命愿景。按照既定的使命愿景，学校在课程建设上实现了三步走。

（1）2014–2016 年：初步完成学校的组织结构调整，建立学校运行保障机制，为课程变革扫清阻碍；初步构建九年一贯课程体系，通过丰富可选择的课程赢得学生、家长的认可与信赖。

（2）2016–2018 年：进一步优化以"服务人、成就人、幸福人"为价值主旨的学校组织结构，结合新形势进行九年一贯课程体系的升级构建，探索基于新技术的混合式学习，提供基于大数据的个性化学习支撑。

（3）2018–2020 年：在原有实践基础上进一步完善以学习者为中心的九年一贯的课程体系，取得学生全面发展、多向成才的显著成效。

二、学段课程整合的基本思路

学校在课程建设上所秉持的是大课程整合思路，以"龙娃成长课程"命名学校课程体系，以北京市课程设置要求为依托，以国家课程的有效落实为基本要求，

跳出狭义的学科视野，关注学生的核心素养。学校将九年划分为三个学段：低学段（1–2 年级），中学段（3–6 年级），和高学段（7–9 年级）。从学段纵向上看，课程结构具有“低段综合、高段选择”的基本特点，即越低学段的课程，其综合性越强，淡化学科界限，突出跨学科课程的综合育人优势，随着学段的升高逐步增加分科教学的比重，同时突出课程面向学生个体的选择性。按照这种设计思路，将九年的课程大致划分为“跨学科的主题课程”“主题下的分科＋跨科课程”“分层分类的可选择性课程”有机衔接的三个阶段。

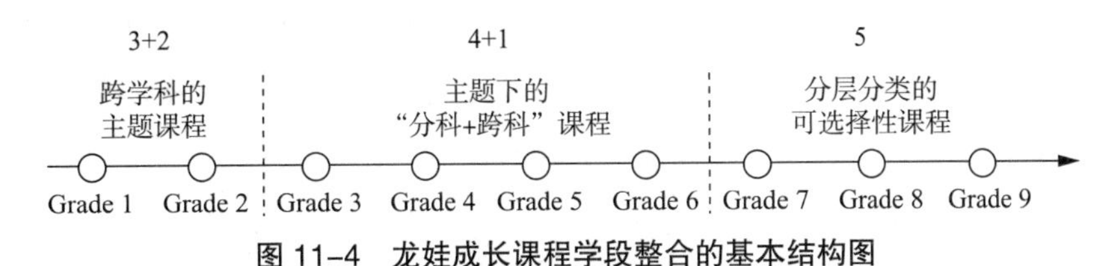

图 11–4　龙娃成长课程学段整合的基本结构图

学校认为，低学段的学生需要以广域的生活为教育来源，从现实的生活走进学科内容。“跨学科主题课程”在落实国家课程的同时，更多地突出了课程的主题化，一周内通常采用“3+2”的时间比例，在主题的统领下安排 3 天国家课程授课与 2 天的跨学科学习。中学段的学生随着知识积累和思维提升，学科的意识和界限逐渐清晰，可以在不同学科中驾驭和领会知识，但仍需要在真实的场景中让多种学科素材产生横向联系，加深学生对知识的理解和认识。因此这一阶段采用“主题下的分科＋跨科课程”，依旧是主题统领，逐渐将更多的时间向国家分科课程倾斜，一周内采用“4+1”的时间比例，安排 4 天国家课程与 1 天的跨学科学习。高学段的学生形式化思维和个人意识逐渐增强，学习和发展的需求也呈现出多元差异。所以这一阶段“分层分类的可选择性课程”主要采用分科课程为主的形式，并对课程进行了更细致的类别和层级的划分，增加了课程的选择性，但同时仍会阶段性地利用文科综合与理科综合课程体现学科知识之间的横向联系与综合运用。

如此，各学段之间的课程呈现出渐进发展的过程，通过彼此衔接的设计模糊各阶段之间的界限，通过课程形态的整合和重新设计保证课程的一贯和育人实践的一贯。

三、学段课程整合的主要内容

1. 低学段的跨学科主题课程

主要为了应对分科的课程设置既显现出有利于迅速、系统地掌握知识等诸多优势，也暴露出容易轻视学生经验、脱离现实社会、肢解学生完整生活的不足。跨学科主题课程从儿童的生活体验出发，尊重孩子这个年龄阶段完整认知周围世界的基本特征，以系列化主题的形式，跨越学科界限，进行多学科融合，创设能整合国家课程内容和情景的主题，让学生的学习回归现实生活，引领儿童对生活形成深刻的体验。

跨学科是基于学科，而不是丢弃学科，同时还需要在主题推进的过程中认真落实各学科课程标准在这个学段的相关要求，但在实施时，学校会坚持游戏化、资源化、生活化原则，将儿童学习与生活无缝链接，保护学生的求知欲、好奇心、想象力和创造性，让知识的学习成为孩子们喜欢的生活，成为好玩的体验。学校灵活安排学习时间，探索“长短课、大小课相结合”的方式，师生可以更专注于学习内容与活动。在两位教师包班的同时，还安排专业课程教师完成体育、音乐、美术、戏剧等课程，以满足学生发展的专业化需要。

学校认为这一阶段的学习主要是帮助学生正确认识自己、理解世界，并逐步学习如何融入社会、与自然和平相处，以及迎接未来时代的挑战。因此，学校将1–2年级的“跨学科主题课程”与3–6年级的“主题下的分科+跨科课程”的内容主题用“我与我们”“我与世界”“我与社会”“我与自然”和“我与未来”五大领域统领，不同年级分级推进。

2. 中学段的分科+跨科课程

小学中高年级的学生处于认知高速发展期，随着知识的不断丰富，他们逐步形成学科意识，但仍需要通过一些跨学科的项目研究来获得对知识的整体认识与运用。因此，中学段课程延续了系列化的主题，在一个主题下采用“分科+跨科”的学习方式，按照“分科学，综合用”的思路推进。“分科学”，完成国家课程标准和教材中的内容、要求，有助于学生打好各学科知识的深厚基础；“综合用”，开展跨学科的实践活动，在国家课程内容的基础上有效地实现学科的贯通，提高学生的创新意识和动手能力，促进他们的情感体验与习惯养成。

同一主题下的跨学科课程采用项目式学习，综合运用分科课程所学知识解决复杂的现实问题。每个主题下的课程内容会持续3～4周，每周的星期一至星期四进行分科课程的学习，周五则进行综合课程的学习。这样的课程需要不同学科的老师们“联合作战”，集体教研、协作实施成为教学常态。

3. 高学段的分层分类可选择性课程

高学段的学生思维方式和智力倾向的差异性日益明显，他们对自己的兴趣和特长的判断也更为清晰，课程整合设计就需要充分尊重学生的个体差异，满足学生学业发展和技能成长的多元需求，开设分层分类可选择的课程，培养“自主发展”的素养。

数学、物理等课程进行分层实施。数学自7年级开始、物理自8年级第2学期开始，根据学生的学习基础、学习方式、认知能力等的差异，分为三个层次，内容逐级加深，教学方式、学习方式和考试方式与这三个层级课程的学生成长定位紧密呼应，各有侧重。学生可在任课教师和家长的指导建议下自主选择，动态调整。具体见表11–1。

语文、英语、体育课程的部分课时和艺术、技术课程的全部课时进行分类实施。例如，语文、英语在完成基础课程的同时，开设自主选修模块，目前共有现代文阅读、美文赏析、古诗词欣赏、时事传媒、原著阅读、口语听说等15个门类供学生自由选择。体育在完成基础课程的同时，开设可选择的必修课程，目前有羽毛球、足球、排球、独轮车、武术、攀岩等21个模块，学生们每个学期需要在这些课程中选择一个进行学习，其中击剑、马术、滑雪、游泳等课程在校外基地开设。技术学科有电子技术、机器人、微生物技术、3D打印、产品造型设计等20个模块；艺术学科也有戏剧、舞蹈、国画、书法、动漫、油画、陶艺、服装设计等27个模块可以选择。

表11–1　十一学校一分校高学段数学课程开设一览表（分层课程）

课程编号	课程	适用学生	周课时	选课人数上限	学段	学分		评价频次	课程类型
						分值	获得方式		
2–M–1	数学Ⅰ	7–9年级基础较弱、学习习惯和方法需要加强的学生	5	18	1–12	24	一个大学段2学分	一个大学段评价一次	分级必选
2–M–2	数学Ⅱ	7–9年级基础较好、有一定自主学习能力的学生	5	28	1–12	24	一个大学段2学分	一个大学段评价一次	分级必选
2–M–3	数学Ⅲ	7–9年级自学能力较强的学生	5	28	1–12	24	一个大学段2学分	一个大学段评价一次	分级必选

学校关注课程的选择性，同时亦注重课程的综合性，因而设计开发了文科综合课程与理科综合课程。文科综合课程涵盖了语文、英语、道德与法治、历史、地理和艺术等学科；理科综合课程则涵盖数学、物理、化学、生物、地理和技术等学科。两类综合课程分别着眼于跨学科的人文素养与科学素养，采用项目式学习的方式开展。

表 11–2　文科综合课程“大唐飞歌”项目设计一览表

<table>
<tr><th colspan="3">单元学习说明</th></tr>
<tr><td>学习目标</td><td colspan="2">1. 学会欣赏唐代诗歌艺术作品，体会其中的艺术美感、创作技法与内涵，收获自己的情感体验，提高欣赏品位，并从中获得对自然、社会、人生的有益启示。
2. 能够通过对资料的收集、理解，掌握唐代政治、经济、文化、外交、地理区域等综合背景，了解盛唐风貌和成因，探究历史背景对艺术创作的影响，形成中华文化认同感，树立家国情怀，理解多元文化交流的意义。
3. 能够结合各种资料，运用综合思维与批判性思维，辨析影响艺术创作的因素。学会积极、负责、有条理、有针对性地发表意见。
4. 能够围绕主题，进行有依据、有思考、有个人见解和艺术特色的创作。</td></tr>
<tr><td>核心概念</td><td colspan="2">艺术作品是在创作者个人经验和历史背景的共同作用下产生的。</td></tr>
<tr><td>核心问题</td><td colspan="2">1. 如何更好地结合时代背景与作者个人特点来欣赏诗歌作品？
2. 如何将感悟与思考用创作的形式表达出来？</td></tr>
<tr><th colspan="3">核心任务</th></tr>
<tr><td colspan="3">以一首唐诗或某个唐代人物为主题，创作一个独特的文字游戏或一出戏剧表演。要求内容有历史依据，艺术表现体现唐代风格，内容围绕主题有一定的思考深度，并能够展现一定的情感与见解。</td></tr>
<tr><th colspan="3">子任务</th></tr>
<tr><td></td><th>活动设计</th><th>任务内容</th></tr>
<tr><td>子任务 1</td><td>唐主题课程
情境带入
（戏剧表演）</td><td>通过老师提供的剧本、诗歌、影视作品等素材，结合自己搜集的素材，选取主题，分小组完成趣味戏剧表演。熟悉课程环境，激发兴趣，体验唐代历史背景和环境，形成初步的认知与审美体验。</td></tr>
<tr><td>子任务 2</td><td>唐代艺术作
品赏析
（诗词大会）</td><td>对唐代艺术作品（诗歌作品为主），从作者个人经历、创作背景和文学特征的角度进行深度的鉴赏，深入理解其中的思想感情，领悟作品内涵。</td></tr>
<tr><td>子任务 3</td><td>唐代诗歌与
历史研究
（小论文）</td><td>通过上阶段学习内容，总结分析唐代诗歌种类、发展阶段、艺术特色、时代特征，搜索史料、专业文章进行辨析理解，结合政治、经济、文化、民族、外交、地理区域等背景，总结唐诗的产生原因与特点，进而引申总结盛唐形成的原因。选取合适的角度撰写小论文。</td></tr>
<tr><td>子任务 4</td><td>艺术作品创
作成因
综合辨析
（辩论赛）</td><td>举办辩论赛，围绕正方观点“诗词作品的内容是由时代背景决定的”和反方观点“诗词作品的内容是由作者自身经历和性格特点决定的”进行辩论，在教师的引导下，综合引用和分析所学内容来证明己方观点，也可以搜集更多资料来支撑，独立思考，辩证思维。</td></tr>
</table>

二、对北京十一学校一分校学段课程整合的分析

（1）体现了课程整合的整体性要义。十一学校一分校的课程整合实践立足于学制上的一贯，进而从培养目标的一贯和课程的一贯入手，围绕立德树人，界定并解读学校培养孩子的规格与形态，结合学生成长实际，有计划、有梯度、有层次地设计各年级学生成长目标和课程载体，切实体现了课程整合的整体性要义，即在顶层布局上将整合纳入，通过各学段的彼此衔接实现带有整合效应的一贯育人课程结构。

（2）学段课程整合体现了生本性。课程适应学生是进行课程整合探索应该遵循的基本原则，十一学校一分校在课程整合之初便投入诸多精力，研究和分析学生的学段心理发展特征。1–2 年级的学生开始逐步形成直观、具体、形象的逻辑思维能力，但是他们习惯于从自己的生活经验去发现和学习，因此，此阶段课程需要围绕生活经验进行课程的系统设计，学校通过五大领域进行统整，体现课程与学生生活的关联。3–6 年级的学生能够操作抽象概念，运算性（逻辑性）的思维活动需要具体内容的支持，以便学生能够从多样化资源中进行发现和探索，所以此阶段课程将社会、自然等丰富的资源与学科体系整合，采用“分科 + 跨科”的课程设置形式，让学生能够顺利完成从生活到学科的跨越。7–9 年级学生逻辑思维能力进一步加强，有能力发现学科及自然、社会中的问题，并能够在某一些领域进行较为深入的探索，因此，此阶段课程在突出学科特性的基础上，更多关注知识应用与问题解决，围绕学科进行课程的模块化设计，同时提供多样化课程供给，以满足学生的多元需求。这种生本性体现既保证了学段课程整合的科学性，又体现了课程适应学生的整合价值观。

（3）学段课程整合体现了选择性。实现课程的选择性是打破课程按部就班、僵化执行的必要前提，也是体现和落实学生课程权的重要表现。课程的选择性，必须指向尊重学生的个体差异、特长爱好和发展方向的不同，满足学生学业发展和技能成长的多元需求，并据此提供丰富的、具有选择性的课程内容。比如，数学自 7 年级开始、物理自 8 年级第 2 学期开始，根据学生的学习基础、学习方式、认知能力等的差异，分为三个层次，学生可以在充分认识自身基础的前提下进行自主选择。课程的选择性不是任意选择，而是在规划的基础上进行课程群的设计与优化。

（4）学段课程整合体现了综合性。作为两所薄弱学校的合并校，十一学校一分校尝试将学生校园生活全方位、立体化地纳入课程范畴，横向上分为学业课程与综合实践课程，适度打破学科壁垒，强调学生的完整活动和生命成长。游学课程、领导力课程等的开发与实施将学校的围墙打开，体现了更为综合的育人思路与视野。九年一贯的课程整合整体设计，本身就是综合性的直观体验。

（5）学段课程整合体现了实践性。这里的实践性有三层含义：一是指在具体实践中，通过多样化的课程载体实现学生全面而有个性的发展；二是指努力构建学生学习的实践新常态，让学生走出教室，走向更多能够让学习发生的场所，让学生走出书本，使经历和感受成为学生学习的有效途径；三是赋予所有课程以实践品质，围绕学生实践以及在实践中所需内容、要关注和处理的重要关系来进行设计与开发，让课程成为学生真实的实践场。

第十二章　走向课程超越观

学校课程系统设计不是单纯的学校内部事宜，而是一项多方协同的复杂工程。课程超越观下，学生所接受课程质量的上限不应该由本校教师的最高水平决定，学校课程所供给的应该是由需求驱动的“市场课程”，而不是由校内师资能力所决定的“计划课程”。

在学校课程建设中，不存在一劳永逸的设计，有的只是始终处于变动之中的课程形态。当变动的政策、调整的制度、诸多的利益、不同的价值交织在一起并诉诸课程时，学校课程建设就成了一种不断拾级而上的行动，既需要在价值坚守中，顺应规律，因势利导；又需要在审时度势中，优化改进，不断发展。因此，学校课程建设需要明确及秉持一种课程超越观。

从发展来看，未来将进一步凸现四大特性：易变性（Volatility）、不确定性（Uncertainty）、复杂性（Complexity）和模糊性（Ambiguity），有人将其称为“乌卡时代”（VUCA era）。要使今天的孩子能在未来的乌卡时代生存和发展，学校课程必须有能力连接已知与未知，联系当前与未来，确保每一个孩子都能在不确定的未来生存与发展，即学校课程需要有预先排除危机的功能。

第一节　从“计划课程”走向“市场课程”

在学校里，孩子们所接受课程质量的上限不应该由本校教师的最高水平决定，课程的开放视野旨在追求将“计划课程”变为“市场课程”。

一、计划课程例析

几年前，笔者曾经到一所远郊区的学校参加教学视导，业务结束后校长出于礼貌送出校门，其间边走边跟校长聊起学校课程门类和教学质量，校长略带失落地发了几句牢骚，大体意思是学校的学生都来自周边的农村，大多数学生的家长都选择外出打工，学生基本上由爷爷奶奶或者外公外婆带，学校想为孩子创设更好的学习环境，也在学校办学理念中提及了要满足每一个孩子的发展需求，但是由于师资力量比较薄弱，只能作罢。当时，笔者没有深思，简单地安慰了校长几句，并提及可以用足现有的政策，广开思路去提高教师专业素养，就作别了。

在返回的路上一细嚼校长的抱怨，突然发现这里面有一个内在逻辑：孩子恰好出生在农村，按照就近入学必须进这所学校，恰好因为地处边远难以吸引优秀师资，学校教师整体水平一般，所以孩子只能接受水平一般的教育，只能面对数量极其有限的几门课程，换言之，孩子所接受教育质量的上限，完全由这所学校教师的水平上限所决定，作为校长无计可施。这一幕不禁让笔者联想起了 20 世纪六七十年代的计划经济时期，想起了布票、肉票、粮票，打个比方，明明一个成人一天吃饱需要 3 斤粮食，可是国家没有这么多粮食，只能分配 1 斤，至于吃饱吃不饱由个人负责。恍然间，这一幕穿越了近半个世纪又发生在今天的校园里，可能孩子们需要的课程门类更多、教育质量更好，但学校的供应能力只有这么多，只能分配这样的课程、这样的教学，这不就是典型的“计划课程”吗？！

在“计划课程”思维下，首要考虑的是“我有什么”“我能干什么”，并将此作为提供课程的边界，一切课程建设和供给行为都要发生在边界之内。秉持“计划课程”思维的干部和教师也能意识到学生可能会有更为多元或者更高层次的课程需求，但是一旦超过边界，“计划课程”思维会自动判断，以越界为理由进行规避。“计划课程”思维很容易导致学校课程建设的固步自封，当这种固步自封的状态一旦形成，学校课程会变得僵硬，以一种低水平的稳定状态展现，教师的专业发展也会受到影响。

要突破这种状况，就必须转换思维，以学校学生需求为重要导向，为满足学生多元化需求多举措、广开源，将“计划课程”变为“市场课程”。要做到这些首先需要理解和明确课程的发展趋势与新属性。

二、课程的开放趋势与属性分析

2001 年伴随新课程改革的三级课程管理制度确立，国家、地方、校本三类课程也得以产生，从此学校课程系统设计均围绕这三类课程做文章。比如课程顶层设计关注国家、地方、校本三类以管理权限为划分标准的课程如何变为扁平化管理方式下的课程融合系统，所以，我国课程也一直在国家、地方、学校各层面进行研究部署和落实。联合国教科文组织国际教育局局长曼塞萨·玛诺普在论述课程的再概念化时曾经引证，在国际协议目标（Internationally Agreed Goals）的支持和分权化的推动下，全球化催生了按层次进行的课程分类：一是全球、区域或国际比较层面的超课程，由国际机构推动；二是国家、州和社会层面的宏观课程，由中央政府和地方政府推动；三是机构、学校或项目层面的中观课程，由资深教育专家和管理者推动；四是教室、小组或教学单元层面的微观课程，由教师和学习者推动；五是纳米课程（nano curriculum），由个体学习者及其家庭的行为、需求和愿望驱动[1]。

可见，与我国的课程架构及组成相比，多出来两类课程，一是国际层面的超课程，二是面向个体以及家庭的纳米课程（见图 12–1）。超课程与纳米课程的出现不仅仅是课程组成要素的增加，而是鲜明体现了一种课程的开放思维与进化思维，课程已经变为一种通用型资源，它几乎与所有的教育要素都有关联，面向未来，课程必须应对快速变化、不可预测且常具有颠覆性的特定背景下的挑战和机遇。更重要的是，课程必须引起和推动积极的情境变化，打破消极的现状。它们必须是创新的系统[2]。

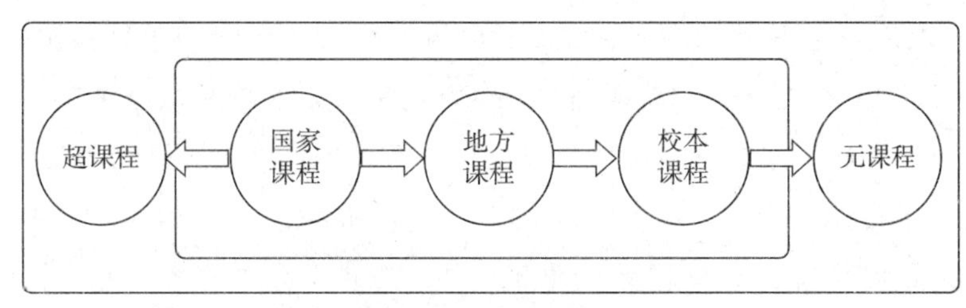

图 12–1　课程要素超越图

这样的课程需要具备三种新的属性：

（1）全球属性。全球属性指的是学校课程应该具备国际参照，应该主动培养学生的国际视野。因为任何国家、任何地域、任何学校的课程在扁平化的地球村中，在互连互通中已经再难以封闭与孤立，学校课程建设需要开阔视野，在更为广泛的时空内审视自身和规划发展。

（2）进化属性。进化属性指的是学校课程不是固定不变的，应该保持发展敏感性，适时做出调整，持续完善。其实透过课程历史发展阶段可见，能够始终立于潮头的学校都能保持学校课程的持续革新与自我进化。课程的进化属性体现的是一所学校不断发展的核心力量。

（3）未来属性。当前的课程毫无疑问面临着严峻的现实挑战，需要其时刻保持与

[1] 曼塞萨·玛诺普 . 21 世纪课程的重新概念化与定位：全球性的范式转变 [J]. 张梦琦，译 . 刘宝存，审校 . 比较教育研究，2019（11）：4.

[2] 同上。

快速的、不可预测的，甚至有时具有颠覆性的环境变化相适应、相协调。学校课程不止是在传承，还需要更多地向未来张望，进行趋势研究和分析，逐步构建起具备“预见性”的课程。

三、迭代更新的学校课程形态案例分析

课程必须具有不断自我革新的前瞻性、预见性和再生性，也必须能够迅速地适应，并有所创新。史家胡同小学在所秉持的和谐教育哲学下着力构建具有学校特色的无边界课程，并将学校课程建设的过程视为课程不断迭代的过程，使得学校课程始终具备开放性和包容性，能够适时对外来的挑战和内在的发展做出判断与调整。

史家胡同小学的无边界课程分为基础性课程和选择性课程，基础性课程对应核心课程和综合课程两类，选择性课程对应五个课程群。整个课程框架构成了“种子计划”的根脉图谱，与“五个和谐”之下的“五种意识和五种能力”相呼应，即生命、责任、创造、规则、尊重的意识；自主、交往、表达、自律、实践的能力。在无边界课程的形成过程中，学校课程从1.0逐步迭代到4.0。

课程的1.0形态——以加强基础性课程为特征。在国家教材夯实基础、校本教材拓宽视野、广泛阅读养成习惯的过程中，通过创设民主和谐的心理、物理环境，保护激发学生的好奇心、求知欲，设计与学习内容、进程相契合的学习活动，让学生经历面对情境、发现问题、提出问题、设计方案、尝试解决、形成思想、积累经验的过程。在确保国家课程目标达成的同时，学校开发了“美德”“国学”“国际化”“健康”“科技”等系列校本课程，不断突破课本和教室空间的局限。“一本书、一支笔的专注”成为和谐课程的起点。引导学生课内外与书为伴，广泛阅读，养成捧起书本、拿起笔头、专注阅读的习惯。学校开发的特色国学读本《学而》，通过“强身、孝友、礼乐、笃行、学而、君子、诚敬、仁义、中和、修平”等十个篇目让孩子在经典阅读中触摸真实的生活世界。

课程的2.0形态——以构建多样性课程为特征。学校重点开发系列主题菜单式的课程群，指向学生综合能力的培养。比如在学校课程资源中心20余个专业教室及特色活动场地，创设以生存、生活、生命为主要维度的专题学习内容。关注学生在掌握生存能力、增长生活品位、完善生命境界的同时，通过交流合作不断提升“创意表达”水平。学生可以在“自然农场”“应急安全”等课程中掌握生存的能力，可以在“家艺”“厨艺”“陶艺”等课程中提升生活品位，也可以在“创新思维”“创意搭建”等课程中完善生命境界。在丰富的课程中，学生们创造了许多出乎意料的精彩。

课程的3.0形态——以发展自主性课程为特征。体现在通过课程提供综合空

间，促进学生的自主学习。比如在书院、科技馆、天文馆、青苹果人格教育基地、传媒中心、“晴晴”体验中心等一系列新式教育建筑中，设置集自主学习、探究学习、集中学习、非正式学习等多种方式为一体的综合性的教育空间，让学生在课程学习中获得最大的教育价值。再比如，史家书院融书法教学、小书虫阅读、文化沙龙、国际交流等多种功能为一体，依托史家书院，开发了学生当老师、家长当助教的“学生小主讲”课程，学生分别就“古琴文化”“砚台里的故事”“中国古建筑”“中国茶艺”等自选主题精彩开讲。在“晴晴”体验中心分为“体验黑暗”“寻找光明”“多彩世界”“预防干预”四大部分，可实现眼科医院和健康教室的多项功能。

课程的4.0形态——以构建开放性课程为特征。体现为开放性空间的多样化学习，指向学生价值观的形成。在4.0课程中，学习可以随时随地发生，家庭、学生社团、博物馆等社会资源让学生视野超越学校的围墙，无边界的真实生活世界都是课程的实施场所。在关注社会责任感、创新精神和实践能力的形成中，学生思维方式和学习意识发生着转变。

第二节　学生作为课程受体的超越

课程的超越观需要有课程开放视野，还需要牢牢把握好学校课程的生本价值取向。所谓生本价值取向是指学校课程从规划到设计再到实施与改进，均需要以学生全面而有个性的发展为中心，学生是学校课程的出发点，也是归宿。以此为镜来看学校课程现状，可以发现学生单纯作为课程受体存在的现象比比皆是，在很多地域和学校中，学生既没有学校课程决策权，也没有课程改造权，更没有课程开发与供给权。

一、学生的课程权分析

学生的课程权是其在校学习的主要权利，是一种学校内的有系统、有组织的学习权利，是学生在学校的课程学习方面所应具有的个人权利，它是学生受教育权和学习权的主要表征[1]。但长期以来，学生的课程权是受忽视的，相关的研究以及学校的实践都不足。

学生的受教育权研究诸多，但是针对学生的课程权的研究相对较少。课程专家古德莱德从课程实施角度出发，把课程分为五个层次：理想的课程、正式的课程、领悟的课程、运作的课程、经验的课程。从古德莱德课程层次理论看，学生在教室中实际

[1] 邱德乐. 论学生的课程权利 [J]. 课程·教材·教法，2015（3）：48–49.

经历的课程，暗含的是学生作为课程的服务对象定位，作为经验的主体，而没有成为课程的供体。

从我国2001年义务教育阶段确立三级课程管理机制，到2017年高中教育也明确三级课程管理的体制，完成了我国基础教育领域课程分权的整体框架。国家、地方、学校在框架中各自觅得所属的课程权。但与此形成鲜明对比的是，学生的课程权一直处于模糊地带，在制度文本中未予以明示，在理论研究中呈现式微之势，在具体实践中常常被忽略，被视为不需要过多争论与关注的问题，因此常常导致在学校课程建设中，学生仅仅作为数据提供方，学生的课程权被堂而皇之地忽略。

1. 学生课程权的内容

目前的研究主要有两种分类，一是按照课程的要素进行分类，将学生的课程权划分为课程目标规划的参与权、课程内容决策的参与权、课程实施的平等自主权、课程评价的公平对待权[1]。另一种是按照课程建设的主要流程进行划分，将学生的课程权划分为在学校课程设置、学习、发展、评价、管理等方面所应享有的权利[2]。

上述两种分类各有其合理性，在进行内容界定时都强调要把握好三点：第一，需要旗帜鲜明地澄清课程权是学生的基本学习权，甚至是人权的外在表现，有其合法性与合理性，是社会进步和教育发展的必然要求。第二，需要明确学生行使课程权会有利于学校课程系统的改进与完善。学生作为教育对象，是学校课程的主体之一，学生行使了解和参与学校课程管理的基本权利，将有利于学校课程建设的推进。第三，学生的课程权决不仅仅是简单了解和参与，学生完全可以作为学校课程的供方。学生为同伴或者低年级同学提供自己开发的课程，是学校教育环境中需要提倡的“并喻”做法，与学校中已经出现的“前喻”与“后喻”一并形成新型的育人环境。

2. 学生课程权的旁落

学生课程权旁落是个不争的事实，学生在学校课程建设领域中目前还属于不折不扣的弱势群体。课程权旁落的原因主要有：

（1）有宏观要求，但缺乏指导。我国基础教育课程改革方案中内蕴了归还学生课程权的意图。比如改变课程内容“难、繁、偏、旧”和过于注重书本知识的现状，加强课程内容与学生生活以及现代社会和科技发展的联系，关注学生的学习兴趣和经验，精选终身学习必备的基础知识和技能。为充分发挥学生的主动性，让学生充分实践、自主学习、自由探究世界，提供了一定的课程空间。此外，三级课程管理体制的建立也是基于充分发挥学校主体的积极性和创造性，内置了学生参与课程的权利，但是政

[1] 朱景光，张玉军. 反刍学生课程权利的失权与重建 [J]. 当代教育科学，2016（15）：7.

[2] 邱德乐. 论学生的课程权利 [J]. 课程·教材·教法，2015（3）：48.

策的规定缺乏更加细化的描述，缺乏实施指导，致使政策有空间、实施无落实。

（2）作为课程受体的局限致使学生课程权旁落。目前的学校课程系统中，既定的国家课程、各种教育进校园、审定的地方课程均难以体现学生的课程内容权，本来学校自主开发的校本课程为学生的实质性参与提供了机会，但从实践来看，大多数学校进行校本课程开发时，仅仅将学生作为课程建设的数据来源，而且学生数据也只是教师数据、校长数据的一个补充或注脚。因此，学生参与学校课程建设总体上仍然非常有限[1]。一旦学生被视为校本课程建设的数据提供方，校本课程就会变为满足学校特色发展的需要甚至是某些个人利益的需要而进行的"装饰"，而学生作为学习主体，在课程的决策上却是事实"缺席"的和被排除在外的。调研发现，即使在某些开设选修课的学校，学生往往也是在学校和教师已经决策好的课程预设框架下进行学习的，即学生仍然是"被选择"和"被学习"校本课程的[2]。

3. 落实学生课程权的可能途径

（1）在学校课程建设方案中明确学生的课程权。学生课程权的落实首先需要学校相关政策进行明确，以使有章可循。

（2）鼓励有条件的学生自创课程，在保障质量的前提下，纳入学校校本课程体系，通过学校选课平台等向学校学生开放。

（3）建议教师联合学生进行国家课程的校本化开发与实施。作为基础的国家课程要想适应学生的需求，必须进行二度改造，教师可以联合学生进行内容的增添、顺序的调整等，提高国家课程的学校适应性和学生适应性。

（4）学校应鼓励师生联合对地方课程进行与国家课程、校本课程乃至学校周边相关教育资源的整合。在整合中，学生可以通过整合方案的合作研制，目标的共同界定和描述，内容的选择与调整，实施策略和路径预设，以及课程评价的推进，实现真实的参与，形成课程权，将外来的课程变为"属己"的课程。

（5）在校本课程开发中鼓励学生踊跃参与，承担具体任务。每个学生都可以成为校本课程开发的重要资源，可以直接参与校本课程的设计和开发审议，参与校本课程的内容选择与设置，参与校本课程的学习和评价管理等。

（6）在课程设置与管理上体现学生的权利。课程的安排管理涉及的要素有时间、空间、资源、组织、技术、活动、规则等，学生应在所有环节及要素上有一定的管理权。如在课程的时间和空间安排上，学生应有学习时间的决定权利和学习空间的选择权利[3]。如此一来，经过学生的参与，学校课程在设置与管理上会更具生本性，进一步

---

[1] 尹弘飚，李子建．论学生参与课程实施及其研究 [J]. 课程·教材·教法，2005（1）：17.

[2] 朱景光，张玉军．反刍学生课程权利的失权与重建 [J]. 当代教育科学，2016（15）：7.

[3] 邱德乐．论学生的课程权利 [J]. 课程·教材·教法，2015（3）：50–51.

贴近学生的实际需求。

通过各种渠道的探索和尝试，逐步落实学生的课程权，可以改变以往学校课程建设中学生要素游离的状况，也通过课程中学生的实质性介入，促进对课程的多元化解读，进而推动学校课程的品质提升。

二、学生作为课程供体的案例分析

学生作为课程供体体现了学校课程建设在新时期的新变革，华东师范大学叶澜教授曾提到，面对动态变化的社会，要确立一种新的足以处理复杂事物、反映更高层次（沟通不同学科、侧面）的认识原则，以及由此构成的思维模式。让学生自创课程成为学校课程的新组成部分，就体现了这样一种应对综合教育改革深层次问题的新思维。

> 京师实验小学位于北京市门头沟区中门寺地区，学校设有小学部和附属幼儿园。小学部1–6年级19个教学班，学生560人。幼儿园小中大班7个，幼儿210人。学校认为课程需要提供丰富多元可选的优质资源，创设真实的问题情境，让每一个京师少年能够进行深度体验，开阔他们的视野，发现他们的潜能。所以，学校课程应该具备四大功能：尊重差异、发现潜质、顺应天性、发展潜能。
>
> 为了实现上述四大功能，学校首先在课程理念上进行了重新梳理，进一步明确：一要“以爱为源”。没有爱就没有教育，要关爱每一个孩子，鼓励并引导孩子学会爱自己、爱家人、爱老师、爱同学、爱学校、爱社会、爱祖国。二要“尊重差异”。每一个孩子都有独特的价值和潜力，要尊重每一个孩子不同的背景、不同的风格、不同的爱好、不同的潜能。三要“发现成就”。为每一个孩子尽可能提供机会，用发现的眼光去看待每一个孩子的亮点与潜质，为孩子的发展定制课程、定制资源，让学校变为学生发现自我并成就自我之场所。

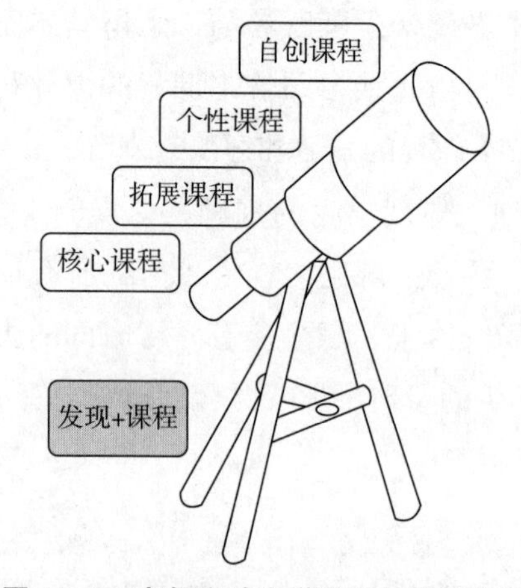

图12–2 京师实验小学课程结构层次图

在课程结构设计上，学校认为需要用发现来奠定儿童一生的品质与能力，使儿童面对复杂未来能不断发现问题，勇于挑战，不断成就更好的自己，因此将学校课程命名为“发现＋课程”。图 12–2 中，望远镜是重要的工具和手段，以望远镜来比拟“发现＋课程”，展示了课程是孩子发现的助力和手段。“发现＋”课程体系以核心课程为基础，以拓展课程为桥梁与纽带，以适合学生个性特征与发展需求的个性课程为撬点，不断驱动学生发现和发展自己的潜力，以学生自创课程为突破，引导学生从课程受体转向课程供体，实现学校课程的智力众筹。

学校课程包括四个部分：一是“核心课程”。以学科课程为基础奠定核心课程的基本框架和内容，学科课程构成了以课堂教学为主阵地的实施场所、以班级为基本建制的基本形式。二是“拓展课程”。学科实践活动与多学科实践构成了学校拓展课程，实现了以学科为基础的拓展与延伸。三是“个性课程”。这一部分主要由六年一贯的特色课程组成。四是“自创课程”。这是结合学生需要以及个人专长与兴趣、完全由学生主导开发的系列课程。自创课程可以由单个或者组群进行开发，纳入学校课程体系中进行统一管理（见图 12–3）。

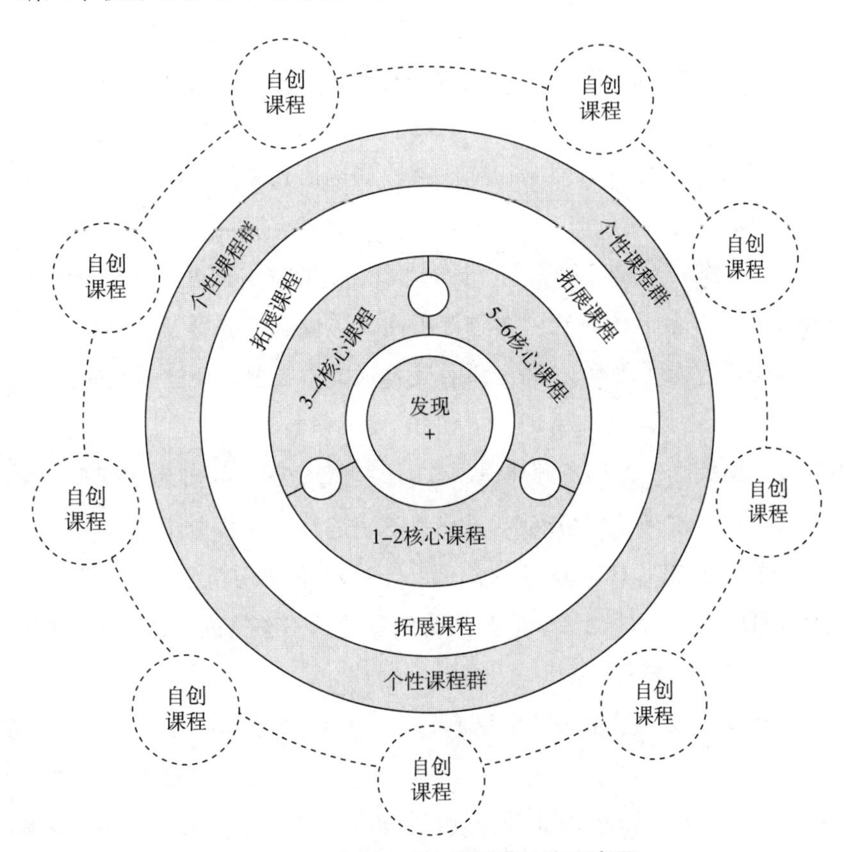

图 12–3　京师实验小学课程结构示意图

自创课程的出现，相当于在学校提供课程的外层附加了新的课程供给层，原有的课程从根本上讲是精选人类知识教给孩子的过程，一旦选定就产生了封闭性，而在这一层中，学生一改往日的课程受体定位，可以独立或者联合进行相关课程的开发，学生不仅仅是课程的受体，也是课程的开发主体。从单一受体到“受体＋供体”的转型，让学生的差异成为教育新资源，生生之间也因此而产生了新的交互与成长。

第三节　超越课程“精准投食”

一、“精准投食”定位的学校课程设计

笔者在从事基础教育课程研究与实践的近二十年中，为了了解真实的课程建设状况，走访过数百所中小学，参与过近百所学校的课程建设工作。纵向来看，学校对课程的建设要求大致经历了四个阶段：

第一个阶段，关键词是“齐全”。即学校课程要素齐全，国家、地方、校本课程占比合理，依据政策设置课程，安排课时。这一时段正值课程改革刚启动，新政策需要在学校落实，同时上级教育部门的各项改革检查也比较频繁，此时的学校课程建设力保能够应检合格。

第二个阶段，关键词是“特色”。随着课程改革的逐步推进，学校开始不满足于只是将课程要素安排齐全，转而期望通过课程建设体现学校的办学特色，这一时期学校课程建设比拼的是“人无我有”，特色课程建设成为学校普遍关注的动向。

第三个阶段，关键词是“精细”。这一时段的学校在课程建设组织分工上更加精细，课程分类更加精细，课程资源建设、学科改进等方面的研究和实践更加精细。

第四个阶段，关键词是“精准”。发展到这一阶段，一部分学校认为学校课程的建设也应该效仿精准扶贫，课程设计的价值在于能精准地向学生“投放”，学生之所以没有完成课程目标，之所以会厌学，是因为课程设计不够精准，课程供给质量不够好，课程还需要下更多功夫去完善。

笔者曾经帮助学校做过精细化的课程设计，也研制了不少让人眼前一亮的课程结构，但在这种持续向着“精细”“精准”迈进的学校课程建设过程中，笔者产生了一种深深的忧思：日趋精致的课程设计与开发，或许并不是学校课程系统建设的根本所在，或许这种趋势已经在追求课程意义的道路上南辕北辙了。笔者看到区域和学校为了日益精细的“供给”，在课程供给的研究上更为卖力，下的功夫越来越多，但在课程日趋

丰富、资源随时可得、信息无处不在的时代，学生真正缺乏的是对课程的“饥饿感”。笔者在街头公园、小区里经常看到带孩子的爷爷奶奶，拿着精心做的食物追在四处奔跑的儿童身后，一边跑一边喊着“停下来，吃一口吧”，这种场景跟我们很多学校课程建设的状况何其相似，饿了找食物吃本来是孩子的一种本能，但是在不断追着喂养的过程中，这种本能会慢慢退化，饭来张口的孩子怎么能够从被喂饭中觅得乐趣？！

二、学生课程“饥饿感”缺失的原因分析

没有饥饿感，很难体验食物的美味，同样道理，没有发展的内在需要和冲动，面对门类众多的丰富课程学生常常会无所适从。对于大多数学校而言，当前的课程不是少了，而是多了，更进一步讲，学校课程系统没有所谓完美的形态，没能切实发挥出价值的课程只是外在的摆设。

笔者认为，与课程结构的合理、内容的丰富与逻辑的自洽相比，学生课程“饥饿感”的培育更为重要。课程学习应该成为学生自己的事情，像本能一样，是学生基于需要的主动“觅食”，而不是被追在身后不断“喂食”。学生课程“饥饿感”缺失主要有三方面的原因：

（1）学校对学生学习权利的忽视。很多学校认为开发了丰富的课程供学生去选择就是最好体现学生学习权的表现，其实不然，学生与机器、工具不同，没有激发起发展内驱力的课程供给，很可能导致学生“身在场”但“心离场”。学生的学习权利还包括在学习上的自我决策权与自我发展权，这是学校普遍忽视的。

（2）学校和教师缺乏对学生主动学习时产生巨大持续能量的正确认识。事实证明，当学生明白了“我是谁”、“我要到哪里去”以及“我为什么要到那里去”时，课程在他们眼里才会有真正的意义，他们在学习时才会迸发出巨大能量，但遗憾的是，很多学校、教师并不能充分认识到这种因学生主动发展而产生的能量，只考虑教育供给的丰富和品质，关注从外界给予学生发展的动力，缺乏方法和手段去激发学生的内在发展需求。

（3）学校课程设计的知识主导逻辑。有些学校在进行课程设计时过分关注学科的完整性和知识的整体性，在设计中往往以知识逻辑为主导，在保留学科固定框架的同时，也将学科课程变为学科孤岛，隔断了与其他学科、学生生活以及周边社区的关联，这样的设计让课程难以走进学生内心，难以激发学生的亲近感。说到底，没有建立课程与学生的实质性关联，没有将学习权完整交还给学生，没有关注学生眼中的课程形象，缺乏对学生不同身份的认识。一言以蔽之，学生学习角色的忽视与欠缺，使得学生难以产生对课程的“饥饿感”。

三、如何培育学生的课程“饥饿感”

培育学生的课程“饥饿感”，是让学生主动接近课程，把外在的课程变为学生“属己”的课程，并从课程中获得实际发展的重要保障，也是笔者所提倡的课程超越观的重要内容。

那么，如何培育学生的课程“饥饿感”？笔者认为要回归到本能和内需的层面去思考，当学生能掌控自己的身体时，身体是否饥饿学生自然会知道，饿了需要找吃的，这是本能驱使，这时学生的身份就成为觅食者，这时所提供的食物学生才会真正感兴趣。可见，当学生对自己有真正掌控权时，需要才会从内自然衍生，而且学生作为掌控者会即时了解所生发的需要。

掌控自我的途径或许有很多，但笔者认为最根本的就是学生有真实角色，只有拥有了真实角色才会带来真正的掌控权，才能实现身与心的在场。

综上，笔者尝试提出在课程超越观下，学校课程设计应该以角色赋予为起点，以完整成长为导向，以真实参与为方式，以深度体验为特色，以学科萃取为基础，以细节关注为重点，重构课程结构，整合课程内容，优化课程实施，改进课程评价，营造真实而完整的育人体系。只有这样，学校课程设计才会有面向每一个学生的发展意义，课程学习才会与学生的内需紧密结合起来，超越课程的“精准投食”，走向课程“饥饿感”驱动下的主动发展。

如何才能将上述思考变为鲜活的现实？我们还在研究和探索之中，值得关注的是，部分学校已经进行了实践尝试，相信在不久的将来会产生一批值得与大家分享的优秀成果。

结束语

学校课程系统设计是学校层面推进课程改革的重要步骤，在课程改革面上持续综合、层次上持续深化的当前，其意义与价值正进一步凸显，它不再是一个学校内的单一举措，而成为了一项事关诸多群体的系统工程。学校课程系统设计要遵循学生的发展规律，要遵循教育的发展规律，要遵循知识传承与创新的发展规律，关系交织、权力分配、利益交互注定了课程系统设计是一种多元视角下的权衡与决策过程。为此，面向未来的学校课程系统设计需要把握好以下几点：

（1）课程改革是一个历史发展过程，有其历史性，学校课程系统设计需要把握好这种历史性，在历史规律下厘清课程设计的意义。

所谓历史性，笔者认为可以从四个方面去思考：一是其必须肩负历史使命，即必须满足特定时期国家和社会的需要，从此方面讲，课改需要一定的“历史妥协”，其理想状态应该是一定历史时期的“各方妥协”的最合理化选择。二是历史的延续性，课程改革不可能无中生有，必须是在上次改革基础上的再次变革，脱离继承的改革既疯狂又危险。三是历史的反复性，历史的发展与进步从来不是一帆风顺、直线上升的，一段时间内的反复、重复甚至是倒退完全可能，课程改革亦是如此。四是改革的长期性。课程改革是一项复杂而艰巨的系统工程，涉及观念、体制、内容等诸多方面，历史经验证明，凡涉及观念的改革无不体现出反复性与长期性等基本特点，毕其功于一役的思想是不可取的。

课程改革不是处在真空中，而是特定历史时期的特定变革，它的历史性、规律性客观上决定了这是一场不一定必胜的攻坚战，如果没有这种观念，改革进程势必会多次出现人为的重复与倒退。所以说，学校课程系统设计首先需要把握好这种历史性，在历史规律下基于学校实际，厘清课程设计的意义。

（2）学校课程系统设计不能搞成校内孤立行为，要勇于在更为广阔的空间中思考定位。

历史性是时间向度上的考量，除此之外，学校课程设计还需要从空间向度上去思考。课程改革的新管理体制下，国家、地方、校本三级课程组成了一个课程类别领域，但随着改革的行进，课程在空间上向上与向下的趋势十分明显，特别是超课程与纳米课程的出现，为学校课程系统设计提供了更为广阔的空间。学校作为一个所有课程形态落地的场域，也必须突破原有的空间限制，学校课程系统设计不能做成校内的独家行为，需要在一个更为广阔的空间思考学校课程的定位与发展。

（3）需要关注课程观念文化变革的滞后性，观念的变革错综复杂，整体滞后于制度变革，且观念的转变还不足以使新理念成为自觉意识和行为习惯。

美国社会学家威廉·奥格本在《社会变迁：关于文化和先天的本质》中提到了"文化堕距"（culture lag）理论，该理论认为，有相互依赖性的各部分所组成的文化在发生变迁时，各部分变迁的速度是不一致的，有的部分变化快，有的部分变化慢，结果就会造成各部分之间的不平衡、差距、错位，由此造成种种社会问题。变革中，一般来说，总是"物质文化"先于"非物质文化"发生变迁，而在"非物质文化"内部，差异依然存在，一般首先发生的是制度变迁，其次是民俗、民德变迁，最后才是价值观念的变迁。在学校层面推进课程改革中，笔者也曾深深体会到了这种"文化堕距"效应。一方面是学校花了大量人力、物力和财力开发各类课程突出学校特色，课程资源建设以及选课走班等工作进展顺利；但另一方面则是教师教育观念、学生学习观以及课程文化等的转变步履维艰。在很多学校，课程文化依然被功利主义、实用主义所驱使，这种功利化一方面导致了各学科以及知识的伦理分层，另一方面使课程实践失去活力变得僵硬。退一步讲，学校干部、师生接受了课改的理念，转变了观念，是否就一定能落实到持续的行为，成为自觉意识和行为习惯？也不见得。观念与行为的背离可能是经常发生的，因为行为是在权衡了众多利益、观点之后的种种表现。笔者认为，课改二十年来，干部、师生的观念有所转变，但还没有达到将理解的改革观念变为日常行为习惯。

（4）需要以建设性的眼光看待学校课程建设，即课程建设不是为了尝试新的教育蜕变，也不是为了去建立和验证一整套全新的技术和制度体系，而是去传播新的理念、文化和行为方式。

推动课程建设是学校层面落实课程改革的重要举措，在改革走向纵深的今天我们应该怎样看待学校层面的课程建设？学校办学基础各不相同，办学追求各有特色，对课程的认识也各不相同，课程建设的思路与举措也因此不一而足，但有一个共同点，就是课程建设是一个动态过程，对课程建设的审视和反思需要持续进行，这是使改革少走弯路的必要保障。反思应该更具有建设性，要学会用建设性的眼光去审视课程建设。

学校进行课程建设首先是一种源于改革的追求、一种不断发展的理念，它是基于改革的上位要求与学校的办学追求，针对学校现实存在的种种问题而开展的一系列课程新思考和探索，是去传播新的课程理念、文化和行为方式。